*Maurice Barrès*

# POÉSIES
## DE
# PÉTRARQUE

traduction complète

PAR LE COMTE

## F. L. DE GRAMONT

SONNETS. CANZONES. TRIOMPHES.

## PARIS
PAUL MASGANA, LIBRAIRE-ÉDITEUR
12 GALERIE DE L'ODÉON

1842

# POÉSIES
## DE
# PÉTRARQUE

Imprimerie de H. Fournier et Cie, 7 rue Saint-Benoît.

# POÉSIES
## DE
# PÉTRARQUE

traduction complète

PAR LE COMTE

## F. L. DE GRAMONT

SONNETS. CANZONES. TRIOMPHES.

PARIS

PAUL MASGANA, LIBRAIRE-ÉDITEUR
12 GALERIE DE L'ODÉON.

1842

# NOTICE.

Francesco Petrarca naquit à Arezzo le vingtième jour de juin 1304, de Petracco de'Parenzo et de Eletta de Canigiani. Suivant l'usage des familles moyennes, qui ne possédaient pas de nom patronymique ni toparchique, on forma le sien du prénom de son père, duquel on fit depuis Petrarca par ampliation.

Quatre ans auparavant la famille du poète avait été bannie de Florence où le père exerçait la charge de notaire, et dépouillée de ses biens par la même révolution qui causa l'exil de Dante Alighieri, et qui priva ainsi Florence de la présence des deux plus grands génies qui aient illustré le nom et la langue toscane. Dante mourut en exil et Pétrarque ne vit jamais sa patrie. A la vérité ses biens lui furent restitués en l'année 1351; mais ce ne fut que plusieurs années après qu'il reçut son entière abolition; et alors, averti de sa fin prochaine par les incommodités de l'âge, et ayant réduit tous ses désirs aux soins de son salut, il préféra le repos aux honneurs qui l'attendaient dans cette ville dont il est une des gloires éternelles.

Les premières années de Pétrarque se passèrent à errer

dans les différentes villes de la Toscane, jusqu'en 1312, où son père, ayant perdu l'espoir de rentrer à Florence, vint se fixer à Avignon, qui était alors la résidence du souverain pontife. De là Pétrarque fut envoyé à Carpentras pour y apprendre la grammaire, la dialectique et la rhétorique ; et ensuite à Montpellier et à Bologne pour y étudier la jurisprudence. Cino de Pistoie, poète et jurisconsulte distingué qui professait alors dans la célèbre université de cette dernière ville, encouragea par ses conseils et son exemple les dispositions poétiques de Pétrarque avec lequel il resta depuis en relation. La mort prématurée de sa mère, bientôt suivie de celle de son père, rappela Pétrarque à Avignon en l'année 1326.

Ce fut le 6 avril de l'année suivante qu'il vit à Avignon, dans l'église de Sainte-Claire, la belle personne qu'il a immortalisée sous le nom de Laure ; car il n'est pas certain que tel fut exactement son nom. Il est singulier que les contemporains ne nous aient transmis aucun détail positif sur l'existence de cette femme célèbre. Suivant une partie des historiens de Pétrarque, elle se nommait Laurette Chabaud, fille de Henri Chabaud seigneur de Cabrières, et née au village de ce nom ; suivant les autres elle appartenait à la famille de Sades, qu'on rattache à l'illustre maison des Baux, et était née au faubourg des Sazes à Avignon ; suivant d'autres encore elle n'appartenait à cette famille que par alliance et se nommait Laure de Noves ; enfin il y en a qui la font naître à Arles, sans qu'aucun puisse asseoir son opinion que sur des présomptions. Les uns veulent qu'elle ait vécu dans le célibat ; les autres qu'elle ait été mariée et mère de onze enfants. Son tombeau, découvert en 1533 dans l'église des cordeliers d'Avignon, n'a fourni de preuves en aucun sens et a laissé subsister beaucoup de doutes sur sa propre identité. Il est évident que Pétrarque, non-seulement a pris à tâche de ne fournir aucun document qui pût faire connaître la condition mortelle de celle que son amour a divinisée, mais qu'il s'est même arrangé pour donner le change à la curiosité qui déjà de son vivant était vivement excitée par ce constant mystère. Aussi ses amis l'accusèrent-ils plus d'une fois de célébrer une Laure imaginaire, ce dont il ne se défendit jamais que par des protestations sur la sincérité de ses souffrances, sans donner les explications où l'on cherchait à l'entraîner par ces railleries. Plus d'un commentateur a depuis exprimé une semblable opinion qui peut être soutenue aussi bien que toute autre. Ainsi Laure deviendrait une personnification de la Gloire, comme le laurier en est l'emblème. Il est certain qu'un grand nombre des sonnets peuvent également s'entendre dans un sens vrai et dans un sens figuré, et que Pétrarque a souvent fait de son amour un symbole ; mais par cela même qu'il était un symbole, il fallait qu'il existât. Les poètes, en effet, ne voient guères dans les objets de leur amour que des simulacres ; mais cette représentation extérieure est nécessaire à leur passion comme l'expression l'est à leur pensée : car chez eux c'est le cerveau qui domine et qui impose au reste ses habitudes.

Au surplus le caractère de réalité que portent différents faits et circonstances relatés dans le cours du *Canzoniere*, le témoignage de Pétrarque lui-même dans ses lettres particulières, joint à sa réputation de véracité qui fut telle que, dans une importante occasion, il fut seul entre tous les assistants, dispensé d'un serment justificatif, et enfin le portrait en bas-relief qu'a laissé Simon de Sienne du poète et de sa dame, nous paraissent des preuves suffisantes de l'existence de Laure; et c'est, avec la noblesse de son extraction, l'époque de sa mort et le lieu de sa sépulture, tout ce que nous en pouvons affirmer. Quant à sa beauté, l'œuvre dont nous venons de parler, et dont tout le monde a vu la reproduction, en donnerait une idée bien peu avantageuse, si l'on ne sentait que l'artiste a dû, à cette époque où l'art était encore bien éloigné de la perfection, échouer devant les difficultés que présente, dans le bas-relief, l'exécution d'une figure de face, à laquelle il était cependant astreint par le sujet.

Ce fut aussi vers cette époque de sa vie que Pétrarque s'attacha à la famille Colonna, qui résidait à Avignon auprès du pape Jean XXII, et dont le chef était alors Stefano Colonna le vieux, l'un des plus illustres et des plus intrépides champions du parti gibelin. Les trois fils aînés Stefano le jeune, Jean le cardinal, et Jacques, évêque de Lombèz, qui jouèrent également un rôle important dans les affaires de leur époque, devinrent les protecteurs et les amis du poète, et leurs noms se retrouvent souvent dans ses œuvres. Orso comte d'Anguillara et seigneur de Capranica, à qui Pétrarque a adressé deux sonnets, avait épousé Agnès Colonna sœur des précédents.

Après divers voyages en Italie, en France, en Allemagne et en Flandre, après avoir vu Rome et Paris, et suivi pendant plusieurs années la cour pontificale, Pétrarque, abandonnant toute vue ambitieuse, comme il avait depuis long-temps abandonné la jurisprudence, se retira avec ses livres dans la solitude de Vaucluse. Ce fut là qu'il composa la plus grande partie de ses ouvrages, tant latins qu'italiens, et entre autres son poème intitulé *Africa* qui mit le comble à sa réputation d'érudit et de poète, si bien qu'il reçut le même jour des lettres du sénat de Rome et des chanceliers de l'université de Paris, qui lui offraient le triomphe et la couronne de laurier. Pétrarque, sur le conseil de ses amis, donna la préférence à la capitale de la chrétienté où il voulut se rendre par mer, ayant dessein de s'arrêter quelque peu à Naples. Le roi Robert, savant et vénérable monarque, lui fit dans cette ville l'accueil le plus distingué, en reconnaissance duquel Pétrarque lui a dédié l'*Africa*.

Le 8 avril 1341, le poète fut conduit en grande pompe au Capitole sur un char de triomphe. Il existe une relation détaillée de cette solennité sous le nom de *Senuccio de Bene*, poète contemporain qui exerça les fonctions de secrétaire auprès du cardinal Colonna; mais elle est évidemment apocryphe. Pétrarque se fixa ensuite à Parme auprès des seigneurs de Correggio qui lui firent conférer l'archidiaconat de cette ville. Il adopta alors le costume et la profession cléricale; mais il ne reçut jamais l'ordre de la prêtrise, bien que la reine de Naples lui eût donné le titre de son chapelain, et que plus tard il ait exercé un canonicat à Padoue.

Après la mort de Laure, arrivée le 6 avril 1348, il revint de nouveau habiter Vaucluse, où il composa la seconde partie du *Canzoniere* et les Triomphes. Il eut la douleur de voir s'éteindre toute la famille des Colonna à laquelle survécut le vieux Stefano Colonna, alors presque centenaire. N'étant plus retenu en-deçà des monts par aucun lien vivant d'affection, Pétrarque résolut d'aller finir ses jours en Italie. Le seul sentiment qui l'attachât désormais à la vie était cet amour profond et inquiet, que, comme tous les grands Italiens, il avait voué à sa noble patrie, et qu'il a manifesté dans tant de pages éloquentes et de vers sublimes. Il habita successivement ou alternativement Venise, Parme, Padoue et Milan, entouré partout d'une gloire sans nuages et d'une considération incontestée, recherché des princes et des grands, et également estimé et honoré pour son caractère et pour son génie. Il vécut dans la familiarité des Carrara et des Visconti, qui exerçaient alors le pouvoir, ceux-ci à Milan, ceux-là à Parme, sans qu'on voie qu'il ait jamais voulu profiter de cette faveur dans aucune vue d'ambition. La gloire poétique n'eut jamais d'amant plus pur et plus désintéressé.

On voit Pétrarque cité dans l'*Histoire de Milan* de Bernardino Corto, entre les personnages marquants qui assistèrent au mariage de Violante, fille du duc Galéas Visconti, avec Lionel duc de Clarence, fils du roi d'Angleterre, lequel eut lieu dans l'année 1368.

Dans les dernières années de sa vie, il se tint habituellement dans son bénéfice situé à Arqua, petite ville de l'état de Padoue, où l'on montre encore sa maison. Il y mourut le 18 juin 1374, à l'âge de 70 ans. On lui fit de magnifiques funérailles où assistèrent Francesco de Carrara, seigneur de Padoue, avec l'évêque de cette ville, le clergé, la noblesse, les ordres religieux, les docteurs et les écoliers de l'université. Son corps fut porté à l'église sous un dais de drap d'or doublé d'hermines. F. Bonaventure de Peraga, qui fut depuis cardinal et qui a été béatifié, prononça l'oraison funèbre.

Pétrarque fut enseveli, comme il l'avait demandé dans son testament, devant la porte de l'église d'Arqua, sous une arche de marbre rouge soutenue par quatre colonettes avec cette épitaphe :

*Frigida Francisci lapis hic tegit ossa Petrarcæ;*
*Suspice, Virgo parens, animam; sate Virgine, parce;*
*Fessaque jam terris cœli requiescat in arce.*

« Cette pierre recouvre la dépouille de François Pé-
« trarque : Vierge mère, daigne assister son âme; reçois-
« la dans ta miséricorde, ô toi qui naquis d'une vierge, et
« qu'elle se repose des terrestres fatigues dans l'asile in-
« expugnable du ciel. »

Ce monument est exhaussé par deux degrés, sur le second desquels se lit encore l'inscription suivante :

*Viro insigni Francesco Petrarcæ laureato, Franciscolus de Borsano Mediolanensis gener, individua conservatione, amore, propinquitate et successione memoria. Moritur anno Domini* MCCCLXXIV *die* XVIII *Julii.*

Pétrarque laissa une fille naturelle nommée Francesca, qui fut mariée à Francesco d'Amicolo de Borsano, le même dont parle la précédente inscription. Elle survécut de dix ans à son père, et ne laissa pas de postérité. Il est probable que l'enfant que perdit Pétrarque en 1368 et dont il a fait l'épitaphe, était son petit-fils et non pas son propre fils, comme quelques-uns l'ont cru. Autrement il serait difficile de comprendre ce surnom de Parthenias (la Vierge) qui fut donné au poète par ses contemporains, et qui lui est commun avec le chantre des Géorgiques et de l'Énéide. On avait pu sans doute oublier les erreurs dans lesquelles sa jeunesse s'était laissé entraîner, à une époque où les regards n'étaient pas encore fixés sur lui, mais on n'eût pas été probablement aussi indulgent pour des désordres incompatibles avec le déclin de l'âge et les obligations qu'imposait à Pétrarque le double caractère religieux et philosophique dont il était revêtu.

Personne ne fut plus heureux et plus constant que lui dans ses relations d'amitié. Il eut un frère aîné nommé Gérard et une sœur nommée Selvagia, avec lesquels il vécut dans la plus tendre union. Ses amis de jeunesse restèrent ceux de toute sa vie. Il faut nommer parmi les plus chers, Cino de Pistoie, de la maison Sigisbaldi, l'un de ses professeurs; Gui-Settimo, fils de l'ami intime de son père; ses condisciples Boccace et Barthole, célèbres tous deux à différents titres; Lello, fils de Pierre Stéphani, dont il parle dans les Triomphes sous le nom de Lelius; Louis de Bois-le-Duc qu'il appelait son Socrate, Sennuccio del Bene ou Benucci, le père Denis de Borgo-san-Sepolcro, professeur à l'université de Paris et son directeur spirituel, et Bono de Castione, poète lauréat de Bergame.

Outre le *Canzoniere* et les Triomphes dont nous donnons ici la traduction et qui forment toutes ses œuvres en langue vulgaire, Pétrarque a composé un grand nombre d'ouvrages latins, tant prose que poésie, tous fort oubliés aujourd'hui, mais qui furent de son temps son principal titre à la grande renommée dont il jouit, et ceux auxquels il attachait le plus d'importance. Nous en donnons ici le catalogue :

De remediis utriusque fortunæ, libri II. — De vita solitaria, libri II. — De otio religiosorum, libri II. — De vera sapientia, dialogi II. — De contemptu mundi, dialogi III. — Psalmi pœnitentiales VII.

De republica optime administranda. — Rerum memorandarum, libri IV. — Epitome vitarum virorum illustrium. — De pacificanda Italia exhortatio. — Ad veteres Romanæ reipublicæ oratio. — Ad Nicolaüm Laurentii tribunum, populumque Romanum de capessenda libertate, hortatoria. — De obedientia ac fide uxoria mythologia. — De avaritia vitanda oratio. — Itinerarium Syriacum. — Epistolarum de rebus familiaribus libri VIII. — Epistolarum ad viros quosdam ex veteribus illustriores liber unicus. — Epistolarum sine titulo liber. — Epistolarum de rebus similibus libri XVI. — Epistolarum variarum liber. — De simpsius et multorum ignorantia. — Apologia contra calumnias cujusdam Galli anonymi. — In medicum quemdam invectivarum libri IV. — Epistolæ de sumenda atque recepta Laurea ad amicos V.

Bucolicorum eglogæ XII. — Africa, hoc est de Bello Punico, libri IX. — Epistolarum libri III.

Les poésies italiennes forment à peine la quinzième partie de ces volumineux travaux désormais condamnés à l'obscurité, et où l'on trouverait cependant des détails curieux et de belles pages, surtout dans les épîtres en vers, la plupart inspirées par les événements politiques, et qui témoignent d'une austérité et d'une vigueur de sentiments que le nom de Pétrarque ne rappelle pas habituellement.

On a publié un grand nombre d'éditions des poésies italiennes de Pétrarque. Le catalogue de la *Biblioteca Petrarchesca* d'Antonio Marsand, laquelle existe actuellement au Louvre, en contient plus de trois cents, et on y a fait plusieurs additions. La première édition a été publiée en 1470. Nous citerons parmi les plus rares et les plus précieuses celles de 1471, de 1473, 76 et 77 ; l'édition sans date du quinzième siècle, les éditions des Aldes du seizième, et enfin l'édition en 2 volumes in-4° qu'a publiée en 1819 M. Antonio Marsand, professeur à l'université de Padoue, et qui a fixé définitivement le texte, sinon le sens de Pétrarque. L'édition en 2 volumes in-8°, avec des notes de Buttura, que nous avons suivie, a été faite sur la précédente.

Pétrarque n'a pu manquer de rencontrer un grand nombre d'historiens, de commentateurs et de panégyristes. Les plus connus de ces écrivains sont Alessandro Velutello, Jean André Gesualda, Bembo, Muratori, Tassoni, qui peut passer pour un détracteur, et Louis Beccadelli, archevêque de Ravenne. L'abbé de Sade a écrit en français 3 volumes in-4° de mémoires sur sa vie et ses ouvrages; et George de la Forge, le président d'Oppede, Jean Ruyr de Charmes, Vasquin Philleul, Philippe de Maldeghem, Placide Catanusi en ont fait des traductions dont la dernière est en prose, et qui sont entièrement oubliées aujourd'hui et avec justice. Plus récemment, MM. Levesque, Léonce de Saint-Geniès, Arnaud et Esmenard en ont publié des traductions partielles en vers, dont nous n'avons rien à dire ; et M. Antoni Deschamps a inséré, dans un de ses volumes de poésies, des traductions d'une douzaine de pièces qui rendent parfaitement la grâce sérieuse et l'austère délicatesse de l'original.

# SONNETS ET CANZONES

## COMPOSÉS

## DU VIVANT DE LAURE.

# POÉSIES
#### COMPLÈTES
# DE PÉTRARQUE.

---

### SONNET I.

#### PROEMIUM.

Vous qui écoutez, aux rimes (1) que j'ai répandues, le son de ces soupirs dont je nourrissais mon cœur, dans l'égarement premier de ma jeunesse, quand j'étais en partie un autre homme que je ne suis ;

Pour ce style dans lequel je pleure et je raisonne, et qui flotte des vains espoirs à la vaine douleur, je compte trouver pitié non moins que pardon chez tous ceux qui connaissent l'amour par expérience.

Mais je vois bien aujourd'hui comment pendant longtemps j'ai été la fable de tout le monde ; aussi souvent, en face de moi, je me fais honte de moi-même :

Et de mes vanités la honte est le fruit que je recueille, avec le repentir et l'éclatante conviction que tout ce qui charme ici bas n'est qu'un songe rapide.

(1) Pétrarque appelle *rime* les vers rimés en langue vulgaire, et *versi* les vers latins mesurés.

## SONNET II.

##### COMMMENT IL FUT VICTIME DES EMBUCHES D'AMOUR.

Pour se faire une agréable vengeance et punir en un seul jour mille offenses peut-être, furtivement Amour reprit son arc, comme un homme qui, pour nuire, choisit l'heure et le lieu.

Ma vertu s'était retranchée dans mon cœur, pour y faire, ainsi que dans mes yeux, ses défenses, lorsque le coup mortel descendit frapper en une place où avaient coutume de s'émousser toutes les flèches.

Ainsi, toute troublée dans ce premier assaut, elle n'eut pas assez de vigueur ni d'espace pour pouvoir, à temps, prendre les armes ;

Ou bien, sur la cime escarpée et altière, me retirer prudemment des dangers, d'où aujourd'hui elle voudrait et ne peut plus me dégager.

## SONNET III.

##### LE VENDREDI-SAINT FUT LE JOUR OU IL DEVINT AMOUREUX.

C'était le jour où le soleil, en deuil de son Créateur, décolore ses rayons, lorsque, ne prenant pas garde à moi, je fus fait prisonnier et enchaîné, Dame, par vos beaux yeux.

Il ne me semblait pas que ce fût le moment d'élever un rempart pour me garantir des atteintes d'Amour : je m'en allai donc tranquille et sans soupçon ; ainsi mon désespoir prit naissance, au sein de la commune douleur.

Amour me trouva entièrement désarmé, trouva la voie ouverte, par mes yeux, à mon cœur, lesquels sont devenus une source et un passage de larmes.

Donc, à mon sens, ce ne lui fut pas un honneur de me frapper de flèche en cet état, et de n'oser pas, à vous qui étiez sur la défensive, montrer seulement son arc.

## SONNET IV.

#### IL EXALTE LE BOURG OÙ LAURE PRIT NAISSANCE.

Celui qui montra une prévoyance et un art infinis dans son admirable enseignement, et par qui fut créé l'un et l'autre hémisphère et Jupiter plus bienfaisant que Mars,

Alors qu'il vint sur terre pour illuminer les livres qui, pendant nombre d'années, avaient caché la vérité, retira Jean des filets ainsi que Pierre, et dans le royaume du ciel leur donna leur place.

Ce ne fut pas à Rome qu'il fit la grâce de sa naissance, mais à la Judée ; tant au-dessus de tout état il lui plut toujours d'exalter l'humilité :

Et aujourd'hui il nous a donné d'un petit bourg un Soleil, tel qu'on remercie également et la nature, et le lieu d'où si belle Dame au monde est apparue.

## SONNET V.

#### BADINAGE SUR LE NOM DE LAURETA.

Quand j'émeus mes soupirs pour vous chanter, vous et le nom que dans le cœur m'écrivit Amour, sur le mode LAUdatif se fait d'abord entendre le doux son de ses premiers accents.

Votre état de REine que je rencontre ensuite vient, dans cette noble entreprise, redoubler ma valeur ; mais TAis-toi, crie la fin ; car l'honorer est un fardeau fait pour d'autres épaules que les tiennes.

La même voix refrène ainsi L'AUdace par le REspect ; et pourtant je voudrais qu'on vous chantât, ô vous de tout honneur et révérence bien digne !

Sinon que peut-être Apollon se courrouce, quand, pour parler de ses rameaux toujours verts, une langue mortelle ose se prévaloir.

## SONNET VI.

#### IL SE SENT VAINCU PAR LA PASSION.

Mon insensé désir s'est tellement égaré à la poursuite de cette dame qui, s'enfuyant légère et exempte des lacs d'Amour, vole en avant de mon trop lent essor ;

Que plus, en le rappelant, je l'envoie vers la route paisible, moins j'en suis écouté : il ne me sert de rien de l'éperonner ou de vouloir le retourner ; car, par sa nature, Amour le fait rétif.

Et puisque par force il retire le frein à soi, je me remets en son pouvoir, et ainsi, malgré moi, il me conduit à la mort,

Seulement pour atteindre le Laurier où se cueille l'acerbe fruit qui, lorsqu'on y goûte, aggrave les plaies d'autrui plus qu'il ne les soulage.

## SONNET VII.

#### A UN AMI, POUR L'EXHORTER A L'ÉTUDE.

Le ventre et le sommeil, avec les plumes chères à la mollesse, ont du monde banni toute vertu ; de là vient que notre nature, vaincue par l'habitude, est comme égarée de son cours :

Et on a si bien éteint toute bénigne lumière du ciel, par qui est organisée la vie humaine, que l'on cite comme un être prodigieux celui qui veut faire naître un fleuve de l'Hélicon.

Quelle passion du laurier ou du myrte ! Tu marches pauvre et nue, Philosophie, dit la foule au vil lucre appliquée.

Tu auras peu de compagnons dans la route opposée. Je t'en conjure d'autant plus, ô noble esprit, de ne pas abandonner ta magnanime entreprise.

## SONNET VIII.

#### EN ENVOYANT UN PRÉSENT D'OISEAUX.

Au pied des collines où, de la belle enveloppe de ses membres terrestres, naguères se revêtit la Dame à cause de laquelle celui qui nous envoie à toi se réveille souvent de son sommeil en pleurant,

Libres, en paix, nous traversions cette vie mortelle que tout animal désire conserver, sans soupçon de trouver par la route rien qui pût être à notre essor nuisible.

Mais du misérable état où nous sommes descendus de l'autre vie sereine, il nous reste une seule consolation, et de la mort aussi :

C'est d'être vengés de celui qui nous y a réduits, lequel, presque à l'extrémité, reste au pouvoir d'autrui, lié d'une plus lourde chaîne.

## SONNET IX.

#### EN ENVOYANT UN PRÉSENT DE FRUITS.

Quand l'astre qui marque les heures s'en retourne pour habiter avec le Taureau, il tombe des cornes enflammées une vertu qui revêt le monde de nouvelles couleurs ;

Et non seulement elle orne de fleurs charmantes ce qui s'offre à nous en dehors, c'est-à-dire les rives et les collines ; mais au dedans, où jamais il ne fait jour, elle va encore féconder la terrestre humeur ;

D'où se recueillent ces fruits et d'autres semblables. Ainsi celle qui est entre les dames un soleil, en dirigeant sur moi les rayons de ses beaux yeux,

Crée des pensers, des actes et des paroles d'amour ; mais, n'importe comment elle les gouverne ou les tourne, ce n'est jamais le printemps pour moi.

## SONNET X.

#### AU CARDINAL STEFANO DELLA COLONNA.

Glorieuse Colonne, en laquelle s'appuie notre espérance et le grand nom latin, et que n'a pas renversée encore du vrai chemin la colère de Jupiter sous l'orageuse pluie ;

Ce ne sont pas ici des palais, ni un théâtre ou une loge, mais à leur place un if, un hêtre, un pin au milieu de l'herbe verte, et le beau mont voisin où, en poétisant, on gravite et l'on plane,

Qui élèvent de terre notre esprit vers le ciel : et le rossignol, qui doucement à l'ombre toutes les nuits se lamente et pleure,

D'amoureux pensers nous encombre le cœur ; mais tout ce bien est tronqué et rendu imparfait par toi seul, mon seigneur, qui nous prives de ta chère compagnie.

## BALLADE I.

#### CONTRE LE VOILE DE SA DAME.

Soit au soleil ou à l'ombre, Dame, je ne vous vis jamais vous défaire de votre voile, depuis que vous avez découvert le grand désir qui étouffe dans mon cœur toute autre volonté.

Alors que je portais cachés les beaux pensers qui ont fait succomber mon esprit sous le désir, je vous vis embellir votre visage de pitié ; mais dès qu'Amour appela sur moi votre attention, les blonds cheveux furent alors voilés et l'amoureux regard en lui-même recueilli. Ce que je désirais le plus en vous m'est enlevé ; votre voile me tyrannise de telle sorte que, pour me faire périr, par la chaleur comme par le froid, il obscurcit la douce lumière de vos beaux yeux.

## SONNET XI.

### IL ESPÈRE QUE LA VIEILLESSE LUI SERA PLUS PROPICE.

Si ma vie se peut défendre de l'âpre tourment et de l'affliction que j'endure, assez pour que je voie, par la puissance des dernières années, Dame, de vos beaux yeux la lumière s'effacer ;

Et les cheveux d'or fin devenir d'argent, et les guirlandes et les fraîches étoffes vous quitter, et se ternir le visage qui, dans mon malheur, me rend timide et lent à me plaindre ;

Amour peut-être me donnera cette satisfaction de pouvoir vous découvrir quels ont été de mon martyre les ans, et les jours, et les heures :

Et si la saison est contraire aux beaux désirs, il n'est pas qu'au moins il n'advienne alors à ma douleur quelque secours de tardifs soupirs.

## SONNET XII.

### LA BEAUTÉ DE SA DAME LE GUIDE AU SOUVERAIN BIEN.

Quand parfois, au milieu d'autres dames, Amour apparaît au beau visage de celle-ci, autant chacune lui cède en beauté, autant s'accroît le désir qui me passionne.

Je bénis le lieu, et le temps, et l'heure, où j'élevai mes regards vers un but si altier ; et je dis : O mon âme, tu dois être bien reconnaissante d'avoir été jugée alors digne d'un tel honneur.

D'*elle* te vient l'amoureux penser qui, pendant que tu le suis, t'envoie au souverain bien, estimant peu ce que tout homme désire :

D'*elle* te vient ce noble courage qui te guide vers le ciel par le sentier direct, si bien que je vais déjà rempli de sublimes espérances.

## BALLADE II.

#### SUR LE POINT DE S'ÉLOIGNER DE SA DAME.

Mes pauvres yeux, alors que je vous tourne vers le beau visage de celle qui vous a meurtris, je vous en prie, soyez prudents : car déjà Amour se défie de vous ; de quoi je soupire.

La mort peut seule fermer à mes pensers l'amoureux chemin qui les conduit au doux port de leur salut : mais à vous peut être cachée votre lumière par un moindre accident, parce que vous avez été formés moins complets et d'une moindre vertu.

Ainsi, dans vos douleurs, avant que ne soient venues les heures destinées aux larmes et qui déjà sont voisines, prenez au dernier moment un bref allégement à votre long martyre.

## SONNET XIII.

#### EN S'ÉLOIGNANT DE SA DAME.

Je me retourne en arrière à chaque pas, avec ce misérable corps que je porte à grand'peine ; et je prends alors, en respirant votre air, un peu de force qui me fait aller plus loin, disant : Hélas ! malheur à moi !

Puis repensant au doux bien que j'abandonne, au long chemin et à ma vie si courte, je m'arrête sur mes pieds, désolé et défait, et mes yeux s'abaissent en pleurant vers la terre.

Alors vient m'assaillir, au milieu de mes tristes pleurs, un doute, comment peuvent ces membres vivre ainsi éloignés de l'esprit qui les anime ;

Mais Amour me répond : Ne te souvient-il plus que tel est le privilége des amants, dégagés qu'ils sont de toutes les lois de la vie humaine ?

## SONNET XIV.

##### IL SE COMPARE AU PÈLERIN CHERCHANT L'IMAGE DU CHRIST.

Il s'en va, le pauvre vieillard chauve et blanc, loin du doux lieu où s'est accompli son âge, loin de la tendre famille qui se désole en se voyant abandonnée de son bien-aimé père.

Puis de là, traînant ses flancs antiques, à travers les dernières journées de sa vie, autant qu'il le peut, il s'aide de sa bonne volonté, tout rompu des ans et lassé du voyage.

Et il arrive à Rome, conduit par son désir, pour y contempler l'image de Celui qu'il espère revoir encore dans le ciel.

Hélas! ainsi parfois, Madame, je vais m'efforçant, autant qu'il est possible, de retrouver en autrui l'image fidèle de votre beauté désirée.

## SONNET XV.

##### CE QUI L'ATTRISTE ET CE QUI LE CONSOLE.

Des larmes amères me pleuvent du visage, avec un vent douloureux de soupirs, lorsqu'il advient que je tourne les yeux sur vous, par qui seule je suis séparé du monde.

Il est vrai que le doux ris bienfaisant vient apaiser mes brûlants désirs, et qu'il me soustrait aux flammes du martyre tant que je reste à vous contempler, attentif et immobile :

Mais de nouveau se glacent mes esprits, quand je vois au départ les suaves mouvements détourner de moi mes fatales étoiles.

Élargie enfin avec les amoureuses clés, l'âme sort de mon cœur pour aller à votre suite, d'où elle ne s'arrache qu'avec des soucis infinis.

## SONNET XVI.

### QUAND IL FUIT, LA PASSION LE POURSUIT.

Quand je suis tout entier tourné vers le côté où rayonne le beau visage de Madame, et que m'est restée dans la pensée la lumière qui me brûle et me consume intérieurement une partie après l'autre,

Moi qui crains que de mon cœur elle ne parte, et qui vois la fin prochaine de ma lumière, je m'en vais semblable à un aveugle sans lumière qui ne sait où il va, et qui part cependant.

Ainsi je fuis devant les coups de la mort, mais non si vite que le désir avec moi ne vienne, comme de venir il a coutume.

Sans rien dire, je marche ; car mes paroles de mort feraient pleurer tout le monde, et je désire que mes larmes coulent solitaires.

## SONNET XVII.

### IL SE COMPARE AU PAPILLON.

Il y a au monde des animaux dont le regard est si altier qu'il se défend à l'encontre du soleil lui-même ; d'autres, parce que la grande lumière les blesse, ne sortent jamais que vers le soir ;

D'autres encore, poussés d'un désir insensé qui leur fait peut-être espérer de trouver du plaisir dans le feu, à cause de son éclat, en éprouvent l'autre vertu, c'est-à-dire, celle qui brûle. Hélas! ma place est marquée dans cette dernière série ;

Car je n'ai pas la force de soutenir la lumière de cette Dame, et je ne sais pas me faire de remparts de lieux ténébreux et d'heures tardives :

Ainsi, avec mes yeux en pleurs et affaiblis, mon destin me conduit à la regarder ; et, je le sais bien, je poursuis ce qui me consume.

## SONNET XVIII.

### IL NE PEUT CÉLÉBRER SA DAME ASSEZ DIGNEMENT.

Honteux parfois, Madame, de n'avoir pas encore fait connaître votre beauté par mes chansons, je recours au temps où je vous vis pour la première fois, telle que jamais nulle autre ne pourra me plaire.

Mais je trouve là un fardeau trop lourd pour mes bras, et une œuvre à polir trop difficile pour ma lime : aussi mon esprit, qui évalue sa force, s'engourdit tout entier dans ce travail.

Plusieurs fois déjà j'ai ouvert la bouche pour parler ; puis la voix m'est restée dans la poitrine. Mais quel son pourrait jamais monter à une telle hauteur ?

Plusieurs fois j'ai commencé à écrire des vers ; mais la plume, et la main, et l'intelligence, sont restées vaincues dès le premier assaut.

## SONNET XIX.

### SON COEUR, REJETÉ DE LAURE, N'A PLUS QU'A PÉRIR.

Mille fois, ô ma douce adversaire, pour avoir la paix avec vos beaux yeux, je vous ai offert mon cœur ; mais il ne vous plaît pas, avec votre esprit altier, de regarder en un lieu si bas.

Et si par hasard quelque autre dame fonde en lui des espérances, elle vit dans une bien précaire illusion : je dédaigne trop ce qui a pu vous déplaire, pour qu'il me revienne jamais tel qu'il était.

Maintenant si je le chasse, et qu'il ne trouve en vous aucun secours dans ce malheureux exil, comme il ne sait ni rester seul, ni aller où d'autres l'appellent,

Il pourra bien se dérober à son cours naturel, ce qui sera un grave sujet de blâme pour nous deux, et d'autant plus grand pour vous que je vous aime davantage.

## SEXTINE I.

Pour tous les animaux qui habitent sur terre, si ce n'est quelques-uns qui ont en haine le soleil, le temps de travailler est tant que dure le jour ; mais, dès que le ciel rallume ses étoiles, l'un retourne à la maison et l'autre s'abrite dans la forêt, pour avoir du repos au moins jusqu'à l'aurore.

Et moi, depuis l'instant où la belle aurore commence à secouer l'ombre d'autour de la terre, en réveillant les animaux dans toutes les forêts, mes soupirs n'ont plus de trêve avec le soleil : puis, quand je vois scintiller les étoiles, je m'en vais pleurant et désirant le jour.

Quand le soir vient chasser la clarté du jour, et qu'en d'autres pays nos ténèbres ramènent l'aurore, je regarde, tout pensif, les cruelles étoiles qui m'ont formé d'une sensible terre, et je maudis le jour où j'ai vu le soleil qui me donne l'aspect d'un homme nourri dans une forêt.

Je ne crois pas que jamais on ait vu paître dans la forêt de bête aussi farouche, soit de nuit ou de jour, que celle-ci pour qui je pleure à l'ombre et au soleil : et je ne suis pas vaincu par le premier sommeil ou par l'aurore ; car, bien que je sois un corps mortel fait de terre, mon irrévocable désir me vient des étoiles.

Avant que je retourne vers vous, brillantes étoiles, ou que, tombant dans l'amoureuse forêt, j'abandonne ce corps que dissoudra la terre, oh ! que je trouve en *elle* (1) la pitié qui, en un seul jour, peut réparer bien des années, et peut, avant l'aurore, combler tous mes vœux dès le coucher du soleil.

Qu'avec elle je fusse dès que disparaît le soleil, et que nul ne pût nous voir que les étoiles, seulement durant une nuit, et que jamais ne vînt l'aurore, et qu'*elle* (2) ne pût

(1) Sa dame. — (2) Sa dame.

se transformer en une verte forêt pour s'échapper de mes bras, comme le jour qu'Apollon ici-bas la suivait par la terre.

Mais je serai sous terre dans une aride forêt, et le jour s'en ira plein de claires étoiles, avant qu'à une si douce aurore arrive le soleil.

### CANZONE I.

IL CHANTE COMMENT IL ÉCHANGEA SA LIBERTÉ CONTRE L'AMOUREUX ESCLAVAGE ET CE QU'IL EUT A SOUFFRIR EN CET ÉTAT.

Dans le doux temps de la saison première, qui vit germer et encore en herbe, pour ainsi dire, le fier désir qui pour mon malheur s'est accru, puisque en chantant la souffrance s'adoucit, je chanterai comment je vécus en liberté, tant qu'Amour en ma demeure fut dédaigné; je dirai ensuite comment il fut par là pénétré d'une jalousie trop profonde, et ce qui m'en advint, et qu'ainsi je suis devenu pour beaucoup de gens un exemple; je le dirai, bien que mon cruel supplice soit décrit ailleurs de façon que mille plumes en sont déjà lasses, et que, presque en toute vallée, ait retenti le son de mes pénibles soupirs qui font foi des tourments de ma vie. Et si la mémoire ne me secourt pas ici, comme elle fait d'ordinaire, qu'elle ait pour excuse mes souffrances, et ce penser qui seul la tourmente, tel qu'à tout autre il fait tourner les épaules et me fait par force m'oublier moi-même : car il occupe tout mon être intérieur, et il ne m'en reste que l'écorce.

Je dis que, depuis le jour où j'avais subi la première attaque d'amour, nombre d'années s'étaient passées; si bien que je perdais déjà le juvénile aspect, et mes pensers congelés avaient formé à l'entour de mon cœur comme une enveloppe de diamant que ne laissait point amollir mon inflexible volonté : les pleurs encore ne baignaient pas ma poitrine et n'interrompaient pas mon sommeil; et ce qui n'était pas en moi me semblait en autrui une chose contre nature. Hélas! que suis-je? que fus-je? La mort seule fait l'éloge de la vie comme le soir celui du jour. Le cruel dont ici je raisonne, sentant que jusqu'alors l'atteinte de sa flèche n'avait fait qu'effleurer mon vêtement, choisit dans son escorte une puissante dame envers qui jamais il ne m'a servi ni ne me sert que peu d'employer l'adresse ou la force, ou bien de demander grâce. Tous deux ils m'ont transformé en ce que je suis, faisant de moi, d'un homme vivant, un laurier vert, à qui jamais la rigueur de la saison ne fait perdre ses feuilles.

Que devins-je d'abord que je m'aperçus de mon changement de forme et que je vis mes cheveux devenus eux-mêmes ce feuillage dont j'avais espéré naguère qu'ils seraient couronnés ; et mes pieds sur lesquels auparavant je m'arrêtais, j'allais et je courais (selon l'impulsion que chaque membre reçoit de l'âme), former aussi deux racines au-dessous des ondes, non du Pénée, mais d'un plus superbe fleuve; et enfin mes bras transmués ensemble en deux rameaux. Et je ne fus pas non plus glacé d'un moindre effroi en me voyant ensuite couvert de blanches plumes, alors que, foudroyé et mort, s'abattit mon espoir qui trop hardiment s'élançait. Comme je ne savais pas où et quand je pourrais le retrouver, seul et pleurant, aux lieux où il me fut ravi, les jours et les nuits, je m'en allais le cherchant sur le rivage et dans l'onde elle-même : et jamais depuis lors ma langue ne s'est tue, tant qu'elle a été libre, sur cette chute maligne : c'est ainsi que je pris à la fois le chant et la couleur d'un cygne.

Je m'en allais donc le long des rives aimées, et voulant parler je chantais toujours, criant merci d'une voix étrangère, et jamais en accords si doux ou si suaves je n'ai su faire résonner les amoureuses plaintes que je pusse attendrir le cœur âpre et féroce. Que sentis-je alors, pour que le souvenir m'en brûle encore? Mais, bien plus que je n'ai fait jusqu'ici, de ma douce et cruelle ennemie il est besoin que je parle, bien qu'elle soit telle qu'elle laisse toute parole en arrière. Celle-ci, qui avec le regard sait dérober les âmes, m'ouvrit la poitrine et prit mon cœur avec la main, en me disant : Ne parle pas de cela. Je la revis ensuite seule et sous un autre costume qui m'empêcha de la reconnaître (ô pauvre sens humain!); tout d'abord, je lui dis mon chant plein de frayeur : mais elle, ayant repris aussitôt sa véritable figure, me changea, malheureux que je suis! en un rocher vivant encore et comme épouvanté.

Elle parlait avec un visage si troublé que je me sentais trembler au milieu de cette pierre, en l'entendant me dire : Je ne suis pas peut-être telle que tu me crois. Et je me disais : Si celle-ci me délivre d'ici, nulle existence ne pourra m'être fâcheuse ou triste. Reviens, ô mon seigneur, faire couler mes larmes. Je ne sais comment je le pus faire, mais je dégageai de là mes pieds et je m'en allai, n'accusant personne que moi, et je fus durant tout ce jour entre vivant et mort. Mais comme le temps est court, la plume ne peut égaler sa vitesse à ma bonne volonté; aussi suis-je contraint de passer bien des choses inscrites dans mon esprit et de citer seulement celles dont s'émerveille qui les écoute. La mort s'était roulée à l'entour de mon cœur; et je ne pouvais pas, en me taisant, le retirer de sa main ni venir en aide à mes forces languissantes : les vivantes paroles m'étaient interdites; je criai donc avec le papier et l'encre : Je ne suis plus à moi-même, non; et si je meurs, le mal en retombe sur vous.

Je croyais que, devant ses yeux, j'étais devenu d'indigne digne ainsi de merci, et cet espoir m'avait rendu hardi. Mais tantôt l'humilité éteint la colère, et tantôt elle l'enflamme; et j'ai su cela après une longue saison que je passai revêtu de ténèbres : car, lorsque j'eus ainsi prié, ma lumière avait disparu. Et moi ne retrouvant plus, partout à l'entour, seulement une ombre d'elle, ni trace de ses pieds, semblable à un homme qui dort sur le chemin, un jour, brisé, je me jetai sur l'herbe. Là, maudissant le fugitif rayon, je lâchai le frein à mes tristes larmes et les laissai tomber comme il leur plut : et jamais la neige sous le

2.

soleil ne disparut aussi vite que je ne me sentis fondre tout entier et me changer en une fontaine au pied d'un hêtre : j'ai fait longtemps cet humide voyage. Qui entendit jamais dire qu'une fontaine fût née d'un homme véritable? Les choses que je raconte sont pourtant certaines et connues.

L'âme qui de Dieu seul est anoblie (car de nul autre ne peut advenir une telle grâce) s'est conservée dans sa nature semblable à son Créateur : ainsi jamais elle n'est dégoûtée de pardonner à celui qui, avec un cœur et un extérieur vraiment humbles, après des offenses si nombreuses qu'elles soient, vient enfin à merci : et si, contre son penchant, elle se fait long-temps prier, c'est qu'elle se modèle encore sur Dieu : et elle agit ainsi pour augmenter l'horreur du péché ; car celui-là ne se repent pas bien du mal qu'il a fait, qui se prépare à en commettre d'autre. Sitôt que Madame, émue de compassion, daigna me regarder, et reconnut que le châtiment allait de pair avec le péché, bénigne elle me rendit à mon premier état. Mais il n'est rien au monde en quoi un homme sage se fie : car ayant encore recommencé mes prières, mes nerfs et mes os furent mués par elle en dur caillou ; et ainsi je ne fus plus qu'une voix dégagée de mes antiques liens et invoquant la mort et *elle* (1) seule par son nom.

Esprit errant et plaintif, il me souvient d'avoir, par les cavernes désertes et lointaines, pleuré, pendant bien des années, mon ardeur effrénée : ce mal trouva encore un terme et je retournai aux membres terrestres pour y sentir, je crois, une plus grande douleur. Je poursuivis mon désir si avant qu'un jour, chassant comme j'avais coutume, je courus et je vis cette bête charmante et cruelle, nue dans une fontaine où elle se tenait, à l'heure que le soleil est le plus ardent. Moi, qui ne suis heureux que de ce seul aspect, je m'arrêtai à la contempler : sa pudeur s'en émut, et, pour se venger ou bien pour se cacher, elle me fit avec sa main jaillir l'onde au visage. Ce que je vais

---

(1) Sa dame.

dire est vrai, et pourra cependant paraître mensonger ; c'est que je me sentis retirer de ma propre figure et que je fus transformé en un cerf errant et solitaire, traqué de forêt en forêt, et encore il me faut fuir les abois menaçants de mes chiens.

Chanson, je n'ai jamais été cette nue d'or qui s'abattit ensuite en précieuse pluie, et éteignit en partie le feu de Jupiter : mais je fus bien la flamme qu'un beau regard alluma ; je fus l'oiseau qui s'élance le plus haut dans les airs, pour élever celle que dans mes chants j'honore : et aucune nouvelle forme ne m'a fait abandonner le laurier qui les précéda toutes ; car c'est lui dont la douce ombre sait débarrasser mon cœur de tout plaisir moins beau.

## SONNET XX.

#### RÉPONSE A UN SONNET DE STRAMAZZO DE PÉROUSE.

Si l'honoré feuillage, qui limite la colère du ciel, lorsque le grand Jupiter tonne, ne m'avait pas refusé la couronne, ornement accoutumé de ceux qui écrivent dans la langue poétique.

Je serais ami de ces divinités que vous servez et que le siècle a lâchement abandonnées ; mais cette injure est comme un éperon qui m'éloigne désormais de l'inventrice des premières olives :

Et la poussière d'Éthiopie ne bout pas sous le plus ardent soleil, comme ma fureur alors que je perds une chose si chère et qui m'appartenait.

Cherchez donc une source plus paisible ; car la mienne, indigente, n'est plus arrosée d'aucune onde, sauf de celle qu'en pleurant je distille.

## SONNET XXI.

**A UN AMI.**

Amour pleurait, et moi qui ne marche jamais loin de lui, je pleurais souvent aussi de voir des nœuds qu'il nous tisse votre âme détachée par une influence acerbe et étrangère.

Maintenant qu'au droit chemin Dieu l'a reconduite, élevant vers le ciel mes deux mains et mon cœur, je remercie celui qui, dans sa miséricorde, écoute avec bonté les justes prières des hommes.

Et si, en revenant à l'amoureuse vie, pour vous faire tourner les épaules aux nobles désirs, vous avez trouvé par la route des ravins et des escarpements;

Ce fut pour montrer combien est épineux le chemin, et combien alpestre et rude est la montée par où il convient qu'un homme s'élève à la véritable vertu.

## SONNET XXII.

**SUR LE MÊME SUJET.**

Plus que moi joyeux ne se voit pas au port, le navire battu et vaincu par les ondes, lorsque tout le monde, de piété coloré, se prosterne sur le rivage pour rendre grâces,

Ni plus joyeux n'est relâché de la prison celui qui eut la corde attachée autour du cou, que je ne le suis en voyant disparaître cette épée qui fit à mon Seigneur une si longue guerre.

Vous tous qui chantez les louanges d'amour, rendez honneur au bon tisserand des dits amoureux, lequel auparavant était égaré;

Car on fait, dans le royaume des élus, plus de gloire d'un esprit converti, et plus d'estime aussi, que de quatre-vingt-dix-neuf esprits parfaits.

## SONNET XXIII.
##### SUR PHILIPPE DE VALOIS ET LA CROISADE.

Le successeur de Charles qui orne sa chevelure de la couronne de ses aïeux, a déjà pris les armes pour rompre les cornes à Babylone et à celui qui en invoque le nom.

Et le vicaire du Christ, avec la charge des clefs et du manteau, retourne vers son séjour, de façon que, si nul autre accident ne le détourne, il verra Bologne et ensuite la noble Rome.

Que votre généreuse et bienfaisante brebis abatte les loups cruels : et qu'il aille ainsi de quiconque ne s'appuie pas sur un légitime amour !

Consolez-la donc de ces retards qui se prolongent ; consolez Rome aussi qui soupire après son époux ; et pour Jésus ceignez enfin l'épée.

## CANZONE II.
##### A JACOPO DELLA COLONNA, POUR L'EXHORTER A PRENDRE PART A LA CROISADE.

O toi qu'on attend dans le ciel, belle et bienheureuse âme qui marches de notre humanité revêtue et non comme les autres chargée, de Dieu servante obéissante et chère ; pour que te soient moins rudes désormais les routes qui mènent d'ici bas au céleste royaume, voici que tout récemment ta barque, qui à l'aveugle monde a déjà tourné les épaules pour cingler vers un meilleur port, a senti le doux secours d'un vent occidental qui, par le milieu de cette obscure vallée où nous pleurons nos fautes et celles d'autrui, la conduira, libre des liens antiques et par le plus droit chemin, au véritable Orient vers lequel elle s'est tournée.

Peut-être les dévotes et amoureuses prières et les larmes saintes des mortels ont-elles pu arriver jusqu'à la suprême miséricorde ; et peut-être ne furent-elles jamais telles ni si grandes que, par leurs mérites, elles pussent faire dévier de son cours la justice éternelle : mais ce Roi clément qui gouverne le ciel par grâce tourne les yeux vers le lieu sacré où il fut mis en croix; de là dans la poitrine du nouveau Charles il souffle la vengeance dont le retard nous est si funeste, que depuis nombre d'années l'Europe en soupire : c'est ainsi qu'il vient en aide à son épouse bien-aimée, et, au seul son de sa voix, Babylone frémit et demeure pensive.

Quiconque habite entre la Garonne et les monts, entre le Rhône et le Rhin et les ondes salées, suit les étendards très-chrétiens; et tous ceux qui jamais eurent souci d'une véritable gloire, des Pyrénées au dernier horizon, laisseront l'Espagne vide ainsi que l'Aragon : l'Angleterre avec les îles que baigne l'Océan entre le Charriot et les Colonnes, et jusqu'aux lieux où résonne la doctrine du très-saint Hélicon, toutes ces contrées ont vu leurs habitants, divers de langages et d'armes et de costumes, éperonnés par la charité à cette altière entreprise. Et quel amour si légitime et si digne, quels enfants jamais, quelles épouses furent le sujet d'un si juste courroux.

Il est une partie du monde, sans cesse ensevelie dans les glaces et la neige gelée et que jamais le soleil ne rencontre sur son chemin : là, sous des jours nébuleux et de courte durée, naît un peuple naturellement ennemi de la paix et pour qui le trépas est sans horreur. Si cette nation, plus dévote qu'elle n'a coutume de l'être, ceint l'épée avec la fureur tudesque, Turcs, Arabes et Chaldéens, avec tous ceux qui se confient aux faux dieux devers la mer qui montre des flots sanglants, elle saura bientôt ce que vaut cette race timide et paresseuse qui vit nue et jamais ne dégaîne le fer, mais qui commet tous ses crimes au grand air.

Donc voici l'heure et le moment de soustraire notre col au joug antique et de déchirer le voile qui avait été roulé autour de nos yeux; il faut que le noble génie qui, par la grâce du ciel, possède les dons de l'immortel Apollon, et que l'éloquence pareillement montrent ici leur vertu tant avec la langue qu'avec l'encre glorieuse, et si alors tu ne t'émerveilles point à parler d'Orphée et d'Amphion, il suffira que l'Italie, avec ses fils, s'éveille au son de ton discours retentissant, si bien que pour Jésus elle mette la lance en arrêt : que si cette antique mère voit ce qui est la vérité, aucune de ses querelles n'eut jamais de motifs si beaux ou si entraînants.

Toi qui, pour amasser un beau trésor, as remué les écrits antiques et modernes, t'envolant au ciel avec le terrestre fardeau, tu sais, depuis le règne du fils de Mars jusqu'au grand Auguste qui orna sa chevelure du vert laurier en triomphant trois fois, combien et que de fois, pour venger les injures d'autrui, Rome fut prodigue de son sang : et maintenant pourquoi ne serait-elle pas, je ne dirai pas prodigue, mais prudente et pieuse, pour aller, avec le fils glorieux de Marie, venger les cruelles insultes qu'on lui a fait souffrir? Que peut donc espérer l'armée ennemie des moyens de défense humains, si le Christ se tient du côté opposé?

Rappelle-toi la téméraire entreprise de Xercès qui, pour opprimer nos rivages, outragea les ondes marines de ponts jusqu'alors inconnus, et tu verras, par le trépas de leurs époux, toutes les dames Persanes revêtues de deuil, et teinte en rouge la mer de Salamine; et c'est non seulement cette désastreuse défaite du malheureux peuple d'Orient qui te promet sur lui la victoire, mais Marathon encore et les mortels défilés que le Lion Spartiate défendit avec si peu de monde, et mille autres combats dont tu as écouté ou lu les récits. Il faut donc que souvent nous inclinions nos genoux et nos esprits devant Dieu qui conserve tes jours pour un si grand bienfait.

Chanson, tu verras l'Italie et la rive sacrée qu'à mes yeux cache et dispute non aucune mer, ni montagne, ni fleuve, mais Amour seul dont la flamme altière me charme de plus en plus à mesure que j'en suis consumé; et la nature ne peut tenir contre l'habitude. Va donc! n'égare pas les autres troupes que ne retient pas sous son voile Amour de qui proviennent et le rire et les pleurs.

## CANZONE III.

### LE POÈTE DÉLIBÈRE S'IL DOIT OU NON LAISSER L'AMOUR DE LAURE.

D'habits verts, pourprés, sombres ou pers, dame jamais ne se vêtit, ni de cheveux d'or ne tordit les blondes tresses, aussi belle que celle qui me dépouille de ma volonté, et, hors du chemin de liberté, m'entraîne à sa suite de telle sorte que je ne puis souffrir aucun joug moins pesant.

Et si quelquefois s'arme pour se plaindre l'âme qu'abandonne la prudence où, dans le doute, son martyre la conduit, elle est soudain arrêtée dans son désir effréné par le regard qui chasse de mon cœur toute folle entreprise et me fait paraître toute rigueur suave.

De tout ce que, par amour, j'eus jamais à souffrir, et que j'ai à souffrir encore, jusqu'à ce que mon cœur soit guéri par celle qui le déchire, rebelle à la pitié qui la sollicite, je serai enfin vengé; car jamais, à l'humilité opposés, l'orgueil et le courroux ne peuvent fermer ni barrer le beau passage d'où je viens.

Mais l'heure même et le jour où je jetai mes regards sur le noir et le blanc des beaux yeux qui me chassèrent de cette demeure qu'Amour courut occuper, furent l'origine de cette vie dont je me plains, avec celle en qui notre époque se mire et dont l'aspect remplit de crainte quiconque n'est pas fait ou de plomb ou de bois.

Ainsi les pleurs qui coulent de mes yeux à cause de ces flèches que je nourris dans mon flanc gauche où d'abord je les ai senties, ne peuvent me dégoûter de mon désir : par là j'ai éprouvé la vérité de cette sentence : C'est par sa faute que l'âme souffre, et il est juste qu'elle panse elle-même ses plaies.

Mes pensers sont devenus différents de moi ; le glaive aimé sur lui-même s'est retourné : de telle sorte que déjà je me sens anéanti. Et cependant je ne le prie pas de m'épargner; car toutes les autres routes pour aller au ciel sont moins droites que celle-ci, et on ne peut, certes, aspirer au glorieux royaume sur un navire plus sûr.

Bénissons les étoiles qui devinrent les compagnes du bienheureux flanc, alors qu'il guida en ce monde le beau fruit qui est lui-même une étoile sur la terre, et qui, comme la feuille se garde sur le laurier, conserve en sa verdeur première le trésor de l'honnêteté, où ne souffle jamais ni foudre ni aucun vent qui lui nuise.

Je sais bien, qu'à vouloir enfermer ses louanges en des vers pourrait se fatiguer celui qui eut jamais la plus digne main pour écrire. Quelle est la chambre de mémoire où l'on rassemblerait tout ce que voit de vertu, tout ce que voit de beauté celui qui contemple les yeux, signal de toute valeur, douce clef de mon cœur.

Sur toute l'étendue que le soleil parcourt, Amour n'a pas, Madame, de gage plus précieux que vous.

## SEXTINE II.

Une jeune dame, sous un vert laurier, m'est apparue plus blanche et plus froide que la neige où le soleil n'a pas frappé depuis mainte et mainte année ; et son parler, son visage et ses cheveux me charmèrent si bien que je l'ai et que je l'aurai toujours devant les yeux en quelque lieu que je sois, sur une colline ou sur une rive.

Alors seront mes pensers à la rive (1), quand on ne trouvera pas de feuille verte sur le laurier ; et si jamais je sens mon cœur tranquille et que j'essuie mes yeux, nous verrons geler le feu et brûler la neige. Je n'ai pas sur la tête autant de cheveux que, pour attendre ce jour, je voudrais passer d'années.

Mais, puisque le temps vole et que s'enfuient les années, si bien qu'à la mort en un instant on arrive, avec la tête brune comme avec les blancs cheveux, je suivrai l'ombre de ce doux laurier, par le plus ardent soleil et par la neige, jusqu'à ce que le dernier jour vienne clore mes yeux.

Jamais n'ont été vus d'aussi beaux yeux, soit dans notre

(1) A leur terme.

âge ou dans les anciennes années, que ceux qui me dévorent comme le soleil fait de la neige : d'où est venue cette larmoyante rive qu'Amour conduit au pied de ce dur laurier qui a les rameaux de diamant et d'or les cheveux.

Je crains bien de changer de visage et de cheveux avant que je voie sur moi, avec une vraie pitié, se tourner les yeux de mon idole sculptée en un vivant laurier : car, si je ne me trompe pas en comptant, il y a aujourd'hui sept années qu'en soupirant je vais de rive en rive, la nuit comme le jour, par la chaleur et par la neige.

Flamme au dedans et au dehors blanche neige, seul avec ces pensers, avec d'autres cheveux, toujours pleurant, j'irai par toute rive pour tâcher de faire venir la pitié dans les yeux de tel qui naîtra dans mille années, si jusque là, grâce à la bonne culture, peut survivre un laurier.

L'or et les topazes au soleil, sur la neige, sont vaincus par les blonds cheveux réunis aux yeux qui mènent si rapidement mes années à la rive (1).

## SONNET XXIV.

#### POUR LAURE GRAVEMENT MALADE.

Cette âme choisie qui abandonne la terre, et qui, avant le temps, est appelée à l'autre vie, si elle est là-haut élevée autant qu'elle doit l'être, ira fouler du ciel la plus fortunée partie.

Si elle séjourne entre Mars et la troisième planète, on verra se décolorer le visage du soleil, quand, pour contempler sa beauté infinie, les âmes des justes autour d'elle s'empresseront.

Si elle s'arrête vers la quatrième demeure, chacune des trois précédentes en deviendra moins belle, et cette dernière aura seule la gloire et le renom.

Dans le cinquième cercle elle ne saurait habiter ; mais, si elle vole plus haut, je ne fais pas de doute qu'avec Jupiter ne soit vaincue toute autre étoile.

(1) A leur terme.

## SONNET XXV.

#### IL DÉSESPÈRE DE GUÉRIR DE SA FOLLE PASSION.

Plus je m'avoisine au dernier jour qui d'ordinaire ne laisse pas durer longtemps l'humaine misère, et plus rapide et léger, je vois le temps s'en fuir et l'espoir que je mettais en lui me tromper et m'échapper.

Je dis à mes pensers : Nous n'irons pas bien loin en parlant d'amour désormais, puisque ce dur et pesant fardeau de terre, comme une froide neige, va se dissolvant; ainsi nous aurons la paix.

Car, avec lui, tombera cette espérance qui nous fit errer si longuement, tombera le rire et la plainte, et la crainte et le courroux.

Alors nous verrons clairement par là comme souvent les choses périlleuses nous sont profitables, et que presque toujours c'est à tort que l'on soupire.

## SONNET XXVI.

#### LAURE MALADE LUI APPARAIT EN SONGE ET LE RASSURE.

Déjà l'amoureuse étoile brillait à l'orient, et l'autre aussi qui a coutume de rendre Junon jalouse, roulait dans le septentrion ses beaux et luisants rayons;

La pauvre vieille, à demi vêtue et les pieds nus, était levée pour filer et avait ranimé son charbon : et les amants sentaient s'aiguiser l'heure qui d'ordinaire les excite à pleurer;

Lorsque celle qui est mon espérance, déjà réduite à l'extrémité, surgit dans mon cœur, mais non par la voie accoutumée que tenaient fermée le sommeil et l'accablante douleur.

Qu'elle était changée, hélas! de ce qu'elle était auparavant! Et elle semblait me dire : Pourquoi perds-tu courage? L'aspect de ces yeux ne t'est pas encore enlevé.

## SONNET XXVII.

#### A APOLLON POUR LUI RECOMMANDER LA GUÉRISON DE LAURE.

Apollon, si tu n'as pas étouffé encore le beau désir qui t'enflammait près des ondes Thessaliennes, et si, en gouvernant le cercle des années, tu n'as pas enfin mis en oubli la blonde chevelure aimée;

De cet inerte froid et du temps âpre et cruel qui dure tant que se cache ton visage, défends aujourd'hui l'honoré et sacré feuillage dont, après toi, je me suis senti charmer.

Et, par la force de l'amoureuse espérance qui te soutint pendant les jours acerbes, débarrasse l'air de cette funeste influence;

Afin qu'ensuite nous voyions ensemble, par un miracle, notre dame sur l'herbe s'asseoir et de ses deux bras s'ombrager elle-même.

## SONNET XXVIII.

#### IL CHERCHE LA SOLITUDE; MAIS AMOUR L'Y POURSUIT.

Seul et pensif je vais mesurant les plus désertes plaines d'un pas lent et négligent, et afin de m'enfuir, je recherche d'un regard attentif les vestiges humains imprimés sur le sable.

Je ne trouve pas d'autre défense pour me dérober à l'attention manifeste des hommes; car, toute trace de gaieté étant effacée en moi, on lit du dehors la passion qui me consume au dedans.

Aussi je crois bien désormais que les monts et les plaines, et les fleuves et les forêts sauront de quelle trempe est ma vie qui est cachée à autrui.

Mais je ne sais point chercher de routes si âpres ni si sauvages qu'Amour n'y vienne toujours raisonner avec moi, comme moi avec lui.

## SONNET XXIX.

##### IL NE VEUT PAS SE DONNER LA MORT, MAIS IL LA DÉSIRE.

Si je croyais que par la mort je fusse délivré de l'amoureux penser qui m'accable, j'aurais déjà de mes mains déposé en terre ces membres fâcheux et ce fardeau :

Mais comme ce ne serait, je le crains, qu'un passage de pleurs en pleurs et d'une guerre à une autre, de ce côté-ci du défilé encore que je me serre, j'y reste à moitié arrêté, hélas! et à moitié passé.

Il serait bien temps enfin que l'impitoyable corde lançât le dernier trait déjà baigné et teint dans le sang d'autrui :

Et j'en prie Amour et cette sourde cruelle qui m'a laissé déjà marqué de ses couleurs et qui ne se souvient plus de m'appeler à elle.

## CANZONE IV.

##### IL SE LAMENTE D'ÊTRE TROP ÉLOIGNÉ DE SA DAME.

Si débile est le fil où se rattache ma pesante vie, que, si l'on ne vient à son aide, elle sera bientôt au terme de son cours; car, depuis ce funeste départ où de mon doux bien je me suis éloigné, une seule espérance a été jusqu'ici la raison pour laquelle je vis, disant : Puisque tu es privée de la vue aimée, conserve-toi, âme infortunée; qui sait si tu ne retournes pas vers un meilleur temps et vers de plus heureux jours, ou si le bien perdu ne se regagne jamais? Cet espoir m'a soutenu pendant un temps; à présent il m'abandonne : il m'a trop laissé vieillir.

Le temps fuit et le voyage des heures est si promptement accompli que je n'ai pas assez d'espace pour examiner seulement comment je cours à la mort. A peine jaillit à l'orient un rayon de soleil que vous le verrez à l'autre montagne arrivé de l'horizon opposé, malgré la longueur et les détours du chemin. Si courte est l'existence, si pesants et si frêles sont les corps des hommes mortels, que lorsque je me vois séparé du beau visage par une telle distance, ne pouvant avec mon désir me donner des ailes qui m'emportent, je ne trouve plus qu'une faible ressource en mon secours habituel ; car je ne sais combien de temps je puis vivre en cet état.

Tout lieu m'attriste, lorsque je n'y vois pas les beaux yeux suaves qui portèrent les clefs de mes douces pensées, tant que Dieu le permit : et, pour que le dur exil m'accable davantage, soit que je dorme, ou que je marche, ou que je m'assoie, je ne puis demander autre chose ; et tout ce que j'ai vu depuis eux m'a déplu. Par combien de montagnes et d'eaux, combien de mers, combien de fleuves me sont cachés ces deux astres qui ont fait de mes ténèbres d'autrefois une belle clarté de midi afin de me rendre le souvenir plus cuisant ! Et la vie âpre et triste que je mène à présent m'a fait connaître combien celle d'alors était heureuse.

Hélas ! s'il est vrai qu'en discourant se ravive cet ardent désir qui naquit le jour où je me laissai ravir la meilleure part de moi-même, et qu'Amour soit éconduit par un long oubli, qui donc me ramène à l'appât dont mes douleurs s'accroissent? Et pourquoi ne me suis-je pas pétrifié en me taisant auparavant? Certes, jamais ni cristal ni verre ne laissa paraître les couleurs des objets qu'il renferme, comme l'âme désolée montre, plus clairs encore, tous nos pensers et cet amer plaisir qui règne en notre cœur, et comme elle les révèle par nos yeux qui, toujours épris de pleurer, jour et nuit cherchent qui les console.

Étrange plaisir qui souvent s'empare des esprits humains, d'aimer ainsi ce qui vient rassembler sur nous des essaims plus pressés de soupirs ! Et je suis un de ceux qui trouvent leur joie dans les larmes; et il semble bien que je m'étudie à ce que mes yeux en soient toujours imprégnés, comme mon cœur de douleur : et, comme je m'y excite en m'entretenant des beaux yeux (aussi n'est-il rien qui me touche ni qui me pénètre aussi bien), je cours sans cesse et je retourne là où déborde plus largement l'affliction, et où avec mon cœur pourront être tous deux punis les flambeaux qui furent mes guides sur le chemin d'Amour.

Les tresses d'or qui devraient, en sa course, remplir le soleil d'une envie profonde, et le beau regard éclatant où les rayons d'Amour sont si ardents qu'ils me font avant le temps dépérir, et les sages paroles rares en ce monde, ou plutôt uniques, qui m'avaient enfin courtoisement récompensé, tous ces biens me sont enlevés; et je pardonne plus facilement toute autre offense que de me voir ravir la bénigne et angélique salutation qui avait coutume d'élever mon cœur à la vertu en enflammant sa volonté, si bien que je ne pense pas entendre jamais rien qui m'anime à autre chose qu'à me lamenter.

Et pour pleurer encore avec plus de satisfaction, ses mains blanches et déliées, ses bras charmants, ses mouvements suavement altiers, et ses douces rigueurs altièrement humbles, et son beau front juvénile, cette tour de haute intelligence, tout cela m'est dérobé par ce séjour alpestre et cruel : et je ne sais pas si j'espère la revoir avant de mourir : car à chaque instant se dresse l'espérance, et puis elle ne sait pas se tenir ferme ; et en retombant elle me persuade que je ne reverrai jamais celle que le ciel même honore, celle en qui habite l'honnêteté et la courtoisie, et que mon âme, dans mes prières, demande aussi pour son asile.

Chanson, si tu vas voir notre dame, dans le doux pays qu'elle habite, tu espères bien, je le crois, qu'elle te tendra cette belle main dont je suis si éloigné. Ne la touche pas; mais à ses pieds avec respect, dis-lui que je serai là aussitôt qu'il me sera possible, soit esprit sans corps, soit homme de chair et d'os.

## SONNET XXX.

#### A ORSO, COMTE DE L'ANGUILLARA.

Orso, ce ne furent jamais ni fleuves ni marais, ni la mer où toute rivière se décharge, ni de murs, ou de montagne, ou de forêt nulle ombre, ni la neige dont le ciel est obscurci ;

Ni tel autre obstacle qui excite mes plaintes, parmi tous ceux dont le regard humain est le plus empêché; mais c'est plutôt ce voile qui ombrage deux beaux yeux et semble me dire : Désormais consume-toi et pleure.

Et leur éclipse qui éteint toute ma joie, soit par humilité ou par orgueil, sera cause qu'avant le temps je mourrai :

Ma souffrance vient encore d'une blanche main qui fut toujours prête à me faire de la peine, et qui s'est placée comme un écueil devant mes yeux.

## SONNET XXXI.

#### SUR CE QU'IL AVAIT TARDÉ A VISITER LAURE.

Je crains si fort l'atteinte des beaux yeux dans lesquels Amour et mon trépas habitent, que je les fuis comme un enfant la verge ; et voilà longtemps que je fis le premier pas pour m'en approcher.

Dorénavant il n'y aura pas de lieu escarpé et élevé où ma volonté ne surgisse pour ne pas rencontrer celle qui dissout mes sens, me laissant d'ordinaire changé en un froid rocher.

Donc si j'ai tardé à revenir vous voir, pour ne pas me rapprocher de qui me fait périr, cette faute mérite peut-être qu'on l'excuse.

Je dis plus ; car ce retour vers ce que fuient tous les hommes, et ce cœur que j'ai su affranchir d'une frayeur si grande ont été de ma foi un gage non léger.

## SONNET XXXII.

A UN AMI, EN LE PRIANT DE LUI ENVOYER LES OEUVRES DE SAINT AUGUSTIN.

Si l'Amour ou la Mort ne mettent quelque obstacle à la toile nouvelle que maintenant j'ourdis, et si je puis me débarrasser des embûches tenaces qui me pressent, cependant que je rassemble l'une et l'autre vérité,

Je produirai peut-être une œuvre telle, dans sa double beauté tenant à la fois du style moderne et du discours ancien, que (en tremblant encore je me risque à le dire) tu en entendras le retentissement jusqu'à Rome.

Mais quand, pour achever ce travail, il me manque quelques uns des fils bénis qui surabondent chez ce mien bien-aimé Père,

Pourquoi, contre ton habitude, gardes-tu tes mains si serrées vis-à-vis de moi? Je te prie de les ouvrir et tu verras éclore des choses satisfaisantes.

## SONNET XXXIII.

IL ATTRIBUE A L'ABSENCE DE LAURE LES TEMPÊTES ET LES ORAGES.

Quand de la demeure qui lui est propre s'éloigne l'arbre que Phœbus aima jadis sous forme humaine, à l'œuvre sue et soupire Vulcain pour raviver les redoutables flèches de Jupiter,

Lequel tantôt tonne, et tantôt fait neiger ou pleuvoir, sans plus d'égards pour César que pour Jean ; la terre pleure, et le soleil se tient éloigné de nous, car il voit sa bien-aimée autre part.

L'audace revient alors à Saturne et à Mars, ces cruelles étoiles, et Orion en armes brise aux tristes nochers et gouvernails et cordages;

Eole déchaîné fait sentir à Neptune et à Junon ainsi qu'à nous, que loin d'ici est parti le beau visage des anges attendu.

## SONNET XXXIV.

#### CALME DU CIEL APRÈS LE RETOUR DE LAURE.

Mais depuis que le doux sourire modeste et gracieux a dévoilé ses beautés toujours nouvelles, c'est en vain que l'antique forgeron de Sicile met les bras à sa fournaise ;

Car de la main de Jupiter s'échappent les armes trempées à toute épreuve dans le mont Gibel, et, sous le beau regard d'Apollon, on voit sa sœur se rajeunir à son tour.

Des rivages d'occident souffle une brise qui fait voguer les navires en paix sans aucune aide, et qui émaille de fleurs l'herbe de tous les prés.

Les étoiles funestes s'enfuient de tous côtés, dispersées à l'aspect du beau front adoré pour lequel tant de larmes naguères ont été répandues.

## SONNET XXXV.

#### DOULEUR DE PHOEBUS EN L'ABSENCE DE LAURE.

Déjà par neuf fois le fils de Latone avait regardé du balcon souverain, pour voir celle qui lui fit autrefois pousser des soupirs, inutiles comme ceux qu'elle fait pousser aujourd'hui à d'autres ;

Après qu'il fut las de chercher, sans avoir appris où elle se dérobait, et si elle était proche ou éloignée, il se montra à nous comme un homme insensé de douleur qui ne peut retrouver un objet qu'il chérissait :

Et triste ainsi, demeurant à l'écart, il ne vit pas revenir ce visage qui sera exalté, si je vis, dans plus de mille écrits ;

Et lui-même était changé par la douleur de telle sorte que les beaux yeux étaient aussi mouillés de larmes : ainsi l'air conserva son premier aspect.

## SONNET XXXVI.

#### LE COEUR DE LAURE EST SEUL INACCESSIBLE A LA PITIÉ.

Celui qui en Thessalie eut les mains si promptes à rougir la terre du sang des citoyens, pleura son gendre mort dont les traits connus parlèrent à ses yeux :

Et le berger qui brisa le front de Goliath, pleura sa famille rebelle, et sur le bon Saül versa d'abondantes larmes, faisant partager sa douleur à la sauvage montagne.

Mais vous que la pitié n'a jamais fait changer de visage et qui avez des remparts toujours prêts contre l'arc d'Amour qui tire en vain sur vous,

Vous me voyez périr de mille morts, et ce n'est point une larme qui tombe pareillement de vos beaux yeux, mais bien un regard de dédain et de colère.

## SONNET XXXVII.

#### LAURE A SON MIROIR.

Mon ennemi, en qui vous avez coutume de mirer vos yeux qu'Amour et que le ciel honorent, vous passionne pour des beautés qui ne lui appartiennent pas et qui sont trop suaves et charmantes pour paraître mortelles.

C'est par son conseil, Madame, que vous m'avez chassé de mon doux asile. Malheureux exil! sans doute je n'étais pas digne d'habiter où seule vous vous trouvez.

Mais puisque je vous étais attaché par des liens si solides, ce miroir ne devait pas, pour ma perte, vous rendre âpre et superbe, en vous éprenant de vous-même.

Certes, s'il vous souvient de Narcisse, votre vie court au même but que la sienne, bien que l'herbe ne soit pas digne d'une si belle fleur.

## SONNET XXXVIII.

#### AUTRE INVECTIVE CONTRE LES MIROIRS.

L'or et les perles et les fleurs vermeilles ou blanches, que l'hiver devrait avoir flétries et desséchées, sont pour moi d'acerbes et venimeuses épines que je sens dans ma poitrine et dans mes flancs :

Ainsi mes jours sont noyés dans les larmes et retranchés ; car il arrive parfois qu'une grande douleur nous vieillit : mais j'en accuse surtout ces homicides miroirs que vous avez lassés à force de vous contempler vous-même.

Ce sont eux qui imposèrent silence à mon seigneur qui vous implorait pour moi, et qui maintenant se tait, voyant en vous finir votre désir.

Instruments fabriqués sur les ondes de l'abîme et teints dans l'éternel oubli, c'est d'eux que le principe de ma mort a pris naissance.

## SONNET XXXIX.

#### IL VA REVOIR LES BEAUX YEUX SANS LESQUELS IL NE PEUT VIVRE.

Je sentais déjà s'éteindre au dedans de mon cœur les esprits qui reçoivent de vous la vie ; et, comme naturellement tout animal terrestre résiste à sa propre destruction,

J'ai rendu l'essor à mon désir que je retiens à présent sous un frein pesant, et je l'ai envoyé par cette route qui est presque oubliée ; car jour et nuit il m'y rappelle et moi, contre son gré, je le conduis ailleurs.

Et il m'a entraîné, honteux et tardif, à revoir les yeux charmants dont je me garde si bien pour ne pas leur paraître fâcheux.

Je vivrai quelque temps encore, tant un seul regard de vous a de puissance sur mon être : et puis je mourrai, si je ne veux céder à mon désir.

## SONNET XL.

#### EN LA PRÉSENCE DE LAURE IL SENT SON COEUR S'ENFLAMMER ET SA LANGUE SE GLACER.

Si jamais feu par le feu ne fut éteint, ni jamais fleuve tari par la pluie, mais que toujours chaque élément soit accru par son semblable et souvent s'anime au contact de celui qui lui est opposé;

Amour, toi qui disposes de nos pensées et qui fais qu'une âme sur deux corps s'appuie, pourquoi en elle cependant rends-tu, contre l'habitude, par l'excès même de la volonté, les volontés moins actives?

Peut-être, comme le Nil, lorsqu'il tombe de si haut, assourdit par son fracas ceux qui sont à l'entour, et comme le Soleil aveugle celui qui le regarde fixement,

Ainsi le désir, ne s'accordant pas avec lui-même, vient se perdre au but qu'il a tant convoité : la fuite par trop d'éperon peut être retardée.

## SONNET XLI.

#### SUR LE MÊME SUJET.

Quand je t'ai gardée de mensonge de tout mon pouvoir et que je t'ai honorée si bien, ingrate langue, tu n'as pu à ton tour me faire honneur : tu n'as su qu'attirer sur moi la colère et la honte ;

Car c'est lorsque ton secours m'est le plus nécessaire pour demander merci, c'est alors toujours que tu restes plus froide ; et si tu articules quelques mots, ils sont incomplets comme ceux qu'un homme dit en rêve.

Tristes larmes, et vous aussi vous me tenez compagnie toutes les nuits, quand je voudrais être seul ; puis vous vous enfuyez devant celle en qui réside mon repos :

Et vous, si prompts à ranimer mes angoisses et mes maux, soupirs, vous ne résonnez alors que timidement et par intervalles : seul mon aspect ne refuse pas son témoignage à mon cœur.

## CANZONE V.

**TOUS CEUX QUI TRAVAILLENT ET QUI SOUFFRENT SUR LA TERRE ONT QUELQUEFOIS DU REPOS ; LE POÈTE JAMAIS.**

A l'heure où le Soleil décline rapidement vers l'occident, et où notre jour s'envole chez des peuples qui l'attendent peut-être de ce côté-là, la pauvre vieille qui s'en va en pèlerinage, se voyant toute seule en un pays lointain, double le pas et se presse de plus en plus, et puis ainsi abandonnée, à la fin de sa journée, elle est quelquefois consolée par quelques heures d'un repos où elle oublie les ennuis et les maux du chemin accompli. Mais, hélas! chaque douleur que le jour m'amène s'accroît encore quand l'éternel flambeau s'apprête à nous quitter.

Alors que le Soleil précipite ses roues enflammées pour faire place à la nuit, et qu'ainsi l'ombre descend plus épaisse du sommet élevé des montagnes, l'avare laboureur ramasse ses outils, et, en chantant quelque sauvage chanson, débarrasse son cœur de tout fardeau; ensuite il charge sa table de misérables mets, pareils à ces glands que tout le monde honore en les fuyant. Mais quiconque le veut peut s'égayer de temps en temps, tandis que moi, je n'ai pas eu encore une seule heure, je ne dirai pas de joie, mais de repos, soit que le jour s'enfuie ou les planètes.

Quand le berger voit le grand astre incliner ses rayons vers le gîte où il s'héberge, et les régions du levant s'obscurcir, il se relève sur ses pieds et, quittant l'herbe et les sources et les hêtres, chasse doucement son troupeau avec la houlette; il va ensuite joncher de verts feuillages la cabane ou la caverne qu'il habite loin du monde : là sans soucis il s'étend et il dort. Mais toi, impitoyable Amour! c'est alors surtout que tu me contrains à suivre la voix, et les pas, et les traces de la cruelle qui me fait mourir, et je ne l'ai pas plus tôt atteinte qu'elle s'enfuit et disparaît.

Et les navigateurs, au creux de quelque vallée, sur un bois dur et sous de grossiers vêtements, jettent leurs membres, après que le Soleil s'est voilé. Mais pour moi c'est en vain qu'il se plonge au sein des ondes, laissant derrière ses épaules l'Espagne, Grenade, et Maroc, et les Colonnes; en vain les hommes et les femmes, et le monde, et les animaux sentent alors s'apaiser leurs maux, je ne fais point de trêve à mon tourment obstiné : et ce qui m'achève, c'est que chaque jour vient ajouter au mal ; car me voici, avec ce désir qui toujours croît, bien près de la dixième année, et je ne puis deviner qui m'en délivrera.

Et, puisqu'en parlant je soulage un peu ma peine, je vois le soir les bœufs revenir libres des champs et des versants sillonnés. Et moi, pourquoi ne suis-je jamais débarrassé de mes soupirs, quoi qu'il arrive? pourquoi gardé-je le joug pesant? pourquoi jour et nuit mes yeux sont-ils trempés de pleurs? Malheureux que je suis! qu'ai-je désiré, quand pour la première fois je les tins si fixement arrêtés sur le beau visage, afin de le graver en imagination dans un endroit d'où jamais la violence ni l'art ne pourront l'effacer; jusqu'à ce qu'enfin je sois donné en proie à celle qui détruit tout ? Et je ne sais pas bien encore quelle confiance je dois avoir en elle.

Chanson, si, en restant avec moi du matin au soir, tu es devenue semblable à moi, tu ne voudras plus te montrer nulle part; et tu te soucieras si peu des louanges d'autrui que ce sera assez pour toi d'aller songeant de sommet en sommet à ce qu'a fait de moi le feu de cette vivante pierre dont j'ai fait mon appui.

## SONNET XLII.

**IL SOUFFRE TANT QU'IL PORTE ENVIE AUX CHOSES INANIMÉES.**

A peine encore se serait rapprochée de mes yeux la lumière qui de loin déjà les aveugle, que, comme la Thessalie la vit elle-même (1) se métamorphoser, j'aurais entièrement changé de forme.

Et si je ne puis me transformer en elle plus que je ne l'ai fait déjà, sans que cela me serve pour obtenir merci, tout pensif, j'aurais pris aujourd'hui l'aspect de quelque pierre, des plus dures que taille le ciseau ;

Soit du diamant ou d'un beau marbre blanc, et qui le serait peut-être à cause de mes terreurs, ou bien encore du jaspe, apprécié alors du vulgaire avare et stupide :

Et je serais délivré du joug pesant et âpre qui me fait porter envie à ce vieillard fatigué, qui de ses épaules fait une ombre à Maroc.

## MADRIGAL I.

Diane à son amant ne plut pas davantage, quand, par une semblable fortune, il la vit toute nue au sein des ondes fraîches, que ne m'a plu à moi la pastourelle sauvage et cruelle occupée à laver ce voile gracieux qui défend de *l'aure* (2) les charmants et blonds cheveux, tel qu'il me fait à présent, quand le ciel en est embrasé, frémir partout d'un froid amoureux.

(1) Sa dame.
(2) Il y a ici un jeu de mots souvent répété par le poète, et qu'on a rendu en francisant le mot *aura*, brise, vent léger, lequel est passé du latin dans l'italien sans aucune altération.

## CANZONE VI.

#### A UN HOMME ILLUSTRE QUI TENAIT LE GOUVERNEMENT DE ROME EN L'ABSENCE DU PAPE.

Noble esprit par qui sont dirigés ces membres auxquels s'héberge, dans son voyage terrestre, un seigneur valeureux, prudent et sage ; puisque te voilà parvenu au sceptre honoré avec lequel tu corriges et Rome et ses enfants égarés, et les rappelles vers le but d'autrefois, c'est à toi que je parle, parce que je ne vois pas ailleurs un rayon de la vertu qui est éteinte ici-bas, et que je ne trouve personne autre qui ait honte de mal faire. Je ne sais pas ce qu'attend ni ce que désire l'Italie, qui semble ne pas sentir ses misères, vieillie, oisive et insensible. Dormira-t-elle toujours, et personne ne l'éveillera-t-il ? Oh ! puissé-je lui enfoncer mes mains dans les cheveux !

Je n'espère pas que jamais elle retire elle-même sa tête de cet inerte sommeil, quelque clameur qu'un homme jette vers elle, si pesant est le fardeau qui l'accable ; mais ce n'est pas sans un ordre du destin qu'à tes bras, qui peuvent la lui secouer vigoureusement et la lui soulever, est confiée aujourd'hui Rome, cette tête de notre pays. Mets la main sans crainte sur cette vénérable chevelure et sur ses tresses en désordre, si bien que l'insoucieuse sorte de son bourbier. Moi qui pleure nuit et jour son avilissement, je mets en toi la meilleure part de mon espérance : car si jamais le peuple de Mars dut relever les yeux vers l'honneur qui lui appartient, c'est à tes jours sans doute que la grâce en est réservée.

Les antiques murailles qui, maintenant encore, aimées et redoutées, font trembler le monde quand il se souvient du temps passé et qu'il se retourne en arrière, et les rochers où furent enfermés des hommes tels que leur gloire ne périra pas, si l'univers auparavant ne se dissout, et tout cela enfin qu'une même ruine environne espère se purifier par toi de tous ses vices. O grands Scipions, ô fidèle Brutus, combien vous devez être heureux si jusque là-bas est arrivé le bruit d'un pouvoir si bien placé! Comme je crois que Fabricius s'est réjoui en apprenant cette nouvelle! Et il a dit : Ma Rome sera belle encore.

Et si l'on s'occupe dans le ciel des choses d'ici-bas, les âmes qui là-haut sont citoyennes, et qui ont abandonné leur corps à la terre, te prient de mettre un terme à ces longues haines civiles qui tiennent le pays dans une crainte perpétuelle : aussi a-t-on barré le chemin des saints asiles, jadis si révérés, et qui, maintenant que règne la guerre, sont devenus comme des cavernes de voleurs, si bien que les bons seulement en trouvent l'entrée fermée : et c'est au milieu des autels et des statues dépouillées qu'on voit traiter toute entreprise sanguinaire. Mais quels contrastes dans les actions! On ne commence pas les attaques sans sonner les cloches qui furent placées au sommet des temples pour rendre grâces à Dieu.

Les femmes en larmes, et le peuple inoffensif des tendres enfants, et les vieillards courbés qui se prennent en haine, eux et leur vie superflue, et les frères noirs, et les gris, et les blancs, avec les autres troupes souffrantes et débiles, s'écrient : Seigneur, Seigneur, venez à notre aide : et les pauvres gens désolés te découvrent leurs plaies par mille et mille qui auraient apitoyé Annibal et tous les autres. Et si tu regardes bien à la maison de Dieu qui est toute en feu, en éteignant seulement quelques brandons, tu apaiseras les passions qui se montrent si ardentes : ainsi tes œuvres seront louées dans le ciel.

Les Ours, les Loups, les Lions, les Aigles et les Serpents causent un ennui incessant à une grande Colonne (1) de marbre, et se font tort en même temps à eux-mêmes. Ce sont eux qui font pleurer cette illustre dame qui t'a appelée afin que tu extirpes d'autour d'elle les mauvaises plantes qui ne savent pas fleurir. Voici déjà plus de mille ans que

(1) Allusion aux familles romaines ennemies de celle des Colonne à qui Pétrarque était attaché.

lui ont manqué ces âmes gracieuses qui l'avaient placée au rang où elle était. Ah! cette race nouvelle est altière outre mesure dans son irrévérence envers une mère semblable et si grande. Tu es l'époux et le père; c'est de tes mains qu'on attend tous les secours, car le Père suprême est occupé à une autre œuvre.

Rarement il arrive que l'outrageuse Fortune ne soit pas contraire aux nobles entreprises : elle favorise mal les actes généreux. Mais aujourd'hui, en débarrassant le passage où tu es entré, elle m'a fait lui pardonner beaucoup d'autres offenses; car ici du moins elle s'est montrée différente d'elle-même, puisque d'aussi loin que le monde peut se souvenir, à aucun homme mortel la route ne fut ouverte comme à toi pour acquérir un renom immortel : tu peux, si mon jugement n'est pas trompeur, élever et établir la plus belle monarchie. Quelle gloire ce sera pour toi que l'on dise : D'autres l'ont secourue quand elle était jeune et forte; celui-ci l'a trouvée vieille et a su l'arracher à la mort.

Sur le mont Tarpéien, ô Chanson, tu verras un cavalier que toute l'Italie honore, et que rend pensif l'intérêt d'autrui plus que le sien propre. Dis-lui : Quelqu'un qui ne te connaît pas encore, sinon comme un homme pour lequel on se passione à cause de sa renommée, dit que Rome, à toute heure, avec ses yeux que la douleur a baignés et noyés de pleurs, te crie merci de toutes les sept collines.

## MADRIGAL II.

Parce qu'elle portait au front une enseigne d'Amour, une pèlerine émut mon cœur frivole : toute autre me semblait donc moins digne d'honneur, et en la suivant à travers les herbes vertes, j'entendis une voix lointaine me crier : Ah! que de pas tu perds dans cette forêt ! Alors je m'arrêtai à l'ombre d'un beau hêtre, et, tout pensif, regardant à l'entour, je vis combien mon voyage était périlleux : et je revins sur mes pas vers le milieu du jour.

## BALLADE III.

Ce feu que je croyais éteint par la froide saison et par l'âge moins frais renouvelle en mon âme sa flamme et mon martyre.

Les étincelles, à ce que je vois, n'en furent jamais entièrement éteintes, mais seulement amorties, et je crains que la seconde erreur ne soit la pire. Par ces larmes que je répands à milliers, il faut que ma douleur, à travers mes yeux, se distille de mon cœur, où sont contenues les étincelles et ce qui les alimente. Elle ne me paraît pas seulement comme elle fut, mais augmentée encore.

Ce feu ne devrait-il pas déjà être éteint et effacé par les larmes que versent sans cesse ces tristes yeux? Amour (l'expérience sans doute m'est tardive) veut que je me dissolve entre deux choses opposées, et il tend ses lacs de si diverses façons que, lorsque j'ai le plus d'espoir que mon cœur en échappe, c'est alors qu'il revient m'éprendre davantage aux séductions du beau visage.

## SONNET XLIII.

#### L'ESPÉRANCE DÉÇUE.

Si, dans cet aveugle désir qui dévore mon cœur, je ne m'abuse pas moi-même, lorsque je compte les heures, je vois, tandis que je parle, s'enfuir le temps qui me fut promis ainsi qu'à la pitié.

Quelle ombre est si cruelle, qu'elle détruise la semence dont le fruit désiré était si près d'éclore! Au sein de mon bercail quelle bête féroce rugit! Entre l'épi et la main quel mur s'est élevé!

Hélas! je l'ignore; mais ce que je sais bien, c'est qu'Amour m'induisit en un si charmant espoir seulement pour augmenter les douleurs de ma vie :

Et maintenant il me souvient de ce que j'ai lu, qu'avant le jour du suprême départ un homme ne doit pas être appelé heureux.

## SONNET XLIV.

##### L'AMOUR A BEAUCOUP D'AMERTUME ET PEU DE DOUCEUR.

Mes beaux jours sont tardifs et paresseux à venir, l'espoir est incertain et le désir monte et s'accroît ; ainsi la fatigue et l'attente me tourmentent également ; et puis elles sont à s'enfuir plus légères que des tigres.

Hélas ! les neiges seront tièdes et noires, et la mer sans onde et les Alpes peuplées de poissons, et le soleil se couchera au-delà des régions où sortent d'une même source l'Euphrate et le Tigre ;

Avant que je trouve en cela ni paix ni trêve, ou qu'à d'autres façons obéissent Amour et Madame qui ont injustement conjuré contre moi ;

Et si j'ai quelque douceur, elle vient après tant d'amertume que le goût en est effacé par la colère qui subsiste. Je ne reçois jamais autrement de leurs faveurs.

## SONNET XLV.

##### A MESSER AGAPITO EN LUI ENVOYANT QUELQUES PRÉSENTS.

Reposez sur l'un de ces dons, mon cher seigneur, votre joue que les pleurs ont lassée ; et soyez désormais plus avare de vous-même envers ce cruel qui fait pâlir tous ses prosélytes.

Avec le second fermez du côté gauche le chemin à ses messagers qui par là trouvèrent un passage, se montrant à vous sous un aspect d'août et de janvier : faites cela, afin qu'à la longue route le temps ne puisse manquer.

Et avec le troisième buvez un suc d'herbe qui purge tout penser dont le cœur est affligé, doux à la fin et au commencement acerbe.

Replacez-moi où l'on conserve ce que l'on a de cher, si bien que je n'aie rien à craindre du nocher du Styx, si toutefois ma prière n'est pas présomptueuse.

## BALLADE IV.

En vain l'erreur d'autrui m'enlève ce qui d'abord m'induisit à aimer, elle ne peut ébranler ma ferme volonté.

Parmi les cheveux d'or elle a caché le lacs auquel Amour m'a arrêté, et elle a fait jaillir des beaux yeux la froide glace qui traversa mon cœur avec la force d'une splendeur subite dont le seul souvenir dépouille l'âme de toute autre volonté.

Ensuite m'a été ravi, hélas! (le doux aspect de ces blonds cheveux; et, en se détournant, les deux flambeaux honnêtes et charmants m'attristent de leur fuite : mais puisqu'en bien mourant on s'acquiert de l'honneur, ni pour mort ni pour souffrance, je ne veux qu'Amour d'un tel nœud me délivre.

## SONNET XLVI.

### IMPRÉCATION CONTRE LE LAURIER.

L'arbre divin que j'aimai si fort pendant maintes années, tant que ses beaux rameaux ne me méprisèrent pas, faisait fleurir à son ombre et croître dans les tourments mon débile génie.

Depuis que, mis à l'abri de pareils artifices, j'ai vu ce bois si doux devenir impitoyable, j'ai tourné tous mes pensers vers un seul objet, et ils ne savent plus que parler de leurs tristes misères.

Que pourra dire celui qui soupire d'amour, si mes rimes nouvelles lui avaient donné un autre espoir, et qu'il le perde à cause de cette dame?

Qu'aucun poète jamais ne cueille les rameaux qui lui sont chers, que Jupiter cesse de les protéger, et que le Soleil les prenne en haine, afin que se dessèchent ses vertes feuilles jusqu'à la dernière.

## SONNET XLVII.

#### IL BÉNIT TOUTES LES CIRCONSTANCES QUI ACCOMPAGNÈRENT LA NAISSANCE DE SON AMOUR.

Béni soit le jour, et le mois, et l'année, et la saison, et le temps, et l'heure, et l'instant, et le beau pays, et l'endroit où je fus rencontré des deux beaux yeux qui m'ont enchaîné ;

Et béni soit le doux premier tourment que j'éprouvai étant réuni avec Amour, et l'arc et les flèches qui m'ont percé, et les blessures qui vont jusqu'à mon cœur.

Bénies aussi les paroles sans nombre que j'ai proférées en invoquant le nom de ma dame, et les soupirs, les larmes et le désir qui m'ont affligé ;

Bénis soient tous les écrits où je lui acquiers de la gloire, et mon penser qui ne connaît qu'elle seule, si bien que nulle autre n'y a de part.

## SONNET XLVIII.

#### ACTE DE REPENTIR, APRÈS LE ONZIÈME ANNIVERSAIRE DE SON AMOUR.

Père du ciel, après les jours perdus, après les nuits vainement dépensées à contempler, avec ce cruel désir qui s'alluma dans mon cœur, les façons pour mon malheur si charmantes ;

Permets désormais que ta lumière me ramène à une autre vie et à des desseins plus beaux, si bien que mon fier adversaire, ayant en vain tendu ses rets, en soit couvert de honte.

Voici, mon Seigneur, que s'achève à présent la onzième année depuis que j'ai été soumis à ce joug inhumain qui s'appesantit davantage sur les plus patients :

Prends en pitié ma souffrance bien indigne ; rappelle à un meilleur but mes pensers égarés ; fais-les souvenir comme aujourd'hui tu fus mis en croix.

## BALLADE V.

En tournant les yeux sur ma nouvelle couleur qui de la mort fait souvenir le monde, vous vous êtes émue de pitié; c'est pourquoi, me saluant avec bienveillance, vous avez conservé mon cœur à la vie.

La frêle existence qui me reste encore fut un don manifeste de vos beaux yeux et de votre voix angélique et suave. Je reconnais que mon être leur appartient, puisque, comme la verge réveille un animal paresseux, ils ont en moi réveillé mon âme appesantie. Madame, vous avez dans la main et l'une et l'autre clef de mon cœur et j'en suis heureux, disposé que je suis à naviguer à tous les vents : car tout ce qui vient de vous m'est un doux honneur.

## SONNET XLIX.

**LAURE EST PRIÉE DE NE PAS HAÏR SA DEMEURE QUI EST LE CŒUR DU POÈTE.**

Si vous pouvez, par vos airs de courroux, en détournant les yeux ou en secouant la tête, ou en vous montrant plus prompte qu'une autre à fuir, et en dérobant votre visage à des vœux dignes et honnêtes;

Ou bien par d'autres moyens, sortir jamais du cœur où Amour fait naître du premier laurier de plus nombreux rameaux, je dirai bien que ce fut là une juste cause à vos rigueurs :

Car on voit que la noble plante se déplaît en un terrain aride ; et ainsi naturellement elle est joyeuse de le quitter.

Mais puisque votre destin ne vous permet pas d'habiter ailleurs, tâchez du moins de ne pas toujours haïr l'asile ou vous devez rester.

## SONNET L.

**IL DEMANDE QUE SA FLAMME SOIT COMMUNIQUÉE A LAURE.**

Hélas, que je fus mal avisé d'abord, le jour qu'Amour vint à moi pour me frapper : car peu à peu, il s'est rendu maître de ma vie et en a occupé la cime.

Je ne croyais pas que sa lime eût le pouvoir de détruire entièrement l'énergie et le courage dans mon cœur obstiné ; mais ainsi va toujours de quiconque s'estime au-dessus du ver.

Dorénavant toute résistance est tardive, si ce n'est pour prouver le plus ou le moins de cas que fait Amour des prières mortelles.

Je ne lui demande plus, et il ne peut plus y donner lieu, qu'il me brûle le cœur modérément, mais bien que celle-ci ait enfin sa part du feu.

## SEXTINE III.

L'air chargé de brume et l'importune neige tout autour amassée par la rage des vents, devraient bientôt se convertir en pluie; déjà presque partout le cristal a prêté son aspect aux fleuves, et, en place d'herbe dans les vallées, on ne voit que givre et que glace.

Et moi, dans mon cœur beaucoup plus froid que la glace, je sens de lourds pensers se former une neige, pareille à celle qui parfois s'élève de ces vallées fermées aux vents amoureux, et entourées de fleuves stagnants, alors que tombe du ciel une plus lente pluie.

En peu de temps, passe toute grande pluie et la chaleur fait disparaître les neiges et la glace; ainsi reprennent leur cours les fleuves superbes à voir : et jamais le ciel ne fut caché par une neige si épaisse, qu'étant livrée à la fureur des vents, elle ne s'enfuie des hauteurs et des vallées.

Mais hélas ! à moi il ne me sert de rien que refleurissent les vallées; je pleure aussi bien par le beau temps que par la pluie et sous les vents glacés ou bien suaves : car, lorsque Madame sera un jour sans glace au dedans et au dehors sans sa neige habituelle, je verrai se dessécher la mer et les lacs et les fleuves.

Tant que les fleuves descendront à la mer, et que les bêtes sauvages aimeront les ombreuses vallées, toujours devant les beaux yeux s'étendra cette neige qui fait naître des miens une incessante pluie, et dans le beau sein demeurera la glace obstinée qui met le mien en proie à de si rudes vents.

Bien dois-je pardonner à tous les vents pour l'amour de celui qui au milieu de deux fleuves m'enferma entre la belle verdure et la douce glace : si bien que j'ai dépeint depuis en mille vallées l'ombre où j'habitai, et qui n'avait souci ni de la chaleur, ni de la pluie, ni du bruit de la neige qui se brise.

Pourtant jamais comme ce jour-là ne s'enfuit la neige sous les vents; ni jamais les fleuves par la pluie, ni la glace quand le soleil ouvre les vallées.

## SONNET LI.
### LA CHUTE.

De la mer de Tyrrhène à la sinistre rive où pleurent les flots brisés par les vents, j'ai vu soudain s'étendre ce feuillage altier dont il faut que j'écrive si longuement.

Amour, qui bouillait dans mon âme au souvenir des blondes tresses, vint me pousser alors, et ainsi je tombai dans un ruisseau caché par l'herbe, n'ayant déjà plus l'air d'une personne vivante.

Seul où j'étais parmi les bocages et les collines, j'eus honte de moi; ce qui au cœur bien né suffit toujours; il ne veut même pas d'autre éperon.

Je suis aise du moins d'avoir transporté mon style de mes yeux à mes pieds, si, à cause de l'humidité de ceux-ci, un plus courtois avril a tenu les autres secs.

## SONNET LII.

##### LA VUE DE ROME L'EXCITE A S'AFFRANCHIR DU JOUG DE LAURE, MAIS L'AMOUR NE LE PERMET PAS.

L'aspect sacré de votre terre me fait gémir sur mon malheur passé, en me criant : Arrête, malheureux ! que fais-tu ? Et il me montre le chemin pour monter au ciel.

Mais un autre penser lutte avec celui-ci et me dit : Pourquoi vas-tu fuyant ? S'il t'en souvient, le moment est venu de retourner voir notre dame.

Moi qui comprends alors son discours, je me sens glacé au dedans comme un homme apprenant une nouvelle qui subitement l'afflige.

Puis revient le premier, et l'autre prend la fuite; Quel l'emportera ? je n'en sais rien ; mais jusqu'à cette heure ils ont combattu, et non pas une fois pour toutes.

## SONNET LIII.

##### FUYAIT L'AMOUR ET IL EST TOMBÉ ENTRE LES MAINS DE SES MINISTRES.

Amour, je savais bien qu'une résolution naturelle n'a jamais prévalu contre toi, tant m'avaient éprouvé tes promesses trompeuses et ta serre cruelle.

Mais j'en vais parler comme une personne qui eut à en souffrir récemment, ce dont je m'émerveille, et cela m'advint sur les ondes salées, entre la rive toscane et les îles d'Elbe et de Giglio.

Je m'enfuyais de tes mains, et par les chemins où m'agitaient les vents et le ciel et les ondes, je m'en allais inconnu et comme un pèlerin,

Quand vinrent tes ministres, je ne sais d'où, qui me firent bien voir qu'à son destin mal fait qui résiste, et mal qui se dérobe.

\*

## CANZONE VII.

**SI, VOYANT COMBIEN SES PRIÈRES SONT VAINES,
IL CONTINUE DE PLEURER, LA FAUTE EN EST A LUI-MÊME
ET NON AUX ASTRES NI AU DESTIN.**

Malheureux que je suis, je ne sais pas de quel côté m'échappe mon espérance maintenant plus déçue que jamais! Mais s'il n'est personne qui m'écoute avec compassion, pourquoi épandre vers le ciel tant de vœux? Pourtant il peut arriver qu'on ne me refuse pas encore de finir avant mon trépas ces misérables paroles qui ne sont point outrageuses à mon Seigneur; ainsi je le prie de me laisser dire un jour librement parmi l'herbe et les fleurs : *Droit et raison veut que je chante avant ma mort* (1).

Raison est bien qu'aucune fois je chante, puisque j'ai soupiré si longtemps; et je ne commence pas bien à temps pour que mes ris puissent égaler mes douleurs sans nombre. Si je pouvais faire que quelqu'un de mes chants fût assez doux pour offrir du charme aux yeux que j'adore, oh! je serais heureux plus que tous les amants, mais davantage encore lorsque je dirai sans mentir : *Madame m'en prie, c'est pourquoi je veux chanter* (2).

Pensers charmants qui ainsi peu à peu m'avez poussé à discourir si hautement, vous voyez que Madame a le cœur fait d'un roc si dur que par moi-même je n'y puis pénétrer. Dédaignant de regarder en lieu si bas, elle ne peut se soucier de nos paroles; le ciel ne le permet pas, et je suis las enfin de lui résister. Ainsi, quand je sens mon cœur s'endurcir et devenir si rude, *dans mon parler je veux montrer la même âpreté* (3).

Que dis-je? où suis-je? et qui m'abuse autre que moi-même et ce désir insensé? Car si je parcours le ciel de

---

(1) Ce vers est en provençal dans l'original.
(2) Guido Cavalcanti. Canz.
(3) Dante Canz.

cercle en cercle, aucune planète ne me condamne à pleurer, et, si un voile mortel offusque mes regards, est-ce la faute des étoiles, non plus que des belles choses? Avec moi demeure celui qui jour et nuit me tourmente, depuis que de son plaisir me fit aller si soucieux *la douce vue et le beau regard suave* (1).

Toutes les choses dont le monde est orné sont sorties des mains du Maître Éternel ; mais pour moi, qui ne puis voir ainsi à l'intérieur, la beauté extérieure m'éblouit; et si parfois je retourne à la véritable splendeur, mon regard ne s'y peut arrêter, tant il est devenu infirme seulement par sa propre faute, et non pour le jour où je le tournai vers l'angélique beauté *dans le doux temps de la saison première* (2).

## CANZONE VIII.

#### LA PREMIÈRE DES TROIS A LA LOUANGE DES YEUX.

Parce que la vie est courte et que l'esprit s'effraie de la grandeur de l'entreprise, ce n'est ni en lui ni en elle que je me fie beaucoup; mais j'espère que sera entendue, là où je l'envoie et où elle doit arriver, la voix de ma douleur qui parle assez haut dans mon silence. Yeux charmants où Amour fait son nid, c'est à vous que je rapporte mon faible style impuissant par lui-même, mais qu'un grand plaisir éperonne : et celui qui discourt de vous, tient du sujet un noble vêtement, qui, le soulevant sur les ailes amoureuses, le sépare de tout penser abject : c'est par elles que je suis arrivé assez haut pour dire aujourd'hui des choses que j'ai gardées pendant longtemps cachées dans mon cœur.

Non pourtant que je ne m'aperçoive combien ma louange vous est déplaisante; mais je ne puis résister au grand

(1) Cino de Pistoie. Canz.
(2) Voy. plus haut. Canz. I.

désir dont je suis saisi, depuis que j'ai vu ce que ne peut égaler la pensée et que n'atteignent pas davantage les paroles d'autrui ni les miennes. Principe de mon doux et cruel état, je sais que nul autre que vous ne m'entend. Quand je me change en neige à vos ardents rayons, peut-être qu'alors votre noble fierté s'offense de mon indignité. Oh! si cette appréhension ne venait tempérer l'ardeur qui me consume, que je serais heureux de me sentir dépérir! car il m'est préférable de mourir en leur présence que de vivre loin d'eux.

Donc que je ne périsse pas, frêle objet que je suis, devant un feu si puissant, ce n'est pas ma propre force qui m'y fait échapper; mais la peur qui vient glacer le sang errant dans mes veines, cicatrise mon cœur afin qu'il brûle plus longtemps. O collines, ô vallées, ô fleuves, ô forêts, ô plaines, ô témoins de ma pénible vie, combien de fois m'avez-vous entendu invoquer la mort? Ah! misérable sort! Rester me fait mourir et fuir m'est inutile. Mais si une peur plus grande ne me retenait pas, une voie courte et rapide conduirait à son terme cette âpre et dure peine : et la faute en retombe sur qui n'en a souci.

Douleur, pourquoi m'entraîner hors de mon chemin pour dire ce que je ne veux pas dire? Souffre que j'aille où mon plaisir me pousse. Je ne me plains plus de vous, beaux yeux dont l'éclat est au-dessus de l'humanité, ni de celui qui m'a lié dans un nœud pareil. Vous voyez bien toute cette couleur dont Amour a peint si souvent mon visage, et vous pouvez vous imaginer quel mal il me fait au dedans, quand jour et nuit il me tient courbé sous la puissance qu'il a recueillie en vous, ô bienheureuses et charmantes lumières! Sans doute il vous a été refusé de pouvoir vous contempler vous-mêmes : mais toutes les fois que vous vous tournez vers moi, vous apprenez en d'autres yeux quels vous êtes vous-mêmes.

Si la divine et incroyable beauté dont je parle vous était aussi notoire qu'à celui qui la contemple, l'allégresse qu'en concevrait le cœur de Madame serait sans bornes;

car peut-être est-elle écartée par la force naturelle qui vous ouvre et vous fait mouvoir. Heureuse l'âme qui soupire pour vous, flambeaux célestes, à cause desquels je rends grâces à cette vie que nulle autre chose ne me fait prendre en gré ! Hélas ! pourquoi m'accordez-vous si rarement ce dont je ne suis jamais rassasié ? Pourquoi ne regardez-vous pas plus souvent les tortures qu'Amour m'inflige ? Et pourquoi me dépouillez-vous immédiatement du bien dont mon âme jouit quelquefois ?

Je dis, que de temps en temps (grâces à vous) je sens au milieu de l'âme une douceur inusitée et nouvelle qui me vient alléger tout autre fardeau de pensers importuns, si bien que de mille un seul s'y retrouve ; tant celui-là me plaît, sans plus, à conserver. Et si ce bonheur pouvait durer quelque peu, nul état n'approcherait du mien ; mais peut-être une si grande faveur rendrait-elle les autres envieux et moi-même orgueilleux. Ainsi, il faut, hélas ! que la plainte empiète sur le terme de ma joie et, qu'interrompant cette extase, je revienne à moi, pour penser encore à moi-même.

L'amoureux penser qui habite au dedans de vous se découvre à moi de façon qu'il m'arrache du cœur toute autre joie. Ainsi alors naissent de moi des paroles et des œuvres telles que j'espère me faire immortel, quoique la chair doive périr. A votre aspect s'enfuient les angoisses et les ennuis, et, quand vous partez, ils me reviennent aussitôt. Mais, comme la mémoire amoureuse les enferme après leur entrée, ils ne peuvent s'en aller entièrement. Si donc quelque beau fruit naît de moi, c'est de vous d'abord qu'en vient le germe. Je suis par moi-même comme un terrain sec que vous avez cultivé, et l'honneur vous en appartient en entier.

Chanson, loin de me satisfaire, tu ne fais que m'enflammer à parler de ce sujet qui me ravit à moi-même : ainsi sois assurée de ne pas rester seule.

## CANZONE IX.

### LA SECONDE A LA LOUANGE DES YEUX.

Ma noble Dame, je vois, quand se meuvent vos yeux, une douce lumière qui me montre la route pour me conduire au ciel, et, par la longue habitude que j'en ai, dans cette région secrète où seul je réside avec Amour, votre cœur rayonne pour moi presque visiblement. C'est cet aspect qui m'anime à bien faire et qui me guide au but glorieux; c'est lui qui me sépare du vulgaire : et jamais la langue humaine ne pourra raconter ce que me font éprouver les deux divines lumières, et quand l'hiver vient ramener le givre, et lorsque ensuite se rajeunit l'année, telle qu'elle était au temps de mon premier tourment.

Je pense : Si là haut, d'où le Moteur éternel des étoiles daigna admettre la terre au spectacle de son travail, les autres œuvres sont aussi belles, puisse s'ouvrir la prison où je suis enfermé, et que m'entraîne le chemin qui mène à une telle vie; puis je retourne à mes combats habituels, remerciant la nature et le jour où je suis né, qui m'ont réservé à un si grand bien, et celle aussi qui élève mon cœur vers un si grand espoir; car jusqu'à ce moment j'ai langui, importun et fâcheux à moi-même : et depuis lors j'ai été heureux de moi-même, en remplissant d'un penser sublime et suave ce cœur dont les beaux yeux ont la clef.

Et jamais Amour ou la mobile Fortune ne donnèrent de bonheur à ceux que dans le monde ils ont le plus aimés, que je ne le changeasse pour un seul regard des yeux d'où vient tout mon repos, comme tout arbre vient de ses racines. Charmantes et angéliques étincelles, bienfaitrices de ma vie, où s'enflamme le plaisir qui doucement me consume et me dévore, de même que s'enfuit et disparaît toute autre lumière quand resplendit la vôtre, ainsi, lorsqu'une si grande douceur descend en mon cœur, tout autre objet, tout autre penser en sort aussitôt; et avec vous le seul Amour y demeure.

Toute la douceur qui se trouva jamais dans le cœur des amants fortunés, rassemblée en un seul endroit, est nulle auprès de celle que j'éprouve, quand suavement parfois, parmi le bel émail noir et blanc, vous tournez la lumière dans laquelle Amour se complaît; et je crois que, depuis les langes et le berceau, le ciel réserva ce remède à mes imperfections et à ma mauvaise fortune. Restent pour me faire affront le voile et la main qui si souvent s'opposent entre mon suprême plaisir et les yeux d'où, jour et nuit, le grand désir déborde pour consoler mon cœur qui change de forme selon qu'ils changent d'aspect.

Comme je vois (et je m'en chagrine) que mes dons naturels sont impuissants pour me rendre digne d'un regard si cher, je m'efforce de me conformer à la haute espérance que je nourris et au noble feu dont je suis consumé. Si je puis, par une étude assidue, devenir actif pour le bien et paresseux pour le mal, en méprisant tout ce que le monde invoque, peut-être une semblable renommée saura-t-elle me venir en aide et me faire juger favorablement. Certes, la fin de mes pleurs, que mon triste cœur ne cherche nulle part ailleurs, ne viendra que des beaux yeux touchés enfin de mes maux : tel est le dernier espoir des généreux amants.

Chanson, une de tes sœurs est un peu en avant, et je sens l'autre apparaître dans ce même asile; aussi je vais continuer d'écrire.

## CANZONE X.

#### LA TROISIÈME A LA LOUANGE DES YEUX.

Puisque mon destin me contraint à parler de cette ardente volonté qui m'a forcé à soupirer sans fin, Amour qui m'y détermine doit donc, en me servant de guide, m'enseigner le chemin, et tempérer mes chants ainsi que le désir qui m'anime ; mais non de telle façon que mon cœur soit sevré de sa douceur suprême, comme je le crains à cause des choses que je vois, et où l'œil d'autrui ne peut atteindre : car parler m'enflamme et me pique ; et ce n'est pas à cause de mon génie (ce dont je m'effraie et je tremble) comme il arrive parfois, que je trouve aujourd'hui le grand feu de mon esprit amoindri : je me dissous plutôt au son des paroles comme si j'étais un homme de glace exposé au soleil.

Au commencement je croyais en parlant procurer quelque bref repos et quelque trêve à mon brûlant désir. Cette espérance m'a donné la hardiesse de discourir sur ce que j'éprouvais : maintenant elle m'abandonne au temps où elle me serait nécessaire et s'enfuit loin de moi. Mais pourtant il faut que je poursuive ma haute entreprise, en continuant ces amoureux accords, tant est puissante la passion qui m'emporte : et la raison qui tenait le frein est morte et ne peut plus s'y opposer. Veuille du moins Amour m'apprendre à parler de telle sorte que si jamais mes chants parviennent aux oreilles de ma douce ennemie, ils la rendent non pas mon amie, mais amie de la pitié.

Je dis : Si, dans cet âge où les esprits furent si passionnés pour le véritable honneur, le génie de quelques hommes a parcouru divers pays en traversant les monts et les ondes, et a su, en cherchant les choses glorieuses, en cueillir la fleur la plus belle ; après que Dieu, la Nature et l'Amour ont voulu placer complètement toute vertu dans ces belles lumières qui sont le bonheur de ma vie, il ne faut pas que l'un ni l'autre rivage en perde la mémoire ni que la terre puisse les changer : c'est à eux toujours que je recours, comme à la source de tout mon salut ; et, quand le désir m'entraîne à la mort, je ne trouve de secours contre mon danger que dans leur seul aspect.

Comme pendant la nuit, quand les vents le menacent, le nocher fatigué relève la tête vers les deux lumières qu'a toujours notre pôle ; ainsi dans la tempête qu'Amour me fait souffrir, les yeux lumineux sont mon signal et mon unique secours. Mais malheureusement, hélas! ce que je puis leur dérober tantôt ici, tantôt là, comme Amour m'y instruit, surpasse beaucoup ce qui m'est généreusement accordé ; et la faiblesse que je sens en moi me les a fait prendre à jamais pour guides. Ayant vu dès l'abord que sans eux je ne pouvais faire un pas vers le bien, je les ai placés ainsi au sommet de ma vie; car ce que je vaux par moi-même, je le reconnais, ne pourrait que me tromper.

Je ne saurais jamais imaginer non plus que raconter les effets que les yeux suaves ont produits dans mon cœur. Tous les autres plaisirs de cette vie sont pour moi bien au-dessous; et toutes les autres beautés restent loin en arrière. Une paix sereine exempte de tout souci semblable à celle qui s'éternise au ciel, se répand de leur adorable sourire. Oh! qu'ainsi puissé-je voir de près comme Amour doucement les gouverne, seulement pendant un jour, sans que jamais tournât la céleste roue, ni que je pensasse à d'autres biens, ou à moi-même; et que pussent encor mes paupières ne pas s'abaisser continuellement sur mon regard!

Hélas! je vais donc désirant ce qui ne peut arriver en aucune façon; et je vis d'un désir que n'accompagne point l'espérance. Si seulement j'étais délivré du nœud dont Amour emprisonne ma langue, quand le trop de lumière accable mes yeux mortels, je m'enhardirais à chanter des paroles sur un mode si nouveau qu'elles feraient pleurer qui les entendrait. Mais les blessures qu'il a reçues forcent mon cœur ulcéré à se tourner ailleurs : de quoi je me sens tout défait; et mon sang se cache je ne sais où; et je ne suis plus ce que j'étais, et je me mets à penser que c'est là le coup mortel qu'Amour me réservait.

Chanson, je sens enfin ma plume fatiguée de ce long et doux entretien avec *elle;* mais ma pensée ne l'est pas de parler avec moi.

## SONNET LIV.

#### PAR QUEL PRODIGE IL TROUVE POUR L'AMOUR TANT DE PAS, DE PENSERS, DE VERS ET DE PAROLES.

Je me fatigue rien qu'à penser comment mes pensers ne sont pas encore fatigués de s'occuper ainsi de vous, et comment la vie ne m'abandonne pas pour fuir le fardeau de ces soupirs si pénibles ;

Et comment, pour parler du visage et des cheveux et des beaux yeux dont je discours sans cesse, la parole et le souffle ne m'ont pas encore manqué, passant les jours et les nuits à crier votre nom ;

Et que mes pieds ne soient pas brisés et las de suivre vos traces en tous sens, et de perdre sans but tant de pas ;

Et d'où vient l'encre et d'où viennent les pages que je remplis de vos louanges ; si en cela j'ai erré, c'est par la faute d'Amour et non par défaut d'art.

## SONNET LV.

#### LES YEUX DE LAURE.

Les beaux yeux dont j'ai été frappé de telle façon que la blessure ne pourrait être guérie que par eux-mêmes, et non par aucune vertu d'herbes, ni d'art magique, ou de pierre venue des mers lointaines ;

Ces beaux yeux m'ont si bien fermé le chemin d'un autre amour, qu'il n'est qu'un seul doux penser pour contenter mon âme ; et si ma langue est jalouse de le suivre, ce n'est pas elle, mais seulement son guide qu'on peut railler.

Ceux-ci sont les beaux yeux qui font triompher les entreprises de mon seigneur en tout endroit, mais surtout contre mon sein :

Ceux-ci sont les beaux yeux qui me restent sans cesse dans le cœur avec leurs étincelles enflammées ; aussi jamais je ne suis las d'en parler.

## SONNET LVI.

### LA PRISON D'AMOUR LUI EST CHÈRE.

Amour, en me leurrant de ses promesses, me reconduisit à mon antique prison, et en donna les clefs à mon ennemie qui me tient encore séparé de moi-même.

Je ne m'aperçus de rien, hélas! sinon quand je fus en leur pouvoir; et maintenant, après tant de fatigues, (qui le croira, bien que je l'affirme avec serment?) c'est en soupirant que je reprends ma liberté.

Et comme un véritable prisonnier affligé, j'emporte une grande partie de mes chaînes et j'ai mon cœur écrit dans mes yeux et sur mon front.

Quand tu viendras à t'apercevoir de la couleur de mon visage, tu diras : Si mes regards et mon jugement ne m'abusent pas, celui-ci n'avait guère de chemin à faire pour être mort.

## SONNET LVII.

### LE PORTRAIT DE LAURE.

Quand pour faire une épreuve, Polyclète, avec les autres qui ont eu du renom dans cet art, regarderaient de tous leurs yeux, en mille ans ils ne verraient pas la plus petite partie de la beauté qui a conquis mon cœur.

Mais certainement mon Simon fut dans le Paradis d'où est venue cette gentille Dame : c'est là qu'il la vit et qu'il peignit son portrait pour faire foi ici-bas de son beau visage.

L'œuvre fut bien de celles que l'on peut imaginer exécutées dans le ciel, non ici parmi nous où le corps fait à l'âme un voile.

Le peintre généreux qui l'accomplit n'eût pu en venir à bout, après qu'il fut descendu ici-bas pour être soumis à la chaleur et au froid, et que ses yeux se ressentirent de la nature mortelle.

## SONNET LVIII.

##### MÊME SUJET.

Lorsqu'à Simon vint le noble projet qui, en ma faveur, lui mit l'instrument dans la main, s'il eût donné à son œuvre gentille la voix et l'intelligence aussi bien que la forme,

Il délivrait mon cœur de bien des soupirs qui me font trouver de peu de prix ce que les autres ont de plus cher; car elle se montre avenante au regard, me promettant le repos par son aspect;

Mais lorsque, ensuite, je viens pour m'entretenir avec elle, je la vois m'écouter avec une parfaite douceur; si ce n'est qu'elle ne sait pas répondre à mes paroles.

Pygmalion, combien tu dus te louer de l'image qui te fut chère, puisque mille fois tu en obtins ce que je voudrais obtenir seulement une fois.

## SONNET LIX.

##### DANS LA QUATORZIÈME ANNÉE DE SON AMOUR.

Si le milieu et la fin de cette année, la quatorzième depuis que je soupire, répondent à son commencement, ni la brise ni les ombrages ne peuvent plus m'affranchir, tant je sens s'accroître mon ardent désir.

Amour avec qui la pensée n'a jamais de trêve, et sous le joug duquel jamais je ne respire, me gouverne de telle façon que je ne puis trouver secours au moyen de ces yeux que toujours je reporte vers la cause de mes maux.

Ainsi, je vais dépérissant de jour en jour, si obscurément que seul je m'en aperçois, avec celle dont les regards me dévorent le cœur.

C'est à peine si j'ai pu mener mon âme jusqu'ici, et je ne sais combien de temps elle séjournera encore avec moi; car le trépas est proche et la vie est fugitive.

## SEXTINE IV.

Celui qui se résout à transporter sa vie sur les ondes perfides et à travers les écueils, séparé de la mort par le bois d'un faible bateau, ne peut guères être éloigné de sa fin : il ferait donc bien de rentrer dans le port, tandis qu'au gouvernail se fie encore la voile.

*L'aure* suave à qui, gouvernail et voile, j'ai tout abandonné quand j'entrai dans l'amoureuse vie, espérant alors arriver à un meilleur port, m'a conduit ensuite sur plus de mille écueils; et la cause de ma malheureuse fin n'était pas à l'entour, mais au dedans du bateau.

Pendant longtemps enfermé dans cet aveugle bateau, j'errai sans lever les yeux vers la voile qui, avant mon jour, me conduisait à ma fin. Il plut ensuite à Celui qui me soumit à la vie de me rappeler en arrière des écueils assez pour que de loin au moins j'aperçusse le port.

Comme les feux nocturnes apparaissent de quelque port au navire et au bateau en pleine mer, à moins que ne les dérobent les tempêtes ou les écueils, ainsi m'apparurent, au-dessus de la voile gonflée, les enseignes de cette autre vie, et alors je soupirai en appelant ma fin.

Non que sois encore assuré contre une pareille fin; car vouloir avec le jour arriver au port, c'est un grand voyage pour une si courte vie. Puis je m'effraie quand je me vois dans ce fragile bateau, et que je vois plus que je ne le voudrais, la voile remplie du vent qui me pousse sur ces écueils.

Si je sors vivant de ces dangereux écueils, et que mon exil arrive à une belle fin, combien je serai joyeux de replier la voile et de jeter l'ancre dans quelque port : sinon que je me consume comme le bois qui prend feu, tant j'ai de peine à laisser ma vie habituelle.

Seigneur de mon trépas et de ma vie, avant que je brise mon bateau au milieu des écueils, guide à bon port ma voile tourmentée.

## SONNET LX.

### IL VOUDRAIT SE DONNER A DIEU.

Je me sens si las sous l'antique fardeau de mes fautes et des coupables habitudes, que je crains bien de manquer de force en chemin et de tomber aux mains de mon ennemi.

Bien est venu pour me délivrer un grand ami poussé par une suprême et ineffable courtoisie, puis il a volé hors de ma vue, et je me fatigue en vains efforts pour le découvrir.

Mais sa voix retentit encore ici-bas : O vous qui souffrez, voici le chemin ; venez à moi, puisqu'on ne vous ferme pas le passage.

Quelle grâce, quel amour, ou quelle providence me donnera des ailes comme en a la colombe pour me reposer et m'enlever de terre?

## SONNET LXI.

### SI LAURE NE LUI DEVIENT MOINS CRUELLE, IL EST RÉSOLU A L'ABANDONNER.

Je ne fus jamais las de vous aimer, Madame, et je ne le serai point tant que je vivrai ; mais je suis à bout de me haïr moi-même, et je suis fatigué de ces larmes sans trêve.

Je demande seulement un beau sépulcre blanc et que votre nom, si funeste pour moi, y soit inscrit sur quelque marbre où repose, séparée de mon âme, cette chair qui peut encore lui rester unie.

Donc, si un cœur plein d'amoureuse foi peut vous contenter autrement que pour le torturer, veuillez désormais prendre celui-ci en pitié.

Si votre orgueil cherche à se satisfaire de quelque autre manière, il se trompe, et il n'en arrivera pas ainsi qu'il croit, ce dont je rends des grâces infinies à l'Amour et à moi-même.

## SONNET LXII.

**IL NE SAIT POURQUOI IL REDOUTE L'AMOUR, EN AYANT DÉJA TOUS LES MAUX.**

Si auparavant n'ont blanchi mes deux tempes dont peu à peu on voit le temps mélanger la nuance, je ne serai pas tranquille: bien que parfois je me risque où l'Amour tire et assouvit son arc,

Je ne crains point qu'il me maltraite ni qu'il me tourmente davantage, ni qu'il me saisisse de nouveau, puisque je suis toujours en son pouvoir, ni qu'il me perce le cœur, puisqu'il l'a déchiré du dehors avec ses flèches envenimées et funestes.

Les larmes ne peuvent plus s'échapper de mes yeux; mais elles connaissent le chemin pour aller jusque-là, si bien qu'à peine est-il rien désormais qui puisse fermer le passage.

Les cruels rayons peuvent bien me réchauffer, mais non tellement que j'en sois consumé; et l'âpre et impitoyable image peut bien troubler, mais non interrompre mon sommeil.

## SONNET LXIII.

**DIALOGUE DU POÈTE AVEC SES YEUX.**

— Pleurez, mes yeux; accompagnez mon cœur qui souffre la mort pour la faute que vous avez commise.
— Ainsi toujours faisons-nous, et il faut que nous gémissions des erreurs d'autrui plus que des nôtres.

— C'est par vous que d'abord l'Amour est entré en ce lieu où maintenant il vient comme en sa demeure. — Nous avons été induits à lui livrer passage par cet espoir qui s'élève au dedans de celui qui se sent mourir.

— Les raisons ne sont pas égales, comme il vous le semble, puisque vous avez été, dès le premier aspect, si avides de votre malheur et du sien.

— C'est maintenant ce qui nous afflige le plus, que les arrêts où il n'y ait rien à redire soient si rares, et qu'il faille supporter le blâme pour les péchés d'autrui.

## SONNET LXIV.

#### EN REVOYANT SA DAME DANS LE LIEU ET A LA MÊME ÉPOQUE OU D'ABORD IL FUT ÉPRIS.

J'aimai toujours, et j'aime fort encore, et je suis pour aimer davantage de jour en jour ce doux lieu où, pleurant, je retourne toutes les fois qu'Amour m'afflige;

Et je suis fermement résolu d'aimer le temps et l'heure qui m'ont délivré des vils soins d'ici-bas, et davantage celle dont le beau visage plein de charmes est le mobile qui me rend épris de bien faire.

Mais qui jamais eût pensé voir réunis, pour assaillir mon cœur, tantôt d'un côté, tantôt de l'autre, tous ces doux ennemis que j'aime tant?

Amour, avec quelle violence tu m'as vaincu aujourd'hui! Et si ce n'est que le désir fait croître aussi l'espérance, je tomberais mort au moment où je souhaite le plus de vivre.

## SONNET LXV.

#### IL VAUT MIEUX MOURIR ÉTANT HEUREUX QUE DE VIVRE EN SOUFFRANT.

J'aurai toujours en haine la fenêtre d'où l'Amour m'a lancé déjà mille flèches, parce qu'aucune d'elles ne m'a frappé mortellement: il est si beau de mourir tandis que la vie est droite.

Mais le séjour dans la prison terrestre me cause, hélas! une infinité de maux: et je m'afflige surtout de ce qu'ils doivent être immortels avec moi, puisque l'âme ne se sépare pas du cœur

Malheureuse! qui devrait désormais être instruite, par une longue expérience, que personne ne peut faire retourner le temps en arrière ni en arrêter la marche.

Bien des fois je l'ai réprimandée en termes pareils: Va-t-en, infortunée : car celui qui a laissé derrière soi ses jours les plus beaux ne peut plus arriver à temps.

## SONNET LXVI.

#### LES YEUX DE SA DAME NE VEULENT QUE SA PEINE ET NON SON TRÉPAS.

Aussitôt qu'il a lâché la corde de l'arc, le bon archer discerne de loin le coup dont il ne doit pas tenir compte et celui dont il doit croire qu'il a touché le but désigné.

C'est ainsi, Madame, que vous avez senti l'atteinte de vos yeux pénétrer droit au dedans de moi: aussi faut-il que mon cœur verse des larmes éternelles par la blessure que vous m'avez faite.

Et je suis sûr que vous dites alors : Malheureux amant! où l'emporte la passion! Voilà le trait dont Amour veut qu'il meure.

Maintenant voyant comme la douleur m'a dompté, les tourments que m'infligent encore mes ennemis ne tendent pas à mon trépas, mais à me faire souffrir davantage.

## SONNET LXVII.

#### IL CONSEILLE AUX AUTRES DE NE PAS SE LAISSER ABUSER, COMME IL A FAIT, PAR LES AMOUREUSES ESPÉRANCES.

Puisque mon espérance est si longue à écheoir, et que la vie est de si courte durée, je voudrais être arrivé à un meilleur temps pour m'enfuir en arrière plus vite qu'au galop.

Et je m'enfuis, encore faible et boiteux de ce côté où le désir m'a tordu, délivré désormais de mes craintes ; mais j'emporte sur mon visage les marques que j'ai gardées de l'amoureuse rencontre.

Ainsi je vous conseille, à vous qui êtes dans le chemin, de revenir sur vos pas ; et à vous qu'Amour brûle déjà, de ne pas attendre jusqu'à l'extrême ardeur.

Car, bien que je sois vivant, sur mille il n'en échappe pas un. Mon ennemie était bien forte : je l'ai vue cependant frappée au milieu du cœur.

## SONNET LXVIII.

**IL NE SAIT PLUS VIVRE EN LIBERTÉ DEPUIS QU'IL A ÉTÉ L'ESCLAVE D'AMOUR.**

Quand je m'échappai de la prison où l'Amour me tint pendant maintes années pour faire de moi ce qu'il lui plut, il serait long de vous raconter, Mesdames, combien me sembla pénible cette liberté nouvelle pour moi.

Mon cœur me disait qu'il ne saurait vivre par lui-même un seul jour, et ensuite m'apparut sur le chemin le perfide dont j'ai parlé, si trompeusement déguisé, qu'il aurait abusé un plus sage que moi.

Aussi bien des fois je me retonrnai en soupirant, et je dis: Hélas! hélas! le joug, les chaînes et les fers étaient plus doux que de marcher ainsi sans entraves.

Malheureux que je suis! comme j'ai connu mon mal tardivement, et que j'ai de peine à me dégager de cette erreur où je m'étais enveloppé moi-même!

## SONNET LXIX.

**L'AMOUR SURVIT A LA BEAUTÉ QUI L'A FAIT NAITRE.**

Les cheveux d'or étaient épars à la brise qui les roulait en mille nœuds charmants, et la douce lumière jaillissait plus ardente que de coutume des beaux yeux qui en sont maintenant si avares;

Et il me semblait, je ne sais si c'était vrai ou faux, voir le visage aimé se colorer de pitié. Moi qui portais dans mon sein l'aliment amoureux, qu'y a-t-il d'étonnant que je me sois subitement enflammé?

Sa démarche n'était point celle d'une mortelle, mais d'une créature angélique; et ses paroles résonnaient autrement que la voix humaine.

Un céleste esprit, un vivant soleil, voilà ce qui m'apparut; et quand à présent elle changerait d'aspect, une blessure ne guérit point parce que l'arc est affaibli.

## SONNET LXX.

#### A SON FRÈRE GÉRARD QUI DEPUIS SE FIT MOINE.

La belle dame que tu aimas tant, a quitté subitement notre séjour, et, comme je dois l'espérer, elle est montée au ciel ; car sa vie ne fut que grâce et douceur.

C'est le moment de recouvrer les deux clefs de ton cœur qu'elle a possédées pendant qu'elle a vécu, et de la suivre par un chemin direct et sans obstacles : qu'il n'y ait plus désormais de terrestre fardeau qui retarde ta marche.

Puisque te voilà débarrassé du plus grand poids, tu peux ici-bas porter les autres agilement, en montant comme un pèlerin que rien ne charge.

Tu vois clairement aujourd'hui comme toute créature court à la mort, et combien l'âme a besoin de marcher légère vers le dangereux passage.


## SONNET LXXI.

#### SUR LA MORT DE CINO DE PISTOIE.

Pleurez, dames, et qu'Amour pleure avec vous ; pleurez, amants par tout pays, maintenant que la mort a ravi celui qui, pendant son séjour en ce monde, s'appliqua tout entier à vous mettre en honneur.

Pour moi je supplie mon acerbe douleur de ne pas retenir les larmes que je verse sur lui, et de m'être aussi prodigue de soupirs qu'il est nécessaire pour soulager mon cœur.

Pleurent encore les rimes, pleurent les vers ; car notre amoureux Messer Cino tout récemment est parti d'avec nous.

Pleurent Pistoie et les citoyens pervers qui ont perdu un si doux voisin, et que se réjouisse le ciel où il est allé.

## SONNET LXXII.

### IL RACONTE LES MENACES D'AMOUR.

Bien des fois Amour m'avait dit déjà : Écris, écris en lettres d'or ce que tu as vu ; comment je décolore ceux qui me suivent, et les fais passer en un moment de la mort à la vie.

Il fut un temps où tu le sentis en toi-même, comme il arrive communément au cœur amoureux ; puis un autre travail te délivra de mes mains ; mais je t'ai rejoint enfin tandis que tu fuyais.

Et si les beaux yeux d'où je me suis montré à toi, et où était ma douce retraite, quand je brisai ton cœur qu'une telle dureté protégeait,

Me rendent l'arc auquel rien ne résiste, peut-être n'auras-tu pas le visage toujours sec ; car je me nourris de larmes, et tu le sais.

## SONNET LXXIII.

### SAISISSEMENT ET MÉTAMORPHOSE DES AMANTS EN PRÉSENCE DE L'OBJET AIMÉ.

Quand par les yeux pénètre au fond du cœur l'image de la dame qu'on a choisie, toute autre doit partir de là, et les forces que l'âme départ laissent le corps ainsi qu'un poids inerte.

Et du premier miracle un second naît parfois ; c'est que la partie chassée, en fuyant loin d'elle-même, arrive en un lieu où elle est vengée, et où son exil lui devient agréable.

De là sur deux visages apparaît la couleur de la mort, parce que la puissance qui les montrait vivants n'est plus d'aucun côté au lieu où elle résidait.

Et je me souvenais de ceci un jour que je vis deux amants se transformer et prendre l'aspect que j'ai coutume d'avoir.

## SONNET LXXIV.

**LES YEUX DE SA DAME NE SONT PAS ATTENDRIS PAR L'AMOUR QU'ILS LISENT EN SON COEUR.**

Si je pouvais aussi bien enfermer mes pensers en des vers comme je les enferme en mon cœur, jamais il ne fut au monde d'âme si cruelle qui n'en fût émue de pitié.

Mais vous, yeux bienheureux dont j'ai souffert ce coup, contre lequel ne servit ni heaume ni bouclier, vous me voyez sans déguisement et au dehors et au dedans, bien que ma souffrance ne se traduise pas en plaintes.

Puisque votre regard resplendit en moi, comme un rayon de soleil brille à travers le verre, le désir suffit donc, sans que j'en parle.

Hélas! ni Marie ni Pierre n'ont eu à souffrir de la foi qui n'est funeste qu'à moi seul : et je sais bien que nul autre que vous ne m'entend.

## SONNET LXXV.

**IL A PERDU SANS RETOUR SA LIBERTÉ.**

Je suis si épuisé par l'attente et par cette longue guerre de soupirs, que j'ai pris en haine l'espoir et les désirs, et tous les lacs où mon cœur est enserré.

Mais le beau visage gracieux dont je porte l'image dans mon sein, et que je vois partout où je regarde, tyrannise ma volonté : ainsi contre mon gré je suis repris à mon premier et funeste martyre.

Ce fut alors que j'errai, quand la route ancienne de liberté me fut dérobée et fermée; car on fait mal de suivre ce qui agrée aux yeux ;

Alors courut à sa perte librement et sans entraves l'âme qui est à présent contrainte de suivre la trace d'autrui : elle a péché seulement une fois.

## SONNET LXXVI.

#### SUR LE MÊME SUJET.

Ah! belle liberté, comme tu m'as bien montré, lorsque tu m'as quitté, quel était mon état, avant que la première flèche m'eût fait la blessure dont je ne guérirai jamais.

Mes yeux alors s'éprirent tellement de leurs souffrances que le frein de la raison y devint impuissant; parce qu'ils n'ont que mépris pour toute œuvre mortelle : hélas! c'est l'habitude que dès l'abord je leur fis prendre.

Et il ne m'est pas possible d'écouter quiconque ne m'entretient pas de celle qui est ma mort : c'est de son nom seul que je vais remplissant l'air qui si doucement résonne.

Amour ne m'éperonne vers nul autre but, et mes pieds ne savent point d'autre route, ni mes mains comment on peut écrire les louanges d'une autre personne.

## SONNET LXXVII.

#### LA JOUTE. — A ORSO, COMTE DE L'ANGUILLARA.

Orso, on peut bien opposer à votre destrier un frein qui arrête sa course et le fasse reculer : mais le cœur, qui lui imposera des liens dont il ne sache pas s'affranchir, s'il a soif d'honneur et s'il abhorre ce qui en est ennemi?

Ne soupirez pas : on ne peut lui ravir le prix qui lui est dû, quoiqu'on vous ferme le chemin ; car, la publique renommée en fait foi, il est déjà parvenu à un rang où nul autre ne le devance.

Il suffit qu'au jour marqué il se retrouve au milieu de la lice, sous ces armes que lui donnent, en cette occasion, Amour et la vertu et le sang qui l'anime ;

Criant alors : Un noble désir m'enflamme, ainsi que mon seigneur qui ne peut me suivre, et qui languit et se tourmente de ne pas être ici.

## SONNET LXXVIII.

**A UN AMI QUI S'ÉTAIT RETIRÉ DE L'AMOUR MONDAIN.**

Puisque vous avez, ainsi que moi, éprouvé bien des fois comme l'événement trompe nos espérances ; il faut, dans la poursuite de ce bien suprême qui jamais ne déplaît, élever votre cœur à un état plus heureux.

Cette vie de la terre est ainsi qu'un pré où le serpent repose parmi les fleurs et l'herbe, et si parfois son aspect est agréable aux yeux, c'est pour endormir l'âme que menace le piége.

Vous donc, si vous désirez avoir jamais l'esprit en repos avant le dernier jour, suivez le petit nombre et non la foule du vulgaire.

On peut avec raison me dire : Frère, tu vas montrant aux autres la route d'où tu t'es souvent écarté, et, en ce moment, tu en es plus loin que jamais.

## SONNET LXXIX.

**SOUVENIRS AMOUREUX.**

Cette fenêtre où l'un des deux soleils (1) se montre quand il lui plaît, et l'autre sur la neuvième heure ; et celle aussi où l'air froid résonne dans les courtes journées que tourmente Borée ;

Et le rocher où, dans les longs jours, Madame vient s'asseoir et s'entretenir solitairement avec ses pensées ; et tous les lieux qui reçurent jamais l'ombre de son beau corps ou l'empreinte de ses pieds ;

Et le redoutable passage où m'atteignit Amour ; et la saison nouvelle, qui, d'année en année, ravive à pareil jour mes anciennes blessures ;

Et le visage adoré, et les paroles qui me restent profondément gravées au milieu du cœur, rendent mes yeux épris de pleurer.

(1) Sa dame.

## SONNET LXXX.
#### IL VOIT SES ERREURS ET NE PEUT S'EN RETIRER.

Hélas! je sais bien quelles douloureuses proies fait de nous celle qui ne pardonne à aucun homme, et avec quelle rapidité le monde nous abandonne et se hâte de rejeter notre souvenir.

Je vois de longues souffrances payées d'un chétif salaire, et déjà le dernier jour vient tonner dans mon cœur. Toutefois Amour ne me délivre pas de ma prison, car il demande à mes yeux le tribut accoutumé.

Je sais comment les jours, les moments et les heures emportent nos années, et je ne suis pas dominé par l'erreur, mais par une force plus puissante que celle de la magie.

Le désir et la raison se sont combattus sept et sept années, et le meilleur aura la victoire, si les âmes ici-bas peuvent présager le bien.

## SONNET LXXXI.
#### IL NE FAUT PAS JUGER DU COEUR PAR LE VISAGE.

César, quand le traître Égyptien lui fit le don de la tête glorieuse, déguisant l'allégresse qu'il devait éprouver, répandit des pleurs qui coulèrent sur son visage, ainsi qu'il est écrit;

Et Annibal, quant il vit la fortune se montrer si contraire à la domination de son pays humilié, se mit à rire au milieu de la foule désolée et en larmes, pour ouvrir un passage à son acerbe dépit.

Et ainsi il arrive que l'âme recouvre chacune de ses passions sous le voile contraire, en revêtant un extérieur tantôt clair et tantôt sombre :

Donc, si quelquefois je ris ou je chante, je le fais parce que je n'ai que ce seul moyen de cacher mes angoisses et mes pleurs.

## SONNET LXXXII.

#### A STEFANO COLONNA POUR LUI CONSEILLER D'ÉCRASER LES ORSINI.

Annibal fut vainqueur, et il ne sut pas ensuite tirer un bon parti de sa victorieuse aventure ; ainsi, mon cher seigneur, ayez soin que pareille chose ne vous arrive pas.

L'Ourse en fureur, à cause de ses oursons qui ont trouvé au mois de Mai une âpre pâture, cuve sa haine et endurcit ses ongles et ses dents pour venger ses pertes sur nous.

Donc, tandis que cette récente douleur l'accable, ne déposez pas la glorieuse épée ; marchez plutôt jusqu'où vous appelle

Votre fortune, tout droit par la route qui peut vous donner encore après la mort, mille et mille ans au monde, honneur et renommée.


## SONNET LXXXIII.

#### A PANDOLFE MALATESTA, SEIGNEUR DE RIMINI.

La vertu invoquée qui fleurissait en vous, quand Amour commença à vous livrer bataille, produit maintenant des fruits qui égalent ces fleurs, et qui me montrent mon espoir arrivé à bon terme.

Aussi le cœur me dit d'écrire sur le papier des choses qui fassent ressortir la gloire de votre nom ; car nulle part, fût-ce dans le marbre, on ne taille aussi solidement l'image où un héros se vivifie.

Croyez-vous que César, ou Marcellus, ou Paul, ou l'Africain, eussent jamais été rendus tels qu'ils sont ni par le ciseau ni par le marteau ?

Mon Pandolfe, ce sont là des œuvres fragiles pour aller loin ; mais nos travaux sont ceux qui donnent aux hommes l'immortelle renommée.

## CANZONE XI.

#### BADINAGES ÉNIGMATIQUES.

Je ne veux plus chanter, comme j'avais coutume de faire ; car on ne me comprenait pas, ce dont j'ai été honteux : on peut aussi être gênant dans une belle demeure. Toujours soupirer ne répare rien. Déjà sur les Alpes il neige de tout côté, et le jour est déjà près de paraître ; c'est pourquoi je suis éveillé. Des manières douces et honnêtes sont une chose charmante, et ce qui me plaît encore dans une dame amoureuse, c'est une démarche fière et dédaigneuse, non superbe et revêche. Amour gouverne son empire sans épée. Que celui qui a perdu son chemin retourne en arrière ; que celui qui n'a point de gîte se repose sur la verdure ; que celui qui n'a pas d'or ou qui le perd étanche sa soif avec un beau verre.

Je vous donne en garde à saint Pierre. Rien de plus à présent, rien ; m'entende qui peut, car je m'entends. Un mauvais fief à maintenir est une charge pesante. Autant que je le puis je me dépêtre, et je me tiens dans la solitude. Je hais Phaëton qui tomba dans le Pô et y mourut ; et déjà le merle est passé de l'autre côté du ruisseau ; accourez donc pour le voir ! maintenant je ne veux plus. Ce n'est pas un jeu qu'un écueil au milieu des ondes, qu'un piége parmi le feuillage. La douleur m'accable, quand je vois un orgueil excessif obscurcir chez une belle dame beaucoup de vertus. Il est des gens qui répondent à qui ne les appelle pas ; d'autres, lorsqu'on les prie, se dérobent et s'enfuient ; d'autres se consument par le froid ; d'autres invoquent nuit et jour leur dernière heure.

Le proverbe, *aime celui qui t'aime,* est fait depuis longtemps. Je sais bien ce que je dis. Maintenant laissez aller ; car il faut que chacun s'instruise à ses dépens. Une dame modeste désire un doux ami. La figue est mauvaise à connaître. C'est mon jugement qu'on ne doit pas s'engager en de trop hautes entreprises ; et il y a de bons logis en tout pays. L'espérance sans fin tue bien des gens; et moi-même je suis entré en danse plus d'une fois. Le peu qui me reste, si je veux le donner à quelqu'un, ne sera pas dédaigné. Je me confie en celui qui gouverne le monde, qui abrite dans la forêt ceux qui le suivent, et qui désormais, avec sa houlette compatissante, me conduit au pâturage parmi ses troupeaux.

Peut-être que tout homme qui lit ne se comprend pas; et tel tend les filets qui ne prend rien, et celui qui veut trop subtiliser s'y perd. Que la loi où l'on se confie ne soit pas boiteuse. Pour trouver une bonne place on monte pendant beaucoup de milles. Tel paraît une grande merveille et ensuite est méprisé. Une beauté renfermée est plus suave. Bénie soit la clef qui se tourna vers mon cœur et délivra mon âme, et qui l'affranchit de chaînes si lourdes, et déchargea mon sein de ces soupirs sans fin. Là où j'ai le plus souffert, un autre souffre, et sa souffrance adoucit ma douleur; aussi je remercie Amour de ce que je ne la sens plus, et pourtant elle n'est pas moindre que d'ordinaire.

Le silence où s'entendent des paroles prudentes et sages, et les accents qui me délivrent de tout autre souci, et l'obscure prison où est la belle lumière; les violettes dont la nuit fleurit les plaines, et les bêtes sauvages au dedans des murs, et la douce frayeur, et le beau maintien, et le fleuve paisible, issu de deux sources, qui se tourne vers l'endroit où pleure mon désir et m'environne partout où je me trouve, et l'amour et la jalousie, m'ont enlevé mon cœur, aidés des airs du beau visage qui me conduisent par une voie plus douce au but de mes espérances, au terme de mes tourments. O mon bien secret, et tout ce qui m'en arrive, tantôt la paix, tantôt la guerre ou quelque trêve, ne m'abandonnez pas en pareille situation.

De mes maux passés je pleure et je ris, parce que je me fie beaucoup en ce que j'entends dire. Je jouis du présent, et j'attends un meilleur sort, et je vais comptant les années, et je me tais, et je crie; et je fais mon nid sur un beau rameau, et j'y suis établi de telle façon que j'en remercie et j'en loue le grand refus qui a vaincu enfin la passion obstinée, et qui, se gravant dans mon âme (je serai entendu et montré au doigt pour cela), l'a ainsi éteinte. Je suis tellement poussé en avant que je dirai seulement: Tu n'as pas été si hardi. Que celui qui m'a percé le sein me guérisse, lui par qui j'écris dans mon cœur plus que sur le papier; qui me fait mourir et vivre, et en un instant me glace et me réchauffe.

## MADRIGAL III.

Une nouvelle beauté de nature angélique, sur ses ailes portée, est descendue des cieux vers le frais rivage, où, seul, je passais conduit par mon destin : me voyant sans compagnie et sans escorte, elle tendit parmi l'herbe dont le chemin est verdi un rets de soie qu'elle ourdissait : alors je fus pris, et, depuis, mon sort ne me déplut pas, si douce était la lumière qui jaillissait de ses yeux.

## SONNET LXXXIV.

### QUINZE ANNÉES N'ONT PU ALTÉRER L'EMPIRE QU'ONT SUR LUI LES YEUX DE SA DAME.

Je ne vois pas où je pourrais me sauver désormais; la guerre que me font les beaux yeux est si longue, que je crains, hélas ! de voir mon cœur, n'ayant jamais de trêve, périr dans ces tourments sans bornes.

Je voudrais fuir; mais les rayons amoureux, qui, jour et nuit, me restent dans l'esprit, resplendissent tellement, qu'après quinze ans ils m'éblouissent plus qu'au premier jour.

Et leurs images sont si bien répandues, que je ne puis me tourner nulle part où je ne voie cette lumière, ou bien une autre semblable qui en procède.

D'un seul laurier une telle forêt verdoie, que mon adversaire, avec une adresse merveilleuse, errant parmi les rameaux, me conduit partout où il veut.

## SONNET LXXXV.

#### LE SALUT.

O sol, plus que tout autre fortuné, où je vis enfin Amour arrêter les pieds de Madame, en tournant vers moi ces saintes lumières qui font tout autour d'elles régner dans l'air la sérénité !

Le temps pourrait vaincre la dureté d'une image de diamant avant que cessât de m'être présent le doux geste dont j'ai la mémoire et le cœur si pleins.

Et je ne pourrai jamais te voir tant de fois que je ne m'incline pour rechercher encore les traces que le beau pied a formées dans cette courtoise évolution.

Mais, puisque l'amour ne s'endort pas dans un cœur généreux, quand tu verras mon Sennuccio, prie-le de m'accorder ou quelque larme ou un soupir.


## SONNET LXXXVI.

#### SUR LE MÊME SUJET.

Hélas ! toutes les fois qu'Amour vient m'attaquer, ce qui arrive plus de mille fois la nuit et le jour, je me tourne du côté où j'ai vu briller les étincelles qui rendent les feux de mon cœur immortels.

Là, je retrouve le calme, et je suis arrivé à ce point qu'à none, à vêpres, à matines et à l'angélus, je les retrouve brillant si paisiblement dans ma pensée que de rien autre je n'ai souvenir ou souci.

La brise suave qui émane du rayonnant visage avec le son des paroles accortes, ramenant, partout où son souffle pénètre, une douce sérénité,

Comme un charmant esprit venu du Paradis, semble habiter toujours dans cet air pour me ranimer : aussi bien mon cœur fatigué ne peut plus respirer autre part.

## SONNET LXXXVII.

#### MÊME SUJET.

Amour me poursuivait au lieu accoutumé : et moi, resserré comme un homme qui, dans l'attente du combat, se tient sur ses gardes et couvre sa marche en tout sens, je restais armé de mes antiques pensers.

Je me tournai et je vis une ombre qui échancrait le Soleil d'un côté, et je reconnus sur la terre celle qui, si mon jugement n'est pas erroné, était digne plutôt de l'immortelle condition.

Je disais en mon cœur, pourquoi t'épouvantes-tu ? Mais cette pensée ne fut pas plutôt parvenue au dedans de moi, que je me trouvai en présence des rayons où je me consume.

Comme avec l'éclair le tonnerre à l'instant retentit, ainsi je fus saisi en même temps par les beaux yeux éclatants et par un doux salut.

## SONNET LXXXVIII.

#### AUTRE SALUT DE SA DAME.

La dame qui porte mon cœur en son visage m'apparut lorsque j'étais tout seul parmi les beaux pensers d'Amour ; et moi, pour lui faire honneur, je m'avançai avec un front respectueux et affligé.

Sitôt qu'elle s'aperçut de mon état, elle se tourna vers moi en montrant une émotion si nouvelle, que Jupiter, dans sa plus grande fureur, en eût laissé tomber les armes de ses mains et senti son courroux s'effacer.

Je tressaillis, et elle, en parlant, passa outre ; car je ne pus supporter ni sa voix ni le doux scintillement de ses yeux.

Maintenant je me trouve plein de bonheurs si divers, en repensant à ce salut, que je ne sens plus la douleur, et ne l'ai jamais sentie depuis.

## SONNET LXXXIX.

### A SENNUCCIO DEL BENE.

Sennuccio, je veux que tu saches en quelle manière je suis traité, et quelle existence est la mienne. Je brûle et me consume encore, comme j'avais accoutumé; Laure m'agite toujours, et je suis enfin tel que j'étais.

Ici je la vis pleine de douceur, et ici toute superbe; tantôt âpre, tantôt facile, tantôt impitoyable, tantôt compatissante; tantôt se revêtant d'honnêteté, tantôt de gracieuseté; tantôt bienveillante, tantôt dédaigneuse et cruelle.

Ici elle chanta doucement, et ici elle s'assit; ici elle se retourna et ici elle ralentit le pas; ici avec ses beaux yeux elle me transperça le cœur.

Ici elle dit une parole, et ici elle sourit; ici elle changea de visage : tels sont les pensers, hélas! où, les nuits et les jours, me tient notre seigneur Amour.

## SONNET XC.

### AU MÊME.

Dans ce séjour où je suis, mon Sennuccio (que n'y suis je ainsi tout entier, à votre satisfaction), je suis venu pour fuir la tempête et le vent qui ont subitement porté le trouble sous mon ciel.

Ici je suis sans crainte; et je veux vous dire pourquoi je ne redoute pas la foudre comme c'était ma coutume; et pourquoi je trouve mon ardent désir adouci ou plutôt éteint et disparu.

Aussitôt que je me vis parvenu à l'amoureux palais où naquit Laure, dont la douce et pure influence pacifie les airs et tient les tonnerres à l'écart;

Amour, en mon âme où elle est souveraine, ralluma le feu et éteignit la peur : que deviendrais-je donc en regardant ses yeux!

## SONNET XCI.

### EN S'ÉLOIGNANT DE ROME (1).

Loin de l'impie Babylone d'où s'est enfuie toute honte, d'où tout ce qui est bien est expulsé, auberge de douleurs et mère des erreurs, je me suis enfui, afin de prolonger mes jours.

Ici je vis solitaire, et, comme Amour m'y invite, je cueille tantôt des rimes et des vers, tantôt des brins d'herbe et des fleurs, en m'entretenant avec lui et pensant toujours à des temps meilleurs, et cela seul me vient en aide;

Et il ne me soucie ni du vulgaire, ni de la fortune, ni de moi beaucoup, ni des choses abjectes; et je ne sens pas au dedans ni au dehors une grande chaleur;

Je demande seulement deux personnes; et je voudrais que l'une vînt à moi avec un cœur adouci et affable, et l'autre avec les pieds aussi fermes que jamais il les eut.

## SONNET XCII.

### SUR UN REGARD DE SA DAME.

Au milieu de deux amants je vis une dame vertueuse et fière; et avec elle ce Seigneur qui règne sur les hommes et sur les Dieux; et le Soleil était d'un côté et moi de l'autre.

Alors qu'elle se vit encadrée par le disque de son ami le plus beau, elle se tourna toute heureuse pour s'offrir à mes yeux; et je voudrais bien que jamais elle n'eût été plus cruelle envers moi.

Soudain en allégresse se changea la jalousie qu'au premier aspect un si haut adversaire avait fait naître en mon cœur :

Quant à lui, son visage chagrin et éploré se voila entièrement sous un petit nuage, tant il lui déplut d'avoir été vaincu.

(1) Ce sonnet a été censuré par la cour de Rome.

## SONNET XCIII.

###### IL NE VOIT QUE CELLE QU'IL AIME.

Plein de cette ineffable douceur que du beau visage ont recueillie mes yeux, en ce jour où volontiers je les eusse fermés pour ne regarder jamais une moindre beauté,

J'ai abandonné ce que je désire le plus ; et j'ai si bien accoutumé mon esprit à contempler uniquement celle-ci qu'il ne voit rien autre, et que tout ce qui n'est pas elle, l'antique habitude le lui rend odieux et méprisable.

Dans une vallée fermée de toutes parts, qui est la consolation de mes tristes soupirs, pensif et distrait, je suis venu seul avec Amour.

Là je trouve, non pas des dames, mais des fontaines et des rochers, et les images de ce jour que ma pensée me retrace en quelque lieu que je regarde.

## SONNET XCIV.

###### LE ROCHER DE VAUCLUSE.

Si le rocher qui forme le principal rempart de cette vallée, et duquel dérive le nom qui la distingue, tenait tourné, par une disposition contraire, le visage vers Rome et le dos vers Babel,

Mes soupirs auraient un chemin plus facile pour aller au lieu où mon espérance est vivante : à présent ils vont séparément, et pourtant chacun arrive où je l'envoie, sans que pas un ne s'égare.

Et là ils sont si doucement accueillis, comme je m'en aperçois, que jamais aucun ne revient, tant ce séjour a de charmes pour eux.

C'est de mes yeux que vient ma souffrance ; car, sitôt qu'il fait jour, le grand désir qui les tient de revoir les beaux lieux d'où ils sont exilés produit des pleurs pour moi, et du tourment pour mes pieds fatigués.

## SONNET XCV.

#### DANS LA SEIZIÈME ANNÉE DE SON AMOUR.

J'ai laissé derrière moi la seizième année de mes gémissements ; et je marche à la rencontre de celle qui sera la dernière, et il me semble que ce tourment si cruel a pris naissance tout à l'heure.

Il m'est doux d'aimer, et ma souffrance m'est utile, et la vie m'est à charge ; et je prie l'impitoyable sort d'en avancer le terme ; et je crains que la mort ne ferme auparavant les beaux yeux qui me font parler.

Maintenant je suis ici, hélas ! et je veux être ailleurs, et je voudrais vouloir plus fortement, et je n'y parviens pas ; et, ne pouvant davantage, je fais tout ce que je puis :

Et ces larmes nouvelles, issues des antiques désirs, prouvent comme je suis bien tel que j'ai coutume d'être ; et mille vicissitudes ne m'ont pas encore changé.

## CANZONE XII.

#### LA GLOIRE ET LA VERTU.

Une dame (1) beaucoup plus belle que le soleil, et plus rayonnante, et d'âge égal au sien, tout jeune encore m'entraîna à sa suite par sa beauté renommée : comme il n'est rien de plus rare qu'elle au monde, toujours dans mes pensers, mes actions et mes paroles, toujours à travers mille chemins elle m'est restée présente en sa grâce altière : c'est elle seule qui m'a fait revenir de ce que j'étais, après que j'eus senti de près l'atteinte de ses yeux : c'est pour son amour que je me suis mis de si bonne heure à cette périlleuse entreprise, qui, si j'atteins le port désiré, me fera, j'espère, vivre pendant longtemps quand on me tiendra pour mort.

Cette mienne dame m'a fait marcher durant maintes années plein d'un ardent désir juvénile, afin de m'éprouver

---

(1) La gloire, ou selon d'autres la philosophie.

plus sûrement, et, comme je le comprends aujourd'hui, en ne me laissant voir d'elle que son ombre, ou son voile, ou ses vêtements de temps en temps, mais tenant son visage caché : et moi, hélas! croyant en voir beaucoup, je passa mon jeune âge satisfait, et le souvenir m'en est doux. Maintenant qu'en avançant je vois un peu de sa personne, je dis qu'elle s'est révélée à moi tout à l'heure telle que je ne l'avais pas vue jusqu'ici : d'où m'est venu un frisson au cœur, et il y est encore, et subsistera toujours, jusqu'à ce que je me trouve dans ses bras.

Mais, sans qu'elle m'ôtât ma crainte et le froid qui me glace, mon cœur s'enhardit assez cependant pour que j'osasse me jeter à ses pieds, afin de retirer plus de douceur de ses yeux ; et elle, qui avait déjà écarté le voile qui la cachait aux miens, me dit : Ami, vois maintenant comme je suis belle, et demande tout ce que tu crois convenir à ton âge. Madame, lui dis-je, depuis longtemps déjà j'ai mis en vous mon amour que je sens à présent si enflammé ; ainsi, dans cet état, tout autre usage de ma volonté m'est refusé pour accepter ou pour refuser. Alors elle répondit avec une voix d'une douceur merveilleuse, et en montrant un visage qui me remplira toujours de crainte et d'espérance :

Il n'est guères d'homme au monde, parmi une si grande foule, qui, entendant parler de mon mérite, ne se sentît au cœur quelque flamme au moins pendant un peu de temps : mais mon ennemie (1), qui détruit ce qui est bien, l'éteint aussitôt, et ainsi meurt toute vertu et règne un autre seigneur (2) qui promet une vie plus tranquille. Amour (3), qui a d'abord ouvert ton âme, m'en dit véritablement des choses d'où je vois que le grand désir que tu en as te rendra digne d'une fin glorieuse ; et comme tu es déjà de mes rares amis, tu vas voir pour te conduire une dame (3) qui rendra tes yeux beaucoup plus heureux.

Je voulais dire : C'est une chose impossible ; quand elle reprit : Regarde à présent et lève un peu les yeux vers un

(1) La volupté. — (2) L'amour sensuel. — (3) L'amour platonique. — (4) La vertu ou la théologie.

lieu plus retiré où apparaît une dame qui ne se montra jamais qu'à peu de personnes. Soudain j'inclinai mon front tout honteux, sentant au dedans un nouveau feu plus grand : et elle, le prenant en plaisanterie, me dit : Je vois bien où tu en es. Comme le soleil par ses rayons puissants fait subitement disparaître toute autre étoile, ainsi ma vue à présent semble moins belle à celui qu'atteint une lumière supérieure. Mais pour cela je ne t'éloigne pas de mes regards : car toutes les deux nous avons été conçues et enfantées ensemble, elle la première, et moi ensuite.

Cependant s'était rompu le nœud de honte qui s'était serré autour de ma langue dans ma première confusion, lorsque je la vis s'apercevoir de ce qui se passait en moi, et je commençai ainsi : Si ce que j'entends est véritable, bien heureux soit le père et béni soit le jour qui vous a données au monde pour en être l'ornement, et béni soit tout le temps que j'ai couru pour vous voir ! Et si jamais je me suis écarté de la droite route, j'en sens une douleur beaucoup plus profonde que je ne le montre. Mais si je pouvais être digne d'en apprendre davantage sur votre existence, je brûle du désir de l'entendre. Pensive, elle me répondit en tenant sur moi son doux regard arrêté, si bien qu'elle me grava dans le cœur son visage ainsi que ses paroles :

Comme l'a voulu notre père éternel, chacune de nous deux est née immortelle : malheureux ! à quoi cela vous sert-il ? Il eût mieux valu que l'imperfection fût de notre côté. Belles, jeunes et charmantes, nous avons été quelque temps aimées ; et maintenant nous en sommes arrivées là que celle-ci ouvre ses ailes pour retourner à son antique asile ; moi-même je ne suis qu'une ombre : et à présent je t'ai dit tout ce qu'il t'est possible de comprendre en si peu de temps. Quand elle se remit en marche, en me disant : Ne crains pas que je m'éloigne, elle cueillit une guirlande de vert laurier, que, de ses propres mains, elle roula tout autour de mes tempes,

Chanson, si l'on t'accuse d'obscurité, dis : Il m'importe peu, car j'espère que bientôt un autre envoyé fera connaître la vérité en termes plus clairs. Je suis venue seulement pour donner l'éveil, si celui qui m'a confié cette mission ne m'a pas trompée quand j'ai pris congé de lui.

## MADRIGAL IV.

Vois maintenant, Amour, comme une jeune dame méprise ton empire et n'a nul souci de mes maux, et comme elle reste sans crainte entre deux pareils ennemis. Tu es armé, et elle est assise les cheveux épars, en jupe et pieds nus au milieu des fleurs et de l'herbe, sans pitié pour moi et pleine d'orgueil contre toi.

Je suis prisonnier ; mais si ton arc puissant garde encore quelque flèche compatissante, Seigneur, viens tirer vengeance de tes outrages et des miens.

## SONNET XCVI.

**A M. ANTONIO BECCARI DE FERRARE,**
EN RÉPONSE A UNE CANZONE OU CE POÈTE DÉPLORAIT LA MORT DE PÉTRARQUE, DONT LE BRUIT S'ÉTAIT ALORS RÉPANDU.

Ces rimes pieuses qui m'ont instruit de votre génie et de votre courtoise affection, ont eu une telle action sur moi, quand je les ai vues, que j'ai mis aussitôt la main à cette plume,

Pour vous assurer que jamais je n'ai senti les extrêmes morsures de celle que j'attends ainsi que tout le monde ; mais seulement, sans en avoir soupçon, j'ai couru jusqu'à l'entrée de son habitation.

Puis je suis retourné en arrière parce que j'ai vu écrit au-dessus du seuil que le terme marqué à mon existence n'était pas encore arrivé,

Bien que je n'y aie pu lire le jour ni l'heure où il viendra. Qu'ainsi se tranquillise désormais votre cœur affligé, et qu'il cherche un homme digne de tout l'honneur qu'il m'a fait.

## SONNET XCVII.

###### DANS LA DIX-SEPTIÈME ANNÉE DE SON AMOUR.

Dix-sept années sont déjà révolues au ciel depuis que je commençai à brûler, sans m'être jamais éteint ; mais, quand il arrive que je repense à mon état, je me sens glacer au milieu des flammes.

Il est vrai le proverbe qu'*on change de poil plutôt que d'habitude;* et, bien que les sens s'affaiblissent, les passions de l'homme n'en sont pas moins intenses : et c'est l'ombre funeste de notre lourde enveloppe qui en est cause.

Hélas ! hélas ! et quand viendra la journée où, en regardant la fuite de mes années, je sortirai du feu et de ces peines si longues ?

Verrai-je jamais le jour où, tant que je voudrais et autant qu'il est nécessaire, le doux air du charmant visage satisfera mes yeux ?

## SONNET XCVIII.

###### LA SÉPARATION.

Cette gracieuse pâleur qui vint recouvrir le doux sourire d'une amoureuse neige, s'est offert à mon cœur avec tant de majesté, que celui-ci est allé à sa rencontre jusqu'au milieu de mon visage.

J'ai connu alors comment en Paradis l'un l'autre on se voit : c'est ainsi que s'est révélé ce penser miséricordieux que les autres n'ont pu deviner : mais je l'ai vu, moi dont les yeux ne se fixent pas ailleurs.

Tous les airs angéliques, toutes les manières affables qui jamais apparurent dans une dame choisie d'Amour ne seraient que colère à côté de ce dont je parle.

Elle inclinait vers la terre son charmant regard et disait dans son silence (à ce qu'il m'a semblé) : Qui m'éloigne ainsi mon fidèle ami ?

## SONNET XCIX.

**IL NE SAIT QUE L'ORIGINE ET NON LE REMÈDE DE SES MAUX.**

Amour, la Fortune et mon âme qui s'attriste de ce qu'elle voit, et qui se tourne vers le passé, m'accablent tellement que je porte envie parfois à ceux qui sont sur l'autre rive.

Amour me ronge le cœur; Fortune le prive de tout soulagement : de quoi mon âme stupide s'irrite et pleure ; et ainsi toujours au milieu des tourments il faut que je vive en combattant.

Et je n'espère pas que reviennent les jours heureux, mais je m'attends à tomber toujours de mal en pis ; et j'ai déjà dépassé le milieu de ma carrière.

Hélas ! je vois de mes mains s'échapper toute espérance, non comme du diamant, mais comme du verre, et tous mes pensers se rompre par le milieu.

## CANZONE XIII.

**IL SE PLAINT, AUX LIEUX OU SA DAME A PORTÉ SES PAS, DE NE TROUVER AUCUN ADOUCISSEMENT DANS LES MAUX QU'IL ENDURE.**

Si le penser qui me ronge pouvait se revêtir d'une couleur qui révélât combien il est fort et poignant, telle m'enflamme et me fuit qui peut-être aurait sa part de mes ardeurs, et Amour s'éveillerait dans ce cœur où il sommeille : moins solitaires seraient les traces de mes pieds fatigués dans les campagnes et sur les collines ; mes yeux ne seraient pas ainsi trempés de larmes à toute heure, s'ils pouvaient enflammer cette dame qui demeure comme un glaçon, et qui ne laisse pas en moi une petite parcelle qui ne soit feu et flamme.

Parce qu'Amour m'ôte ma force et me dépouille de savoir, je m'exprime en rimes âpres et privées de douceur. Mais on ne connaît pas toujours à l'écorce du rameau, non plus qu'aux fleurs et aux feuilles, la vertu qui lui est propre. Qu'Amour et ces beaux yeux, à l'ombre desquels il s'asseoit, voient seuls ce que renferme mon cœur. Si ma douleur, en se soulageant, vient à déborder en pleurs et en gémissements, les premiers me nuisent à moi-même, et ceux-ci à ceux-là, car je ne puis les rendre plus avisés.

Douces et gracieuses rimes que j'employai dans les premières attaques d'Amour, n'ayant pas d'autres armes; qui viendra enfin briser cette pierre en laquelle s'est changé mon cœur, afin que je puisse soulager ma peine comme j'avais accoutumé; car il me semble qu'il y ait au dedans de lui quelqu'un sans cesse occupé à peindre Madame et à parler d'elle? puis, en voulant faire son portrait, je n'arrive pas à le rendre satisfaisant, et il me semble que je l'altère. Hélas! ainsi m'est ravi le doux remède de mes maux.

Comme l'enfant qui à peine remue sa langue et la dénoue, et qui ne sait pas s'exprimer, mais qui ne peut souffrir de se taire davantage, ainsi le désir m'anime à parler, et je veux que m'entende ma douce ennemie, avant que je meure. Si par hasard tout son bonheur n'existe seulement que dans son beau visage et qu'elle dédaigne tout le reste, entends-le, ô verte rive, et prête à mes soupirs un si large essor que toujours on répète combien tu m'étais amie.

Tu sais bien que la terre ne fut jamais touchée d'un pied si beau que n'est celui dont tu as déjà reçu les empreintes; aussi mon cœur lassé revient-il ainsi que mon sein rempli de tourments, pour partager avec toi leurs pensers cachés. Puisses-tu avoir conservé encore parmi les fleurs et l'herbe quelques-uns des beaux vestiges épars, afin que ma vie acerbe trouve un adoucissement au milieu de mes pleurs! Mais l'âme errante et incertaine se calme comme elle peut.

Partout où mon regard se tourne, je trouve une douce sérénité en pensant : Ici a resplendi la charmante lumière. Toutes les herbes ou les fleurs que je cueille, je crois qu'elles ont leur racine dans le sol où elle avait pour coutume de marcher entre les plaines et le fleuve, et parfois de se choisir un siége frais, fleuri et verdoyant; ainsi aucune n'y perd, et avoir plus d'assurance de cela serait le pis. Esprit bienheureux, quel es-tu toi-même pour rendre les autres tels ?

O ma pauvrette, comme tu es grossière! je pense que tu t'en aperçois : reste dans ces bocages.

## CANZONE XIV.
### A LA FONTAINE DE VAUCLUSE.

Claires, fraîches et douces ondes où reposa son beau corps, celle qui seule me paraît une dame; arbre gracieux, dont elle se plut (le souvenir m'en fait soupirer) à faire une colonne pour son beau flanc; herbe et fleurs qu'a recouvertes la robe charmante ainsi que le sein angélique; air sacré et serein dans lequel Amour et les beaux yeux m'ont ouvert le cœur; prêtez ensemble attention à mes gémissantes paroles qui seront les dernières.

Si tel est mon destin, et le ciel s'y emploie, qu'Amour ferme mes yeux baignés de larmes, puisse ce misérable corps reposer par faveur au milieu de vous et que mon âme délivrée retourne à la demeure qui lui est propre. La mort sera moins cruelle si j'emporte un tel espoir vers ce douteux passage; car mon esprit fatigué ne pourrait jamais, dans un port plus abrité, ni dans une fosse plus tranquille, fuir mes os et ma chair harassée.

Le temps viendra peut-être encore où à son séjour habituel retournera cette beauté cruelle et délicieuse; et peut-être vers le lieu où elle m'aperçut dans le jour que je bénis tournera-t-elle son regard anxieux et adouci, en me cherchant, et alors, ô pitié! voyant une place de terre parmi les pierres, Amour l'inspirera de façon que ses soupirs si doux m'obtiendront ma grâce et qu'elle fera violence au ciel en s'essuyant les yeux avec son beau voile.

Des beaux rameaux descendait, douce à mon souvenir, une pluie de fleurs sur son sein; et elle, déjà couverte par l'amoureuse averse, elle siégeait modeste au milieu d'une telle gloire. Des fleurs tombaient sur son vêtement, d'autres sur les blondes tresses qui, ce jour-là, semblaient, à les voir, de l'or poli et des perles; d'autres se posaient sur le sol, d'autres sur l'onde; d'autres, voltigeant en de charmants détours, semblaient dire : C'est ici le royaume d'Amour.

Combien de fois ai-je dit, rempli alors de stupéfaction : Celle-ci pour sûr naquit en Paradis. Son divin maintien, et son visage, et ses paroles, et son doux sourire, m'avaient tellement chargé d'oubli et séparé de la réalité, que je disais en soupirant : Comment ou quand suis-je venu ici? Car je croyais être dans le ciel et non pas où j'étais. Depuis lors cette herbe me plaît tant que je ne trouve pas de repos autre part.

Si tu avais des ornements autant que tu as de désir, tu pourrais hardiment sortir du bocage et aller par le monde.

## CANZONE XV.
#### IL RETROUVE PARTOUT L'IMAGE DE SA DAME.

Vers ce côté où Amour me pousse avec son éperon, il faut que se tournent les douloureuses rimes qui vont à la suite de mon âme affligée. Quelles seront les dernières, hélas! et quelles seront les premières? Celui qui raisonne de ma souffrance avec moi me laisse en doute, tant il dicte confusément. Mais comme toujours je trouve, au milieu de mon cœur que je reviens si souvent examiner, l'histoire de mes tourments écrite de sa propre main, je parlerai, parce qu'en parlant je fais trêve à mes soupirs et soulage ma douleur. Je dis que j'ai beau regarder mille choses diverses attentivement et sans bouger, je ne vois qu'une seule dame et son beau visage.

Depuis que mon impitoyable destinée, fâcheuse, inexorable et superbe, m'a éloigné de mon bien le plus grand, Amour seul me soutient avec le souvenir : ainsi, quand je vois, sous les traits de la jeunesse, le monde qui commence à se revêtir de verdure, il me semble voir en cet âge acerbe la belle jeune fille qui est dame à présent : puis, quand le soleil s'élève et devient plus ardent, il me semble tel qu'a coutume d'être la flamme d'amour qui s'empare d'un cœur élevé : mais quand le jour s'attriste de ce que pas à pas il redescend vers la terre, c'est elle que je vois arrivée à ses années accomplies.

En regardant le feuillage dans les bois ou les violettes sur la terre, en la saison où le froid perd de la force et où les astres meilleurs en acquièrent, je n'ai dans les yeux que les violettes et la verdure dont, au commencement de mes combats, Amour était armé, si bien que j'en suis asservi encore, et aussi cette douce et gracieuse enveloppe qui recouvrait les membres enfantins où s'héberge aujourd'hui l'âme gentille qui me fait trouver tout autre plaisir abject ; tant le souvenir me retrace vivement le modeste maintien qui fleurissait alors et dont la grâce s'accrut ensuite avant les années, seule cause et repos de mes tourments.

Lorsque je vois sur les collines la tendre neige frappée de loin par le soleil, Amour s'empare de moi comme le soleil de la neige, et je pense alors au beau visage plus qu'humain qui peut de loin fondre mes yeux en pleurs, mais qui de près les éblouit et enchaîne mon cœur, là où toujours se montre, entre la blancheur et l'or, ce que ne voit jamais, à ce que je crois, un œil mortel autre que le mien. Et lorsqu'en m'entendant soupirer Madame se met à sourire, le désir brûlant qui s'éveille en moi à cet aspect m'enflamme si bien, qu'il compte l'oubli pour rien et devient éternel ; et l'été ne le change pas, ni l'hiver ne l'éteint.

Je n'ai jamais vu après une pluie nocturne les étoiles errer par les airs sereins et scintiller parmi la rosée et la gelée, que je n'eusse devant moi les beaux yeux d'où dépend ma pénible vie, tels que je les ai vus s'ombrageant d'un beau voile : et comme de leurs beautés le ciel ce jour-là rayonnait, ainsi je les vois encore étinceler sous l'humidité qui les baigne ; c'est pourquoi je brûle sans cesse. Si je regarde le Soleil se lever, je sens apparaître l'astre qui me remplit d'amour : si vers le tard je le vois se coucher, c'est celui-là qu'il me semble encore voir quand, livrant aux ténèbres le lieu qu'il abandonne, il tourne ses rayons ailleurs.

Si jamais dans un vase d'or mes yeux ont vu des roses blanches et vermeilles fraîchement cueillies par une main virginale, ils ont cru voir le visage de celle qui surpasse toutes les autres merveilles, avec les trois belles perfections en elles rassemblées : ses blondes tresses dénouées sur son cou auquel le lait ne pourrait être comparé, et ses joues qu'embellit un doux feu. Mais quand la brise mollement agite par les plaines les fleurs jaunes et blanches, mon esprit se retrace aussitôt le lieu et le jour où, pour la première fois, j'ai vu *l'aure* faisant flotter les cheveux d'or dont l'aspect m'enflamma si subitement.

Je croyais peut-être pouvoir dénombrer une à une les étoiles et renfermer toutes les eaux dans un petit verre, quand m'est venue la pensée inouïe de raconter dans un écrit si court en combien de lieux la fleur des autres belles, qui trouve en soi-même sa satisfaction, a répandu sa lumière, afin que jamais je ne puisse l'éviter : et je ne l'éviterai pas ; et si parfois je m'enfuis, elle m'a fermé le passage au ciel et sur la terre ; car elle est toujours présente à mes yeux accablés ; c'est pourquoi je me consume entièrement : et elle se tient avec moi de façon que je n'en vois jamais et ne désire en voir aucune autre, et que je n'invoque dans mes soupirs que son seul nom.

Tu sais bien, Chanson, que tout ce que je dis est nul pour l'amoureux penser que je porte nuit et jour caché dans mon âme : seul adoucissement par lequel je n'ai pas encore péri dans une si longue guerre ; car j'aurais déjà expiré en pleurant l'éloignement de mon cœur, mais par là j'obtiens quelque délai de la mort.

## CANZONE XVI.

#### A L'ITALIE, SUR L'ARRIVÉE DE LOUIS DE BAVIÈRE, QU'Y AVAIENT APPELÉ LES PRINCES DE LA LIGUE.

Mon Italie, bien que les paroles soient impuissantes contre les plaies mortelles que je vois sur ton beau corps en si grand nombre, je veux du moins que mes soupirs soient tels que l'espèrent et le Tibre, et l'Arno et le Pô, près duquel, triste et grave, je m'asseois aujourd'hui. O toi qui gouvernes le ciel, je demande que la pitié qui t'amena sur la terre te tourne vers ton beau et bien-aimé pays. Vois, Seigneur miséricordieux, de quelles causes légères quelle cruelle guerre est issue. Rouvre, attendris et pacifie, ô maître paternel, les cœurs qu'endurcit et que ferme le superbe et impitoyable Mars; fais que ta vérité (n'importe quel je sois) leur parle par ma bouche et les pénètre.

Vous à qui la Fortune a remis en main les rênes des belles contrées dont il semble que nulle pitié ne vous arrête, répondez, que font ici tant d'épées étrangères? Pourquoi la verte terre est-elle teinte du sang des barbares? Une vaine erreur vous flatte : vous voyez peu de chose et vous croyez voir beaucoup, vous qui cherchez de l'amour ou de la fidélité dans le cœur vénal. Celui qui possède le plus de monde, celui-là est le plus enveloppé par ses ennemis. O de quels déserts étrangers a été rassemblé ce déluge pour inonder nos douces campagnes! Si nous n'y obvions de nos propres mains, qui viendra nous en délivrer?

La nature sut bien pourvoir à notre salut, quand elle plaça le rempart des Alpes entre nous et la tudesque fureur ; mais le désir aveugle que l'homme oppose toujours à son bonheur, a fait si bien depuis par ses efforts, qu'il a procuré la lèpre à ce corps sainement constitué. Maintenant les bêtes sauvages et les paisibles troupeaux font leur séjour dans la même enceinte, si bien que le meilleur gémit toujours ; et, pour plus de douleur, ceci nous vient de la race du peuple sans lois, auquel, comme il est écrit, Marius ouvrit le flanc de telle sorte que la mémoire de son œuvre ne s'est pas affaiblie, depuis le jour où, épuisé de soif et de fatigue, ce héros puisa dans le fleuve autant de sang que d'eau.

Je ne parle pas de César qui, par toutes les plaines, a rougi l'herbe du sang de leurs veines, où il enfonça notre fer. Maintenant il semble, je ne sais par quelle malignité des astres, que le ciel nous ait en haine, grâce à vous à qui fut commise une si grande charge : vos volontés divisées ruinent la plus belle contrée du monde. Quel crime, quel jugement ou quelle fatalité vous fait accabler votre voisin dans sa pauvreté, et poursuivre les infortunés affligés et dispersés, et chercher des satellites au loin, et trouver bon qu'ils répandent le sang et vendent leurs âmes à prix ? Je parle pour dire la vérité, et non par haine ni par mépris de qui que ce soit.

Et vous ne vous apercevez pas encore, malgré tant de preuves, de la fourberie bavaroise qui, en élevant le doigt, se joue avec la mort. Les tortures sont pires, à mon sens, que la perte de la vie. Mais votre sang pleut plus largement qu'une autre colère ne vous forcerait à le répandre. Pensez à vous depuis le matin jusqu'à tierce, et vous verrez quel cas fait d'autrui celui qui s'estime si peu. Noble sang latin, rejette loin de toi ces funestes fardeaux ; ne prends pas pour idole un vain nom sans réalité ; car la colère d'en haut qui nous rend supérieure cette nation sauvage vient de notre faute, et n'est pas une chose naturelle.

N'est-ce plus ici le sol que mes pieds ont touché d'abord ? N'est-ce plus ici mon séjour où je fus nourri si doucement ? N'est-ce plus la patrie en qui j'ai mis ma confiance, mère bénigne et pieuse, qui recouvre l'un et l'autre de mes parents ? Pour Dieu, que ceci émeuve parfois votre âme ; et regardez avec pitié les larmes du peuple affligé qui n'espère de repos que de vous après Dieu : et pour peu que vous donniez quelque signe de compassion, la vertu prendra les armes contre la fureur et la bataille sera courte ; car l'antique valeur n'est pas encore morte dans les cœurs italiens.

Seigneurs, regardez comme le temps vole et comme la vie s'enfuit, et la mort est sur nos épaules. Vous êtes ici maintenant, songez au départ ; car il faut que l'âme arrive seule et nue à ce périlleux passage. Pour traverser cette vallée, veuillez vous décharger de la haine et des ressentiments, vents opposés à la céleste vie ; et que le temps dépensé à faire souffrir autrui, serve au contraire à quelque action plus digne, soit de la main, soit de l'esprit, à quelque belle et glorieuse œuvre, à quelque honnête travail. Ainsi on est heureux ici-bas, et on trouve la porte des cieux ouverte.

Chanson, je te recommande de parler avec courtoisie, parce qu'il te faut aller parmi des gens altiers, et que les volontés sont envahies déjà par l'habitude mauvaise et invétérée, toujours ennemie du vrai. Tu feras l'épreuve de ton sort parmi le petit nombre des grands cœurs à qui le bien est cher. Dis-leur : Qui me préservera du danger ? Je vais criant la paix, la paix, la paix.

## CANZONE XVII.

#### IL SE PLAINT DES PEINES DE L'ABSENCE.

De penser en penser, de montagne en montagne, Amour me conduit ; car j'ai reconnu que tout chemin battu est contraire à la vie paisible. S'il est dans une plaine solitaire un ruisseau ou une fontaine, s'il est une ombreuse vallée assise entre deux coteaux, c'est là que se repose l'âme désolée ; et, comme Amour l'invite, tantôt elle rit, tantôt elle pleure, tantôt elle s'effraie ou se rassure ; et le visage qui la suit où elle le mène se trouble et se rassérène, et reste peu de temps sous la même impression. Aussi un homme qui a été éprouvé par une existence semblable, dirait à cet aspect : Celui-ci brûle et est incertain de son sort.

Au sein des monts élevés et des âpres forêts je trouve

quelque repos. Tout lieu habité est un ennemi mortel pour mes yeux : à chaque pas naît un penser nouveau de Madame, qui souvent tourne en plaisir le tourment que j'endure pour elle ; et à peine voudrais-je changer cette vie qui m'est douce et amère à la fois, que je dis : Peut-être qu'Amour te réserve pour un temps meilleur; peut-être es-tu de vil prix pour toi-même et précieux à autrui; et là-dessus je passe outre en soupirant : maintenant cela pourrait être vrai, maintenant comment et quand le verrai-je?

Sous l'ombre que répand un pin élevé ou une colline, quelquefois je m'arrête : et aussitôt mon esprit dessine sur le premier rocher que je vois le beau visage de Madame. Puis, quand je reviens à moi, je trouve mon sein baigné par l'émotion ; et alors je dis : Hélas ! hélas ! où es-tu arrivé, et d'où es-tu exilé? Mais tant que je peux tenir mon esprit errant fixé dans le premier penser et, ne regardant qu'elle, m'oublier moi-même, je sens Amour de si près que mon âme se satisfait de sa propre erreur; celle que j'aime m'apparaît de toutes parts, et si belle que, si cette erreur se soutenait, je ne demanderais pas autre chose.

Plusieurs fois (qui voudra m'en croire maintenant?) je l'ai vue vivante dans les ondes limpides, et sur l'herbe verte, et dans le tronc d'un hêtre, et dans la blanche nue, si accomplie, que Léda aurait avoué la déchéance de sa fille, devenue comme l'étoile que le soleil efface sous un de ses rayons, et plus sauvage est le lieu, plus désert est le rivage où je me trouve, et plus belle ma pensée la figure. Puis, quand la réalité dissipe cette douce erreur, au même endroit je m'asseois encore tout glacé, et comme une pierre morte sur la pierre vive, dans l'attitude d'un homme qui pense, qui pleure et qui écrit.

Vers le sommet le plus haut et le plus dégagé, que jamais ne touche l'ombre d'aucune autre montagne, c'est là que m'entraîne d'ordinaire un intense désir. De là je commence à mesurer mes maux du regard, et cependant je soulage en pleurant mon cœur épaissi d'une nue douloureuse, alors que je regarde et pense combien d'air me sépare du beau visage qui m'est toujours si proche et si lointain. Puis, en moi-même, timidement : Que fais-tu, hélas ? Peut-être de ce côté soupire-t-on maintenant de ton éloignement. Et mon âme respire à cette pensée.

Chanson, au-delà de ces Alpes, là où le ciel est plus serein et plus heureux, tu me reverras au bord d'un ruisseau qui court ; c'est là qu'on sent la brise venir d'un frais et odorant Laurier ; c'est là qu'habite mon cœur, et celle qui me le dérobe : ici tu ne peux voir que mon image.

## SONNET C.

#### IL SE PLAINT QUE L'ENVIE LE POURSUIVE ET L'ÉLOIGNE DE CELLE QU'IL AIME.

Puisque le chemin de merci m'est fermé, j'ai pris la route du désespoir, qui m'éloigne des yeux où était cachée (je ne sais par quelle volonté du destin) la récompense de toute ma foi.

Je repais mon cœur de soupirs, et il ne demande rien autre ; et je vis de larmes, car je suis né pour pleurer : et je ne m'afflige pas de mon sort ; dans un état pareil pleurer est plus doux qu'on ne le peut croire.

Et je me rattache seulement à une image que n'a faite ni Zeuxis, ni Praxitèle, ni Phidias, mais un maître meilleur et d'un plus haut génie.

Quelle Scythie ou quelle Numidie peut me soustraire au danger, puisque, non satisfaite encore de mon exil indigne, l'envie me retrouve ainsi caché.

## SONNET CI.

#### A UN AMI QUI LUI DEMANDAIT UN MOYEN POUR ATTENDRIR SA DAME.

Je chanterais d'amour d'une façon si nouvelle qu'en un jour je tirerais par force mille soupirs du sein de l'inhumaine, et que je rallumerais dans son âme glacée mille profonds désirs :

Et je verrais son beau visage changer continuellement, et ses yeux se baigner de larmes et s'agiter plus attendris, comme fait d'ordinaire quiconque se repent des martyres d'autrui et de sa propre erreur, qu'il reconnaît ;

Et s'émouvoir à la brise les roses vermeilles parmi la neige ; et se découvrir l'ivoire qui change en marbre celui qui le regarde de près ;

Et tout ce qui dans cette brève existence m'empêche d'être à charge à moi-même, et me fait plutôt me féliciter d'être réservé pour la saison plus avancée.

## SONNET CII.

#### DOUTES SUR LA NATURE DE L'AMOUR.

Si ce n'est pas l'amour, qu'est-ce donc que je sens? mais si c'est l'amour, pour Dieu! quelle chose est cela? Si elle est bonne, d'où vient cet effet cruel jusqu'à la mort? si elle est mauvaise, comment tout ce tourment semble-t-il si doux ?

Si c'est de mon choix que je brûle, pourquoi ces pleurs et ces plaintes? si c'est malgré moi, à quoi la plainte sert-elle? O vivante mort, ô délicieuse souffrance ! comment as-tu sur moi tant d'empire, si je n'y consens pas?

Et si j'y consens, c'est à grand tort que je m'afflige. Je me trouve en pleine mer sans gouvernail, et au milieu de vents si ennemis sur une barque fragile,

Si légère de savoir et si chargée d'erreur, que je ne sais moi-même ce que je veux, et je frissonne au milieu de l'été, tandis que je brûle en hiver.

## SONNET CIII.

**IL EXPRIME SES TOURMENTS PAR QUATRE COMPARAISONS.**

Amour m'a placé comme le but devant la flèche, comme la neige au soleil, comme la cire au feu, comme la mer sous le vent; et je suis déjà enroué, Madame, à force de crier grâce sans qu'il vous en soucie.

C'est de vos yeux qu'est sorti le coup mortel contre lequel ne m'aide ni le temps ni le lieu; de vous seul procède (et cela vous semble un jeu) le soleil, et le feu et le vent qui m'ont rendu tel.

Les pensers sont des flèches, et le visage un soleil, et le désir est le feu; et, avec ces armes, Amour à la fois me perce, m'aveugle et me dissout :

Et le chant angélique et les paroles, avec la douce haleine dont je ne puis me défendre, sont la brise devant laquelle ma vie s'enfuit.

## SONNET CIV.

**IL DÉPEINT SA MISÈRE A SA DAME.**

Je ne puis trouver la paix et je n'ai pas de quoi faire la guerre; et je crains et j'espère; et je brûle et je suis de glace; et je m'envole au-dessus du ciel et je rampe sur la terre; et je ne saisis rien et j'embrasse le monde entier.

Quelqu'un m'a mis dans une prison qu'il ne m'ouvre, ni ne me ferme, et sans me retenir pour sien, il ne détache pas mes liens; et Amour ne me tue ni ne m'ôte mes fers; et il ne me veut pas vivant, et il ne me tire pas d'embarras.

Je vois sans yeux; et je n'ai pas de langue et je crie; et je désire mourir, et je demande secours; et je me hais moi-même, et je chéris autrui :

Je me repais de douleur; je ris en pleurant; la vie et la mort me déplaisent également. Voilà Madame, l'état, où vous me réduisez.

## CANZONE XVIII.

#### IL SE COMPARE A CE QU'IL Y A DE PLUS ÉTRANGE DANS LE MONDE.

La chose la plus bizarre et la plus inouïe, qui jamais exista dans les pays lointains, c'est celle-là, si l'appréciation est bonne, qui me ressemble le plus ; Amour, voilà où j'en suis venu. Aux lieux d'où le jour prend l'essor, vole un oiseau qui seul, sans compagne, renaît d'un trépas volontaire, et recommence à vivre entièrement renouvelé ; ainsi tout seul se retrouve mon désir ; ainsi, sur le sommet de ses hautes pensées, il se tourne vers le soleil ; et ainsi il se consume ; et ainsi il revient à son état premier : il brûle et il meurt, et il revêt de nouveau les nerfs où il naquit, et vit ensuite à l'épreuve ainsi que le Phénix.

Il est, par la mer des Indes, une pierre si puissante, que naturellement elle attire le fer à elle, et l'enlève du bois, de façon qu'elle coule les vaisseaux à fond : c'est là ce que j'éprouve parmi les flots des larmes amères ; car ce bel écueil a, par son inflexible orgueil, conduit ma vie où il faut qu'elle soit submergée : il a aussi dégarni mon âme en me dérobant mon cœur qui fut jadis une chose solide ; et de même me tient, maintenant que je suis brisé et dispersé, un rocher plus avide d'attirer la chair que le fer : ô cruelle aventure qui m'accable ! car, étant fait de chair, je me vois entraîné au rivage par un doux et vivant aimant.

A l'extrémité de l'Occident vit une bête sauvage si douce et si paisible que nulle ne l'est davantage ; mais elle porte en ses yeux les pleurs, la douleur et la mort ; il faut que tout regard qui se tourne vers elle soit bien prudent : pourvu qu'il n'approche pas les yeux, le reste peut être observé sans danger. Mais moi, malheureux imprudent, je cours sans cesse à ma perte, et je sais bien tout ce que j'ai souffert et tout ce qui m'attend ; mais le désir vorace, qui est aveugle et sourd, m'entraîne de te le sorte qu'il faudra que je périsse, à cause du beau et céleste visage et des yeux charmants de cette angélique et innocente créature.

Au milieu du jour jaillit une fontaine qui tient son nom du Soleil, et qui a pour propriété habituelle de bouillir pendant les nuits, et d'être froide durant le jour ; et elle se refroidit d'autant plus que le Soleil s'élève et qu'il est plus proche ; ainsi m'arrive-t-il à moi-même, qui suis une fontaine et un séjour de larmes : quand la belle lumière gracieuse qui est mon soleil s'éloigne, mes yeux sont tristes et solitaires, et leur nuit est sombre ; je brûle alors ; mais si je vois apparaître les rayons d'or du vivant soleil, je me sens transformé au dedans et au dehors, et je suis changé en glace : ainsi je redeviens tout froid.

L'Épire a une autre fontaine dont on écrit qu'étant froide elle-même, elle allume tous les flambeaux éteints, et éteint ceux qu'elle trouve allumés. Mon âme, qui n'avait pas encore été offensée des amoureuses flammes, s'alluma tout entière, dès qu'elle s'approcha de cette froide personne pour laquelle je soupire sans cesse ; et jamais le Soleil ni aucune étoile n'ont vu de semblable martyre, tel qu'un cœur de marbre s'en serait ému de pitié. Après qu'elle en eut été enflammée, la belle et glaciale influence de nouveau l'éteignit ; ainsi plusieurs fois elle a rallumé et éteint mon cœur ; je le sais, moi qui le sens, et souvent je m'en irrite.

Au-delà de tous nos rivages, dans les îles fameuses de la Fortune, il y a deux fontaines ; quiconque boit de l'une d'elles meurt en riant, et ceux qui boivent de l'autre sont sauvés. Une semblable destinée marque ma vie, que je pourrais perdre en riant à cause du grand plaisir que je prends, si les cris de douleur ne le tempéraient. Amour, toi qui me guides encore à l'ombre d'une renommée cachée et obscure, nous ne parlerons pas de cette fontaine qui est pleine à toute heure, mais que nous voyons couler plus largement, quand le Soleil se loge avec le Taureau ;

c'est ainsi que mes yeux pleurent en tout temps, mais davantage en cette époque où j'ai vu Madame pour la première fois.

Chanson, tu peux dire à celui qui épierait ce que je fais : Il se tient sous un grand rocher dans une vallée fermée où la Sorgue prend naissance, et il n'est là personne qui l'accompagne, si ce n'est Amour qui ne le quitte pas un seul instant, et aussi l'image de celle qui le fait périr; car de lui-même il fuit toutes les autres personnes.

## SONNET CV.

#### INVECTIVES CONTRE ROME (1).

Que la flamme du ciel pleuve sur tes toits; puisqu'il t'est si doux de mal faire, méchante qui n'es riche et grande que pour appauvrir les autres, et leur retirer jusqu'aux glands et à l'eau des fleuves;

Nid de trahisons, dans lequel se couve tout le mal qui se répand aujourd'hui par le monde : esclave du vin, des lits et des viandes, en qui la luxure est arrivée au comble de ses excès.

Tes jeunes filles et tes vieillards vont dansant par les salles, et Belzébuth se tient au milieu avec les soufflets, le feu et les miroirs.

Puisses-tu bientôt ne pas être nourrie sur la plume à l'abri, mais nue au vent, et sans chaussure parmi les épines : vis enfin de façon que la puanteur en monte jusqu'à Dieu.

(1) Ce sonnet et les deux suivants ont été censurés par la sainte Inquisition.

## SONNET CVI.

#### MÊME SUJET.

Par ses vices impies et scélérats, l'avare Babylone a comblé la mesure de la colère divine jusqu'à la faire éclater; et elle a choisi pour ses dieux, non Jupiter et Pallas, mais Vénus et Bacchus.

En attendant le terme, je me consume et je me ronge; mais je vois venir pour elle un nouveau Soudan qui fera seulement un siége, non pourtant aussitôt que je le voudrais, et celui-là sera le couronnement.

Ses idoles seront renversées sur la terre, avec ses tours superbes qui font la guerre au ciel; et ses gardiens seront brûlés au dehors comme en dedans.

Les belles âmes, amies de la vertu, gouverneront le monde, et nous le verrons alors revenir à l'âge d'or et se remplir des œuvres antiques.

## SONNET CVII.

#### MÊME SUJET.

Fontaine de douleur, auberge de colère, école d'erreurs, et temple d'hérésie, Rome autrefois et maintenant Babylone perfide et criminelle, par qui naissent tant de pleurs et de soupirs;

O atelier de fourberies, ô prison cruelle où le bien périt, où le mal s'engraisse et élève la voix; enfer des vivants, ce sera un grand miracle si tu n'éveilles à la fin le courroux du CHRIST.

Toi, fondée dans une chaste et humble pauvreté, tu dresses les cornes contre tes fondateurs, insolente prostituée; et où as-tu placé ton espérance?

Dans tes adultères, dans l'excès de tes richesses mal acquises? Maintenant Constantin ne reviendra pas; mais que ce monde affligé soit délivré par celui qui le soutient!

## SONNET CVIII.

#### A SES AMIS ABSENTS.

Plus je tourne vers vous mes ailes désireuses, ô douce troupe amie, et plus la Fortune embarrasse mon essor dans ses piéges et me fait m'égarer dans ma route.

Mon cœur, que malgré lui j'envoie tout à l'entour, est avec vous dans cette vallée chérie du soleil, où notre mer se mêle davantage à la terre; avant-hier je me suis éloigné de lui en pleurant.

Je pris à gauche, et il suivit le chemin direct; je suis entraîné violemment, et il est escorté par Amour; il est à Jérusalem, et moi en Égypte.

Mais la patience est un soulagement dans la douleur: car, par un long usage trop bien établi entre nous, nous ne séjournons ensemble que rarement et peu de temps.

## SONNET CIX.

#### SON AMOUR DURERA JUSQU'A SA MORT.

Amour qui vit et règne dans ma pensée, et qui tient dans mon cœur son siége principal, se montre quelquefois en armes sur mon front; il s'y établit, et il y place ses enseignes.

Celle qui m'enseigne à aimer et à souffrir, et qui veut que le grand désir et l'espérance enflammée soient réfrénés par la raison, la modestie et le respect, se courrouce en soi-même de notre hardiesse :

Aussi Amour effrayé s'enfuit-il vers mon cœur, abandonnant toute son entreprise; et il pleure et il tremble; il se cache dans cet asile et ne veut plus paraître.

Que puis-je faire, moi qui crains mon seigneur; sinon de me tenir avec lui jusqu'à l'heure dernière? car c'est toujours une belle fin que de mourir en bien aimant.

## SONNET CX.

#### IL SE COMPARE AU PAPILLON.

Comme parfois, au temps des chaleurs, on voit l'ignorant papillon charmé par la lumière voler pour son plaisir dans les yeux d'autrui, d'où il arrive qu'il meurt et qu'un autre est affligé;

Ainsi sans cesse je cours vers mon fatal soleil qui brille en ces yeux d'où me vient une si grande douceur ; car Amour ne respecte pas le frein de la raison, et celui qui voit est vaincu par celui qui veut.

Et je vois bien à quel point ceux-ci me trouvent fâcheux, et je sais que j'en mourrai certainement, puisque ma vertu est impuissante contre ce tourment :

Mais Amour m'éblouit si délicieusement, que je pleure l'ennui d'autrui, et non mon propre malheur ; et mon âme aveugle consent à son trépas.

## SEXTINE V.

#### IL SE DIT QU'IL SERAIT TEMPS DE REVENIR A L'AMOUR DE DIEU.

J'ai couru vers la douce ombre des beaux feuillages pour échapper à une impitoyable lumière qui, du troisième ciel, me brûlait jusque sur la terre ; et déjà la brise amoureuse qui rajeunit le temps débarrassait les coteaux de leur neige, et les herbes et les rameaux fleurissaient par les plaines.

Jamais le monde ne vit d'aussi charmants rameaux, jamais le vent n'agita d'aussi verts feuillages que ceux qui s'offrirent à moi en ce printemps ; si bien que, redoutant l'ardente lumière, je ne regagnai pas mon refuge à l'ombre des coteaux ; mais je m'abritai à celle de la plante qui est la plus agréable au ciel.

Un Laurier me défendit alors contre le ciel ; aussi, bien des fois depuis, avide de revoir ses beaux rameaux, je suis allé par les forêts et les coteaux ; et jamais je n'ai pu retrouver ce tronc ni ces feuillages, si honorés de la lumière céleste, que le temps ne peut altérer leurs qualités.

C'est pourquoi, toujours plus ferme, je suivis mon dessein, allant vers le lieu où de temps en temps je m'entendais appeler par le ciel, et guidé par une suave et claire lumière, je revins toujours religieusement vers les premiers rameaux, et quand sur la terre sont répandus les feuillages, et quand le Soleil fait verdoyer les coteaux.

Les forêts, les rochers, les champs, les fleuves et les coteaux, tout ce qui a été créé, est vaincu et changé par le temps : aussi je demande pardon à ces feuillages, si, après maintes années révolues dans le ciel, je me suis préparé à fuir leurs rameaux englués, sitôt que j'ai commencé à voir la lumière.

Je fus tellement séduit d'abord par la douce lumière qu'ils répandaient, que je gravis avec plaisir de très-grandes hauteurs pour pouvoir atteindre ces bien-aimés rameaux. A présent la vie qui s'enfuit et le lieu et le temps m'enseignent un autre sentier, celui qui conduit au ciel et où l'on recueille des fruits, et non pas seulement des fleurs et des feuillages.

Je cherche (et il en est bien temps) un autre amour, d'autres feuillages, une autre lumière et une autre route à travers d'autres hauteurs pour monter au ciel, et enfin d'autres rameaux.

## SONNET CXI.

### À UNE COMPAGNE DE LAURE.

Lorsque je vous entends parler si doucement, comme Amour l'inspire à ses seuls sectateurs, mon brûlant désir tout entier flamboie, tel qu'il devrait embraser les âmes éteintes.

Je trouve alors la belle Dame présente en tous les lieux où jamais elle me fut douce ou paisible, et sous ce maintien qui souvent me fait m'éveiller au bruit de mes soupirs, sans que j'aie besoin d'autres cloches.

Je la vois retournée en arrière avec ses cheveux épars à la brise ; et, ainsi charmante, elle revient dans mon cœur, comme celle qui en tient les clefs.

Mais le suprême plaisir qui vient arrêter l'organe de ma voix ne m'inspire pas assez d'audace pour que je la montre au grand jour, telle qu'elle siége intérieurement en moi.

## SONNET CXII.

### A SENNUCCIO DEL BENE.

Je n'ai jamais vu le Soleil se lever aussi beau, alors qu'il est tombé le plus de neige du ciel débarrassé, ni, après la pluie, l'arc-en-ciel se nuancer par les airs d'autant de couleurs,

Que, dans le jour où je pris l'amoureux fardeau, je n'en vis se peindre, au milieu des flammes, sur ce visage auquel (et je suis modéré dans mon dire) nulle chose mortelle ne peut être égalée.

Je vis Amour qui tournait les beaux yeux si suavement, que depuis ce moment tout autre aspect commença à me paraître obscur.

Sennuccio, je le vis, et je vis l'arc qu'il tendait si bien, que depuis lors ma vie n'a plus été en sûreté, et qu'elle est restée toute désireuse de revoir ce spectacle.

## SONNET CXIII.
#### QUEL QUE SOIT SON SORT, SON AMOUR NE CHANGERA PAS.

Mettez-moi où le Soleil fait périr les fleurs et l'herbe, comme où la glace et la neige triomphent de lui ; mettez-moi où son char est léger et modéré, et aux lieux où habitent ceux qui nous le rendent, ou bien ceux qui nous l'enlèvent ;

Mettez-moi dans une humble ou superbe fortune ; sous un air doux et serein, ou bien nébuleux et lourd ; mettez-moi dans la nuit, sous les jours longs ou courts, dans la saison avancée ou bien adolescente ;

Mettez-moi dans le ciel, ou sur la terre ou dans l'abîme ; sur une haute montagne, dans la vallée profonde et marécageuse ; esprit libre ou bien assujetti à son corps ;

Mettez-moi avec un nom obscur ou illustre : je serai tel que je fus ; je vivrai comme j'ai vécu, en continuant mes soupirs qui datent de trois lustres.

## SONNET CXIV.
#### IL S'ATTRISTE DE NE POUVOIR CÉLÉBRER DIGNEMENT LES VERTUS ET LES BEAUTÉS DE SA DAME.

O d'ardente vertu âme ornée et brûlante, âme si noble pour qui j'entasse tant d'écrits ; ô séjour unique où réside aujourd'hui la parfaite honnêteté, tour fondée et affermie sur un mérite profond ;

O flammes ; ô roses éparses sur les doux flocons de la vivante neige où je me mire et me purifie ; ô félicité, dont je dresse les ailes vers le beau visage qui efface par son éclat toutes les splendeurs du Soleil !

Si mes rimes avaient pu être entendues aussi loin, j'aurais rempli de votre nom Thulé, Bactres, le Tanaïs, le Nil, l'Atlantique, l'Olympe et Calpé :

Puisque je ne puis le porter dans toutes les quatre parties du monde, on l'entendra retentir dans le beau pays que divise l'Apennin, et qu'entourent la Mer et les Alpes.

## SONNET CXV.

#### VICISSITUDE AMOUREUSE.

Quand le désir, qui, avec deux éperons ardents et avec un frein cruel, me mène et me gouverne, veut parfois déroger à sa loi habituelle pour procurer à mes esprits quelque satisfaction,

Il trouve quelqu'un pour lire sur mon front les frayeurs et les témérités ensevelies dans mon cœur; et il voit Amour, qui punit ses projets, lancer la foudre dans les yeux perçants qu'il émeut.

Aussi, semblable à celui qui redoute les coups de Jupiter irrité, il se retire en arrière : car la grande crainte réfrène le grand désir,

Mais le feu glacé et l'espérance épouvantée de mon âme transparente comme un verre se rassérènent aussi parfois à son doux aspect.

## SONNET CXVI.

#### ÉLOGE ALLÉGORIQUE DE LA FONTAINE DE SORGUE ET DU LAURIER QU'IL AVAIT PLANTÉ AUPRÈS.

Ni le Tésin, le Pô, le Var, l'Arno, l'Adige et le Tibre, l'Euphrate, le Tigre, le Nil, l'Ermus, l'Indus et le Gange, le Tanaïs, l'Ister, l'Alphée, la Garonne et la Mer qui se brise, le Rhône, l'Isère, le Rhin, la Seine, l'Aube, l'Aar, l'Ebre;

Ni lierre, sapin, hêtre, pin ou génévrier, ne pourraient apaiser le feu qui ronge mon triste cœur, autant que le peuvent un beau ruisseau qui pleure à toute heure avec moi, et l'arbuste que, dans mes rimes, j'embellis et célèbre.

Je ne trouve pas d'autre secours parmi les attaques d'Amour qui m'oblige à passer en armes mon existence exposée à des chocs si redoutables.

Qu'ainsi croisse le beau Laurier sur le rivage frais; et que celui qui l'a pleuré écrive sous son doux ombrage, au murmure des eaux, des pensées élégantes et élevées.

## BALLADE VI.

#### SON DÉSIR S'ACCROIT AVEC L'ESPÉRANCE.

Avec le temps me deviennent moins cruels l'angélique figure et le doux sourire ; et l'air du beau visage et des yeux charmants s'obscurcit moins à mes regards.

Que font désormais avec moi ces soupirs qu'engendrait la douleur et qui témoignaient au dehors de ma vie douloureuse et sans espoir? S'il m'arrive de tourner le visage de ce côté pour calmer mon cœur, il me semble voir Amour qui raffermit ma raison et qui me vient en aide; et pourtant je ne trouve pas encore la guerre finie, ni mon cœur dans un état de parfaite tranquillité : car le désir me brûle d'autant plus que l'espérance me rassure davantage.

## SONNET CXVII.

#### DIALOGUE DU POÈTE AVEC SON AME.

— Que fais-tu, mon âme? Que penses-tu ? Aurons-nous jamais la paix ? Aurons-nous jamais quelque repos, ou bien une guerre éternelle ? — Ce qu'il arrivera de nous, je n'en sais rien ; mais, à ce que je puis voir, nos souffrances ne plaisent pas à ses beaux yeux.

— A quoi bon, si avec ces yeux elle nous fait un froid glacial en été, et en hiver une chaleur brûlante ? — Non pas elle, mais celui qui les gouverne. — Que nous importe ceci, si elle le voit, sans en rien dire ?

— Parfois la langue se tait, et le cœur se plaint à haute voix, et pleure sous un visage sec et joyeux où les regards ne découvrent rien.

Malgré tout cela, mon âme ne se tranquillise pas et ne peut briser la douleur qui se rassemble en elle et y séjourne; car un homme malheureux n'a pas foi dans une grande espérance.

## SONNET CXVIII.

#### IL LOUE LES YEUX DE SA DAME DE LEUR PUISSANCE.

Jamais, devant les flots de la mer noircis et soulevés par le tempête, ne s'est enfui dans un port un nocher fatigué, comme je m'enfuis loin de ce sombre et lâche penser où le grand désir m'éperonne et me courbe.

Et jamais un regard mortel ne fut vaincu par la lumière divine, comme le mien par le rayon altier qui jaillit du noir et du blanc des beaux yeux doux et suaves dans lesquels Amour dore et affine ses traits.

Il m'apparaît non plus aveugle, mais armé du carquois, tout nu à l'exception de ce que voile la pudeur, et comme un jeune garçon ailé, non pas en peinture, mais vivant.

Alors il me montre ce qu'il cache à la plupart, et peu à peu je lis dans les beaux yeux tout ce que je raconte d'Amour et tout ce que j'en écris.

## SONNET CXIX.

#### IL SE PLAINT DE L'INCERTITUDE.

Cette douce et barbare créature, cœur de tigre ou d'ourse, qui est venue ici-bas sous un aspect humain et une forme d'ange, me roule de telle sorte, dans le rire et les larmes, entre la peur et l'espérance, que ma nature entière en est pervertie.

Si elle ne se décide pas à m'accueillir ou à me laisser aller, mais qu'elle me tienne toujours dans le doute suivant sa coutume, Amour, ma vie est terminée par le doux poison que je sens mes veines porter jusqu'à mon cœur.

Ma vertu débile et épuisée ne peut plus souffrir tant de vicissitudes, car en un instant elle brûle, elle gèle, et rougit et blanchit.

Elle espère en fuyant mettre fin à ses douleurs, comme on fait quand on se sent affaiblir d'heure en heure; mais elle ne peut rien de bien, puisqu'elle ne peut mourir.

## SONNET CXX.

#### IL DEMANDE UN REFUGE A LA MORT.

Allez, soupirs ardents, vers le cœur toujours froid : brisez la glace qui s'oppose à la pitié; et si les prières mortelles sont entendues au ciel, le trépas ou le pardon viendra terminer ma douleur.

Allez, ô doux soupirs, porter ces paroles au loin, où le beau regard ne s'étende pas : s'il arrive que son âpreté ou mon étoile nous opprime, nous resterons sans espoir, mais aussi sans erreur.

Vous pouvez bien dire, non peut-être sans restriction, que notre état est aussi inquiet et aussi sombre que le sien est paisible et serein.

Allez sans crainte désormais, puisque Amour marche avec vous ; et la mauvaise fortune pourrait bien nous épargner, si je sais juger du ciel d'après les signes de mon soleil.

## SONNET CXXI.

#### SUPRÊME BEAUTÉ ET SUPRÊME VERTU DE SA DAME.

Les étoiles, le ciel et les éléments, pour faire une épreuve, ont mis tout leur art et leurs derniers soins dans cet astre vivant où la nature se mire, ainsi que le Soleil qui ne trouve nulle part rien de pareil.

L'œuvre est si puissante, si charmante et si inouïe, que le regard mortel n'est pas en sûreté en la contemplant; tant on voit pleuvoir outre mesure dans les beaux yeux l'amour, la douceur et la grâce.

L'air frappé par leurs doux rayons s'enflamme d'honnêteté, et devient tel qu'il dépasse de beaucoup ce que nous pouvons dire et penser.

On ne sent là nul désir abject, mais bien ceux de l'honneur et de la vertu. Maintenant est-il jamais arrivé que la beauté suprême n'éteignît pas les vils souhaits?

## SONNET CXXII.

### LES LARMES DE LAURE.

Ni Jupiter ni César ne furent jamais si prêts, celui-là à foudroyer et celui-ci à frapper, que la pitié n'eût éteint leur colère et ne leur eût enlevé à tous les deux leurs armes accoutumées.

Madame pleurait ; et mon seigneur (que n'étais-je à sa place !) est allé pour la voir et pour écouter ses plaintes, afin de m'accabler de regret et de désir, et de me faire souffrir jusque dans ma moelle et mes os.

Amour m'a dépeint ou plutôt sculpté ces pleurs charmants, et il a gravé ces suaves paroles sur un diamant au milieu de mon cœur,

Où souvent il rentre avec des clés solides et ingénieuses, pour en extraire de précieuses larmes et des soupirs longs et pénibles.

## SONNET CXXIII.

### MÊME SUJET.

J'ai vu sur la terre des mœurs angéliques et de célestes, beautés uniques en ce monde ; si bien que le souvenir m'en charme et m'en afflige, car tout ce que je vois ne me semble que songes, ombre et fumée.

J'ai vu pleurer ces deux beaux yeux qui ont mille fois excité la jalousie du Soleil, et j'ai entendu au milieu des soupirs résonner des paroles qui feraient marcher les montagnes et s'arrêter les fleuves.

Amour, sagesse, mérite, sensibilité et douleur formaient en pleurant un concert plus doux que nul autre qui se fasse entendre dans le monde,

Et le ciel était si attentif à cette harmonie qu'on ne voyait pas une feuille remuer sur la branche, si grande était la douceur qui avait envahi et les airs et les vents.

## SONNET CXXIV.

#### MÊME SUJET.

Ce jour à jamais cruel et sacré m'a envoyé au cœur son image vivante, de telle sorte qu'il n'y aura jamais de génie ou de style qui puisse en parler ; mais la mémoire me reporte sans cesse vers lui.

Le maintien que la plus noble sensibilité embellit, et la douce amertume des plaintes que j'entendais, faisaient douter si ce fut une dame mortelle ou bien une divinité qui éclaircissait le ciel tout à l'entour.

Sa tête était de l'or fin et son visage une neige éblouissante; ses cils étaient d'ébène et ses yeux deux étoiles où l'Amour ne tendait pas son arc inutilement.

Des perles et des roses vermeilles brillaient là où la douleur concentrée formait de belles et ardentes paroles; ses soupirs étaient une flamme, et ses larmes du cristal.

## SONNET CXXV.

#### MÊME SUJET.

Partout où je repose mes yeux lassés, partout où je les tourne, pour apaiser la passion qui les point, je retrouve l'image de cette belle dame qui fait à jamais reverdir mes désirs.

Avec une douleur charmante, elle semble respirer la sublime sensibilité qui oppresse le noble cœur ; elle vient, au-delà de la vue, redire et embellir aux oreilles ses vives paroles et ses soupirs sacrés.

Amour et la vérité se réunirent à moi pour dire que les beautés offertes alors à mes regards étaient uniques en ce monde et n'ont jamais été vues davantage sous les étoiles.

Et jamais ne furent entendues de si douces et si attendrissantes paroles; et jamais le Soleil ne vit des larmes si belles sorties de si beaux yeux.

## SONNET CXXVI.

**BEAUTÉ DE L'AME UNIE CHEZ SA DAME A CELLE DU CORPS.**

Dans quelle partie du ciel, dans quelle idée se trouvait le modèle sur lequel la Nature forma ce gracieux et charmant visage où elle voulut montrer ici-bas tout ce qu'elle pouvait là-haut?

Quelle Nymphe des eaux, dans les forêts quelle Déesse dénoua jamais à la brise des cheveux d'un or si fin? Quand est-ce qu'un cœur réunit en soi tant de vertus? Bien qu'elles soient toutes ensemble coupables de ma mort.

Celui-là cherche en vain la divine beauté, qui ne voit jamais les yeux de cette dame, alors que suavement elle les tourne.

Il ne sait pas comment Amour guérit, et comment il tue, celui qui ne sait pas comme elle soupire doucement, et comme elle rit et parle doucement.

## SONNET CXXVII.

**PERFECTION DE SA DAME.**

Amour et moi, tout rempli d'étonnement, comme est toujours celui qui voit une chose incroyable, nous regardions cette dame, qui, soit qu'elle parle ou qu'elle rie, est toujours semblable à elle-même, sans que nulle autre lui ressemble.

Le beau calme des cils paisibles faisait étinceler mes deux fidèles étoiles si vivement, qu'il n'est pas d'autre lumière où se puisse enflammer et guider celui qui prétend à un amour élevé.

Quel spectacle merveilleux, quand parmi l'herbe, comme une fleur, elle s'asseoit, ou quand elle presse de son sein candide un vert buisson!

Qu'il est délicieux, dans la saison nouvelle, de la voir aller seule en compagnie de ses pensers, entrelaçant un cercle à l'or brillant de ses cheveux bouclés!

## SONNET CXXVIII.

#### IL EST LE PLUS MALHEUREUX DES AMANTS.

O pas épars ; ô pensers errants et fugitifs ; ô tenace mémoire ; ô cruelle ardeur ; ô puissants désirs ; ô faible cœur ; ô mes yeux, qui n'êtes plus des yeux, mais des fontaines ;

O feuillage, honneur des illustres fronts, enseigne unique que suit la double valeur ; ô pénible existence, ô douce erreur, qui me faites parcourir les plaines et les monts ;

O visage charmant où l'Amour a placé à la fois les éperons et le frein dont il me pique et me dirige comme il lui plaît, sans qu'il serve à rien de regimber ;

O nobles âmes amoureuses, s'il en est encore au monde, et vous, ombres nues dont les corps sont devenus poussière, arrêtez-vous de grâce, et voyez quels maux sont les miens.

## SONNET CXXIX.

#### IL ENVIE TOUT CE QUI EXISTE OU HABITE SA DAME.

Joyeuses fleurs, herbes heureuses et bien nées, que Madame en passant a coutume de fouler ; plaine qui écoutes ses douces paroles, et qui gardes quelque empreinte de ses beaux pieds ;

Simples arbrisseaux ; feuillages verts et frais ; amoureuses et pâles violettes ; ombreuses forêts, où vient frapper le Soleil dont les rayons font monter dans les airs vos fronts superbes ;

O suave contrée ; ô fleuve limpide et pur qui baignes son beau visage et ses yeux sans nuage dont la vive lumière donne ce prix à tes ondes ;

Combien je vous envie l'aspect de ses actions honnêtes et chéries ! Jamais il n'y aura parmi vous d'écueil assez habitué au feu pour n'avoir rien à apprendre de ma flamme.

## SONNET CXXX.

**IL DÉSIRE SEULEMENT QUE SA DAME SOUFFRE SON AMOUR.**

Amour, toi qui vois toute pensée à découvert, qui vois les cruels détours où, seul, tu me guides, porte tes regards dans le fond de mon cœur, sans mystère pour toi, et à tous les autres voilé.

Tu sais ce que j'ai souffert pour te suivre ; et cependant chaque jour tu t'élèves davantage de hauteur en hauteur ; et tu ne t'occupes pas de moi, qui succombe sous la fatigue, et pour qui le sentier est trop raide.

Je vois bien briller au loin la douce lumière vers laquelle tu me diriges et m'éperonnes, à travers ces âpres routes ; mais je n'ai pas, comme toi, des plumes pour voler.

N'entraîne pas plus loin mes désirs qui sont tous satisfaits, pourvu que je me consume pour un noble objet, et que celle à qui j'adresse mes soupirs n'en soit pas offensée.

## SONNET CXXXI.

**IL SOUFFRE ET NE PEUT GUÉRIR D'UNE SOUFFRANCE QU'IL CHÉRIT.**

Maintenant que le ciel, la terre et les vents se taisent ; que les bêtes sauvages et les oiseaux sont arrêtés par le sommeil ; que la nuit, sur son char étoilé, accomplit son circuit, et que la mer repose sans vagues dans son lit ;

Je regarde, je pense, je brûle, je pleure, et celle qui me fait mourir est sans cesse devant moi pour mon tourment qu'elle adoucit pourtant ; la guerre est ma condition, guerre pleine de colère et de douleur ; et je n'ai quelque repos qu'en pensant à *elle*.

Ainsi c'est de la même fontaine claire et vive que vient toute la douceur et l'amertume dont je me nourris : c'est la même main qui me guérit et me perce.

Et pour que mon martyre n'arrive pas à sa fin, mille fois par jour je meurs, et mille fois je renais ; tant je suis éloigné de ma guérison.

## SONNET CXXXII.

#### LES GRACES QUI L'ONT SÉDUIT CHEZ SA DAME.

Lorsque les beaux pieds blancs dirigent à travers l'herbe fraîche leurs pas charmants et chastes, il semble qu'en posant à terre leurs tendres plantes, ils aient le pouvoir de faire épanouir et renaître les fleurs tout à l'entour.

Amour, qui ne captive que les cœurs délicats et qui dédaigne de faire sentir sa puissance autre part, fait pleuvoir des beaux yeux un plaisir si vif, que je n'ai souci d'aucun autre bien, et que je ne désire pas d'autre aliment.

Et avec la démarche, et avec le regard suave, s'accordent les paroles délicieuses et les manières affables, modestes et posées.

De ces quatre flammes qui ne sont pas encore les seules, naît un grand feu, dont je vis et me consume ; car je suis devenu comme un oiseau nocturne sous le Soleil.

## SONNET CXXXIII.

#### IL CRAINT D'AVOIR FAILLI A SON ASTRE POÉTIQUE.

Si je fusse resté fidèle à cette caverne où Apollon devint prophète, peut-être que Florence aurait aujourd'hui son poète, aussi bien que Vérone, Mantoue et Arunca.

Mais puisque l'eau qui sourd de ce rocher ne fait plus pousser de joncs dans mon terrain, il faut que je suive un astre nouveau, et que j'enlève avec la faux recourbée les sercles et les ronces de mon champ.

L'olive est desséchée, et l'onde qui coule du Parnasse, et qui autrefois la faisait fleurir, a pris son cours autre part.

Ainsi le sort ou ma faute me prive de tout bon fruit, si l'éternel Jupiter, dans sa bienveillance, ne fait tomber la pluie sur moi.

## SONNET CXXXIV.

**LES PAROLES DE SA DAME LE REMPLISSENT DE BONHEUR.**

Lorsque Amour fait incliner les beaux yeux vers la terre, et, avec ses mains, réunit en un soupir les esprits errants, les résolvant ensuite en parler clair, suave, angélique, divin ;

Je sens mon cœur si doucement ravi, et un tel changement intérieur dans mes pensers et mes désirs, que je dis : Me voici arrivé à mon heure dernière, si le ciel permet que je meure d'une si honorable mort.

Mais le son, dont la douceur s'empare des sens, vient arrêter l'âme prête à partir, par le désir extrême qu'il lui inspire de jouir du bonheur que l'ouïe peut lui donner.

Ainsi je me ranime ; et ainsi la trame de la vie qui m'est réservée, se roule et se déploie au gré de cette céleste Sirène, la seule qui soit parmi nous.

## SONNET CXXXV.

**IL SE PLAINT DE VIEILLIR ABUSÉ DE FAUSSES PROMESSES.**

Amour m'envoie ce doux penser qui est entre nous deux un secrétaire antique ; et il me ranime, et il dit que jamais je ne fus aussi près qu'aujourd'hui du but de mes désirs et de mes espérances.

Moi qui ai trouvé ses paroles tantôt mensongères et tantôt véritables, je ne sais si je dois le croire, et je vis dans l'incertitude, et ni oui ni non ne sonne entièrement dans mon cœur.

Cependant le temps passe, et je me vois dans le miroir marcher vers l'âge contraire à ses promesses autant qu'à mon espoir.

Maintenant, qu'il en soit ce qu'il pourra : je ne vieillis pas seul enfin, et l'âge ne peut altérer mon désir : je crains seulement la brièveté de la vie qui prend l'avance sur nous.

## SONNET CXXXVI.

#### IL NE PEUT PARLER A SA DAME, AYANT TROP A LUI DIRE.

Plein d'un charmant penser qui écarte de moi tous les autres, et me fait aller seul par le monde, de temps en temps je me dérobe à moi-même, afin de chercher celle que je devrais plutôt fuir :

Et je la vois passer si charmante et si cruelle, que mon âme tremble à prendre son essor, si nombreuse d'ailleurs est la troupe de soupirs qui suit en armes les pas de cette belle, l'ennemie d'Amour et la mienne.

Je découvre bien, si je ne me trompe, entre ses cils ombragés et altiers, un rayon de pitié qui calme en partie les douleurs de mon cœur :

Alors je reprends mon âme ; et après que je me suis résolu à lui découvrir mon tourment, je trouve tant de choses à dire, que je n'ose commencer.


## SONNET CXXXVII.

#### L'EXCÈS DE SON AMOUR L'EMPÊCHE DE L'EXPRIMER.

Plusieurs fois déjà, en voyant l'air bienveillant du beau visage, j'ai résolu, moi et mon escorte fidèle, d'aborder mon ennemie avec des paroles honnêtes et réservées, et sous un humble et doux maintien.

Puis ses yeux rendent ma résolution impuissante ; car toute ma fortune, toute ma destinée, mon bien, mon mal, et ma vie et ma mort, ont été remis entre ses mains par celui qui seul le peut faire.

Aussi je ne puis jamais proférer de parole qui soit entendue d'un autre que moi-même, tant Amour m'a rendu tremblant et sans voix.

Et je vois bien maintenant qu'une violente passion nous lie la langue et nous dérobe nos esprits. Celui qui peut dire comment il brûle, ne brûle que d'un feu médiocre.

## SONNET CXXXVIII.

#### IL PERSISTERA DANS SES ESPÉRANCES.

Amour m'a conduit entre de beaux et cruels bras, qui me torturent sans raison, et si je me plains, mon martyre en redouble ; ainsi, comme je m'y suis résolu, le mieux est que je meure en aimant et sans rien dire ;

Car celle-ci pourrait avec ses yeux embraser le Rhin, alors qu'il est le plus gelé, et briser les rocs les plus rebelles ; et son orgueil est si bien à l'unisson de ses beautés, qu'il semble lui déplaire de plaire à qui que ce soit.

Je ne puis rien emporter par mon génie du beau diamant dont est formé son cœur si dur ; le reste est d'un marbre qui se meut et respire.

Et jamais elle ne pourra, avec tout son dédain, ni en obscurcissant son front, m'arracher mes espérances et mes doux soupirs.

## SONNET CXXXIX.

#### MÊME SUJET.

O Envie ! ennemie de Vertu, qui te plais à combattre les beaux commencements, par quelle voie as-tu pénétré ainsi sourdement dans ce beau sein, et par quels artifices as-tu su le changer ?

Tu as détruit mon salut par la racine : tu m'as montré trop heureux amant à celle qui, durant quelque temps, agréa mes vœux humbles et chastes ; maintenant elle semble les repousser avec haine.

Mais quoique, en ses façons acerbes et barbares, elle pleure du bien qui m'arrive et se rie de mes pleurs, un seul de mes pensers ne peut en être changé ;

Et, bien que mille fois par jour elle me tue, je n'en continuerai pas moins à l'aimer et à espérer en elle ; car, si elle m'alarme, Amour me rend la confiance.

## SONNET CXL.

#### INCERTITUDES DE SON AMOUR.

En regardant le soleil sans nuages des beaux yeux où habite celui qui sans cesse rougit et baigne les miens de larmes, mon âme fatiguée abandonne mon cœur pour aller vers son paradis terrestre ;

Puis, le trouvant rempli de douceur et d'amertume, elle voit que tout ce qui s'ourdit en ce monde n'est qu'une œuvre d'araignée, et elle s'en lamente avec elle-même et avec Amour qui a des éperons si ardents et un frein si dur.

Ainsi, au milieu de ces deux extrémités opposées et mêlées, elle reste, avec une volonté tantôt glacée, tantôt brûlante, dans un état mixte entre le malheur et le bonheur.

Mais elle a peu de pensers joyeux et beaucoup de tristes, et surtout elle se repent de ses audacieuses entreprises : tel est le fruit qui naît d'une semblable racine.

## SONNET CXLI.

#### IL SE CONSOLE DE SOUFFRIR POUR UNE SI BELLE CAUSE.

Cruelle fut l'étoile (si le ciel a sur nous autant de pouvoir que le croient quelques-uns) sous laquelle je naquis, et cruel le berceau où je fus couché après ma naissance, et cruelle la terre où j'ai remué mes pieds.

Cruelle encore la dame qui, avec ses yeux, et avec cet arc qui ne voulut que moi seul pour but, m'a fait la blessure de laquelle, Amour, je n'ai cessé de te parler ; car tu peux me guérir avec ces mêmes armes :

Mais tu prends mes douleurs à plaisir ; pour elle, elle n'y en trouve déjà plus, parce qu'elles ne sont pas plus atroces, et que c'est un coup de flèche et non d'épieu.

Ce qui me console, c'est qu'il est mieux de languir pour elle que d'être favorisé d'une autre, et tu me l'assures en jurant par tes traits dorés, et moi je t'en crois.

## SONNET CXLII.

**LE SOUVENIR DE SA DAME REDOUBLE SANS CESSE SON AMOUR.**

Quand se représente à moi le temps et le lieu où j'ai cessé de m'appartenir, et le nœud chéri dont Amour m'a lié de sa propre main, de façon qu'il m'a rendu l'amertume douce et les pleurs comme un jeu,

Je deviens tout entier de soufre, pour servir d'aliment au feu qui prend la place de mon cœur, de telle sorte qu'embrasé par ces suaves esprits que toujours je déteste, je me réjouis de brûler, et je vis de cela seul, me souciant peu du reste.

Ce soleil, qui seul resplendit à mes yeux, vient encore m'échauffer de ses charmants rayons, aussi brûlants le soir qu'ils l'étaient dans la journée de bonne heure.

Et il m'enflamme de loin et m'incendie si bien, que ma mémoire, toujours fraîche et solide, ne me retrace que ce nœud, et le lieu et le temps où il fut formé.

## SONNET CXLIII.

**EN PASSANT PAR LA FORÊT DES ARDENNES.**

Au milieu des bois inhospitaliers et sauvages, où ne marchent qu'à grand risque des hommes armés, moi, je marche sans crainte : rien ne peut m'alarmer que le soleil qui tient ses rayons du vivant Amour.

Et je m'en vais chantant (ô mes pensers sont sages!) celle que le ciel ne pourrait éloigner de moi ; car je l'ai dans les yeux, et il me semble voir avec elle des dames et des demoiselles, et ce sont des sapins et des hêtres.

Il me semble l'entendre, lorsque j'entends les rameaux, les brises, les feuillages et les oiseaux qui gémissent, et les eaux qui fuient en murmurant à travers l'herbe verte.

Jamais le sublime silence et l'horreur solitaire d'une ombreuse forêt ne me plurent autant, si ce n'est que mon soleil se trouve trop loin de mes regards.

## SONNET CXLIV.

#### SUR LES DANGERS QU'IL A COURUS DANS LA MÊME FORÊT.

Amour m'a montré en un seul jour mille plaines et mille rivages à travers les fameuses Ardennes ; car il emplume les pieds et les cœurs de ses serviteurs, pour les faire voler vivants jusqu'au troisième ciel.

Il m'est doux d'avoir parcouru seul, sans armes, ces lieux où le redoutable Mars ne se risque qu'armé et à la dérobée ; j'étais comme un navire qui vogue sur la mer sans gouvernail et sans vergue, et j'étais rempli de pensers pesants et rebelles.

Arrivé au terme de l'obscure journée, quand je me rappelle d'où je viens et avec quelles plumes, je sens la frayeur naître de cette audace excessive.

Mais la belle contrée et le fleuve délicieux rassurent, par leur accueil serein, mon cœur déjà tourné vers le lieu où habite sa lumière.

## SONNET CXLV.

#### EFFETS OPPOSÉS QUE L'AMOUR PRODUIT EN SON AME.

Amour m'éperonne et me tire le frein en même temps, me tranquillise et m'épouvante, me brûle et me gèle, m'agrée et me dédaigne, m'appelle à soi et me chasse ; tantôt il me tient en espoir, et tantôt en peine.

Tantôt il élève ou rabaisse mon cœur fatigué ; ainsi le désir errant abandonne la piste, et il semble que son suprême plaisir lui déplaise, si nouvelle est l'erreur dont mon âme est remplie.

Un penser ami vient lui montrer le gué, non pour traverser l'eau qui se résout par mes yeux, mais pour arriver promptement où elle espère être satisfaite.

Puis, comme si une force supérieure l'arrachait de là, il faut qu'elle suive une autre voie, et que, contre son gré, elle obéisse à sa longe et consente à ma mort.

## SONNET CXLVI.

#### RÉPONSE A UN SONNET DE GERI GIANFIGLIACCI.

Geri, lorsque parfois s'irrite contre moi ma douce ennemie qui est d'une fierté si haute, un seul secours m'est accordé pour m'empêcher de périr, et par sa vertu faire respirer mon âme.

Vers quelque endroit que, dans son courroux, elle tourne ses yeux, espérant priver ma vie de lumière, je lui montre les miens remplis d'une humilité si vraie, que tout son ressentiment doit expirer.

Sans cela, je ne pourrais pas m'exposer à la voir, sinon comme le visage de Méduse qui changeait les gens en marbre.

Fais donc ainsi toi-même; car je vois tout autre secours retranché, et la fuite est inutile devant les ailes qu'emploie notre seigneur.

## SONNET CXLVII.

#### EN NAVIGUANT SUR LE PÔ.

Pô, tu peux bien entraîner l'écorce de mon être sur tes ondes puissantes et rapides; mais l'esprit qui se cache au dedans ne se soucie ni de ta force ni d'aucune autre.

Sans louvoyer de tribord à babord, mais porté sur les brises propices à son désir, il vole à tire d'aile droit vers le feuillage doré, et triomphe ainsi des flots et du vent, de la voile et des rames.

Fleuve altier et superbe, de tous les autres roi, quand, d'un cours opposé au Soleil, alors qu'il nous emmène le jour et laisse à l'Occident une plus belle lumière,

Tu t'en vas emportant sur ta corne ce qui est mortel en moi, l'autre partie, couverte d'amoureuses plumes, s'en retourne en volant vers son doux séjour.

## SONNET CLII.

#### IL ASSIMILE SA DAME AU PHÉNIX (1).

Ce Phénix, avec ses plumes dorées, forme sans art, pour son beau col gracieux et blanc, un collier si charmant que tous les cœurs sont adoucis par cet aspect et le mien consumé ;

Forme un diadème naturel qui embrase l'air à l'entour; et le *fusil* muet d'Amour tire de là un feu fluide et pénétrant qui me brûle sous la brume la plus glaciale.

Un vêtement de pourpre à la bordure d'azur parsemée de roses voile les belles épaules : vêtement nouveau, beauté unique et solitaire.

La renommée place au milieu des montagnes opulentes et parfumées de l'Arabie le secret séjour du merveilleux oiseau que nous voyons d'un essor si altier planer dans notre ciel.

## SONNET CLIII.

#### LA BEAUTÉ ET LA VERTU DE SA DAME SONT AU-DESSUS DE TOUTE LOUANGE.

Si Virgile et Homère avaient vu ce soleil que je vois de mes yeux, ils auraient mis toutes les forces de leur génie à élever celle-ci en renommée, donnant l'un et l'autre à leur style le même emploi ;

De quoi seraient tristes et troublés Énée, Achille, Ulysse et les autres demi-dieux, et celui qui pendant cinquante-six années gouverna si sagement son peuple, et celui qui fut tué par Égisthe.

Quelle ressemblance d'étoile eut cette antique fleur de vertu guerrière avec cette nouvelle fleur de beauté et de chasteté !

Ennius chanta celle-là en vers barbares ; ainsi fais-je pour celle-ci ; et puisse-t-elle ne pas trouver mon génie importun et ne pas mépriser les louanges que je fais d'elle!

(1) Ce mot est féminin en italien.

## SONNET CLIV.

#### MÊME SUJET.

Alexandre, arrivé à la tombe fameuse du redoutable Achille, dit en soupirant : O bienheureux, toi qui as trouvé une si éclatante trompête et un poëte qui t'a si hautement célébré !

Mais cette pure et blanche colombe, dont je ne sais si le monde vit jamais la pareille, est bien faiblement prônée dans mon style débile ; ainsi chacun a sa destinée marquée.

Celle qui eût été si digne d'Homère et d'Orphée, ou du pasteur que Mantoue honore encore aujourd'hui, lesquels n'eussent jamais voulu chanter qu'elle seule ;

Une étoile malencontreuse et le sort, seul coupable en ceci, l'a confiée à quelqu'un qui adore son beau nom, mais qui peut-être lui fait tort en disant ses louanges.

## SONNET CLV.

#### AU SOLEIL.

Divin Soleil, tu as aimé jadis cette feuille qu'aujourd'hui je suis seul à aimer ; seule maintenant elle verdoie en son beau séjour, et sans égale, depuis le jour qui montra à Adam, sous un séduisant aspect, ce qui a fait son malheur et le nôtre.

Restons à la contempler : je te prie et t'invoque, ô Soleil, et pourtant tu t'enfuis ; et tu obscurcis les alentours des hauteurs, et tu nous emportes le jour, et, en fuyant, tu me ravis ce que je désire le plus.

L'ombre qui tombe de cette humble colline où mon feu suave étincelle, et où le grand Laurier fut un petit rameau,

S'accroissant, tandis que je parle, enlève à mes yeux le doux aspect du lieu bienheureux où mon cœur habite avec sa dame.

## SONNET CLVI.

#### DESCRIPTION ALLÉGORIQUE DE SA PEINE AMOUREUSE.

Ma barque chargée d'oubli vogue au milieu de la nuit, en hiver, sur une mer affreuse entre Scylla et Charybde, et au gouvernail est assis mon Seigneur, naguère mon ennemi ;

A chaque rame est un penser hardi et farouche qui semble se railler de la tempête et de l'issue de ce voyage; la voile se rompt sous l'effort éternel d'un vent humide et formé de soupirs, d'espérances et de désirs ;

Une pluie de larmes, une neige de dédains baigne et alourdit les cordages déjà fatigués qui sont tissus d'erreur et d'ignorance tordues ensemble ;

Mes deux signaux, qui me guident doucement d'ordinaire, sont maintenant cachés : la raison et l'art ont péri au sein des ondes ; si bien que je commence à désespérer du port.

## SONNET CLVII.

#### ALLÉGORIE.

Au lever du Soleil, en la jeune saison, entre deux rivières, à l'ombre d'un Laurier, une biche blanche m'est apparue sur l'herbe verte avec deux cornes d'or.

Son aspect était si doucement superbe que je laissai tout travail pour la suivre, comme l'avare qui, en cherchant un trésor, adoucit son tourment par le plaisir qu'il se promet.

*Nul ne me touche*, était écrit en diamants et en topazes autour de son beau col ; *à mon César il plut de m'affranchir.*

Et le Soleil était déjà parvenu au milieu de sa course; et mes yeux, quoique las, n'étaient pas rassasiés de regarder, lorsque je tombai dans l'eau et qu'elle disparut.

## SONNET CLVIII.

**LA VUE DE SA DAME EST POUR LUI CE QU'EST LA VUE DE DIEU POUR LES BIENHEUREUX.**

De même que la vie éternelle consiste dans la vue de Dieu, sans qu'on désire rien de plus ni qu'on puisse encore rien désirer, de même, Madame, vous voir est mon bonheur pendant cette vie fragile et fugitive.

Et jamais je ne vous ai vue aussi belle que maintenant, si mes yeux ne trompent pas mon cœur, en cette heure délicieuse qui comble ma pensée et surpasse tout désir et toute espérance, si haute qu'elle fût.

Et si elle n'eût été si rapide à s'enfuir, je ne demanderais pas davantage; car si quelques-uns se nourrissent seulement par l'odorat, et qu'on puisse ajouter foi à un tel récit;

Si d'autres peuvent trouver du goût à l'eau ou toucher le feu impunément, quoique ces choses soient entièrement privées de douceur ; pourquoi n'en serait-il pas de même à mon égard de votre divin aspect ?

## SONNET CLIX.

**LA GRACIEUSE DÉMARCHE DE LAURE.**

Restons, Amour, à contempler notre gloire au sein de ces sublimes merveilles que la nature ne peut produire : regarde bien tout ce qu'en elle il pleut de douceur ; regarde cette lumière que le ciel montre à la terre.

Vois comme l'art a paré d'or, de perles et de pourpre, cette forme élue et qu'ailleurs on ne vit jamais, qui doucement dirige ses pieds et ses yeux par l'ombreuse enceinte de ces belles collines.

L'herbe verte et les fleurs de mille couleurs éparses sous cette yeuse antique et noire supplient le beau pied pour qu'il les foule ou les touche ;

Et le ciel s'embrase à l'entour de charmantes et vives étincelles, et semble se réjouir d'être éclairé par des yeux si beaux.

## SONNET CLX.

#### LA DOUCE VOIX DE SA DAME.

Je nourris mon esprit d'un si noble aliment, que je n'envie à Jupiter ni l'ambroisie ni le nectar ; car, seulement en le contemplant, je sens pleuvoir en mon âme l'oubli de toute autre délice, et je bois à fond le Lethé.

Parfois, lorsque j'entends ces paroles que je grave en mon cœur, et qui sans cesse renouvellent mes soupirs, ravi par la main d'Amour, sans savoir où je vais, je goûte à la fois une double douceur ;

Car cette voix jusqu'au ciel élancée résonne en paroles si charmantes et si rares, qu'on ne pourrait se l'imaginer, sans l'avoir entendue ;

Alors, en un espace moindre qu'une palme, apparaît ensemble visiblement tout ce qu'en cette vie peut produire le concours de l'art, de l'esprit, de la nature et du ciel.

## SONNET CLXI.

#### EN RETOURNANT EN PROVENCE.

L'*aure* gentille vient rendre aux coteaux leur beauté, en faisant épanouir les fleurs dans ces bois ombreux, et je l'ai reconnue à ses suaves senteurs ; c'est pour elle qu'il faut que je croisse en souffrance et en renommée.

Pour trouver où reposer mon cœur lassé, j'ai fui loin de la Toscane et de mon doux air natal ; pour éclaircir mes pensers troubles et ténébreux, je cherche mon soleil et j'espère le voir aujourd'hui.

J'éprouve à son aspect un plaisir si délicieux, qu'Amour par force m'y ramène toujours ; il m'aveugle ensuite de telle sorte que la fuite me devient tardive.

Je voudrais, pour m'en sauver, des ailes plutôt que des armes ; mais le ciel me condamne à périr par cette lumière qui de loin me fait mourir de langueur et de près me consume.

## SONNET CLXII.

**LA MORT OU SA DAME PEUVENT SEULS LE GUÉRIR DE SON AMOUR.**

De jour en jour je vois changer mon visage et mes cheveux, et pourtant je ne cesse pas de mordre à l'amorce des doux hameçons, et je ne romps pas les verts et perfides rameaux de l'arbre qui n'a souci ni du Soleil ni des hivers.

La mer sera sans ondes et le ciel sans étoiles, avant que je cesse de redouter et de désirer cet ombrage charmant, et de détester et de chérir à la fois la profonde plaie amoureuse que je sais mal cacher.

Je n'espère pas trouver de repos à mon tourment, avant que j'aie laissé mon enveloppe d'os, de nerfs et de chair, ou bien que mon ennemie m'ait pris en pitié.

Toutes les choses impossibles peuvent arriver avant qu'une autre puissance que celle de la Mort, ou bien la sienne, ne guérisse le coup dont ses beaux yeux, avec l'aide d'Amour, m'ont navré jusqu'au cœur.

## SONNET CLXIII.

**SOUVENIRS AMOUREUX.**

L'*aure* sereine qui, du milieu des verts feuillages, vient en murmurant me frapper au visage, me fait ressouvenir du jour où je reçus d'Amour les premières blessures, si douces et si profondes;

Et de l'aspect du beau visage qu'on me cache à présent, et que me tient voilé le dédain ou la jalousie; et des cheveux maintenant relevés avec des perles et des pierreries, dénoués alors et plus blonds que l'or poli :

Elle les répandait si doucement, et les rassemblait avec des façons si charmantes, qu'en y repensant, je sens encore trembler mon âme.

Le temps les a tordus depuis en nœuds plus solides, et a saisi mon cœur en des rets si puissants, que la Mort seule pourra l'en délivrer.

## SONNET CLXIV.

### LA VOIX, LES CHEVEUX, L'OMBRE ET LES YEUX DE SA DAME.

*L'aure* céleste qui respire en ce vert Laurier où s'abritait Amour pour frapper Apollon au flanc, et qui a soumis mon cœur à un joug si doux qu'il est bien tard maintenant pour recouvrer ma liberté,

A sur moi la puissance qu'eut Méduse sur le grand vieillard Maure, quand elle le transforma en rocher: et je ne puis désormais échapper à ce beau nœud, où non-seulement l'ambre et l'or, mais le Soleil même est vaincu :

Je veux parler des blonds cheveux et du réseau bouclé qui lie et arrête si délicieusement mon âme, que j'arme seulement d'humilité.

Son ombre suffit pour faire de mon cœur un glaçon, et teindre mon visage d'une blanche frayeur; mais les yeux eux-mêmes ont le pouvoir de me changer en marbre.

## SONNET CLXV.

### LES YEUX ET LES CHEVEUX DE SA DAME NE PEUVENT ÊTRE DIGNEMENT CÉLÉBRÉS.

*L'aure* suave, qui déploie et agite au soleil l'or qu'Amour file et ourdit de sa main, arrête mon cœur fatigué dans les liens des beaux yeux et des cheveux eux-mêmes, et éparpille mes esprits légers.

Je n'ai pas de moelle dans les os, ni de sang dans mes fibres, que je ne sente tressaillir, dès que je m'approche de celle qui sans cesse suspend et pèse ensemble ma mort et ma vie dans une frêle balance;

Alors que je vois flamboyer les astres où je m'embrase et scintiller les nœuds où je suis enlacé et qui retombent tantôt sur l'épaule droite et tantôt sur la gauche.

Je ne puis raconter tout cela ; car je ne le comprends pas : l'intelligence est offensée par deux clartés pareilles, et oppressée et brisée par de si grandes délices.

## SONNET CLXVI.

#### LE GANT DÉROBÉ.

O belle main qui me serres le cœur et renfermes ma vie dans un si petit espace, main où la Nature et le Ciel, pour se faire honneur, ont mis tout leur art et tous leurs soins ;

Doigts déliés et suaves, pareils, en vos couleurs, à cinq perles orientales, et qui n'êtes acerbes et cruels que pour me déchirer, Amour, comblant mes vœux, me permet maintenant de vous voir nus enfin.

Blanc, gracieux et précieux gant qui recouvrais cet ivoire sans tache et ces roses délicates, personne au monde vit-il jamais de si douces dépouilles?

Puissé-je ainsi en obtenir encore autant du beau voile! O inconstance des choses humaines! Ceci n'est qu'un larcin, et quelqu'un vient qui va m'en dépouiller.

## SONNET CLXVII.

#### SA DAME RÉUNIT TOUTES LES BEAUTÉS.

Non-seulement cette belle main que je vis nue et qui se revêtit à mon grand détriment, mais l'autre aussi et les deux bras sont habiles et prompts à briser mon cœur timide et sans défense.

Amour tend mille lacs, et aucun inutilement, parmi ces charmes nouveaux et chastes qui embellissent tellement la noble et céleste forme, qu'aucun style, aucun génie humain ne saurait y atteindre :

Ces charmes sont les yeux sereins et brillants et les cils étincelants ; la belle bouche angélique pleine de perles, et de roses, et de douces paroles.

Qui émerveillent jusqu'à les faire trembler ceux qui les entendent ; et le front et les cheveux qui, lorsqu'on les voit en été, à midi, effacent l'éclat du Soleil.

## SONNET CLXVIII.

#### LE GANT RESTITUÉ.

Amour et ma fortune m'avaient favorisé d'une belle broderie d'or et de soie, si bien que je me trouvais presque arrivé au comble de mon bonheur, en pensant en moi-même à qui elle avait servi :

Et jamais ne me revient à l'esprit ce jour qui me fit en un instant riche et pauvre, que je ne me sente pénétré de colère et de douleur, et rempli de honte et d'amoureux dépit ;

Pour n'avoir pas mieux su retenir cette noble proie, quand il le fallait, ni résister à un seul effort d'une angélique créature,

Ou bien, en fuyant, joindre des ailes à mes pieds, afin de me venger du moins sur cette main qui a fait couler tant de pleurs de mes yeux.

## SONNET CLXIX.

#### IL NE PEUT ESPÉRER D'OBTENIR JAMAIS L'AMOUR DE SA DAME.

C'est dans un beau, clair, poli et vivant glaçon qu'est le foyer de la flamme qui me brûle et me dévore, et qui dessèche et épuise mes veines, si bien qu'insensiblement je m'anéantis.

La Mort, le bras déjà levé pour frapper, ce qui est comme les coups de tonnerre du ciel irrité ou comme le rugissement du lion, va poursuivant ma vie qui s'enfuit devant elle; et moi, rempli de frayeur, je tremble et je me tais.

La pitié unie à l'amour pourrait bien encore, pour me secourir, élever une double colonne entre mon âme accablée et l'atteinte mortelle ;

Mais je n'y compte pas, et l'aspect de ma douce dame et ennemie ne m'annonce rien de pareil : et ce n'est pas elle que j'en accuse, mais ma destinée.

## SONNET CLXX.

**C'EST EN VAIN QU'IL A RENDU SA DAME IMMORTELLE.**

Hélas! faut-il que je brûle et qu'on ne m'en croie pas : tout le monde le croit pourtant, hormis celle-là que seule, avant toute autre, je voudrais en persuader; elle ne semble pas le croire, et pourtant elle le voit.

O beauté infinie et de peu de foi, ne voyez-vous pas mon cœur dans mes yeux? Si ce n'était mon étoile, je devrais trouver grâce à la source de pitié.

Cette ardeur qui m'anime et dont vous vous souciez si peu, et vos louanges, en mes rimes épandues, en sauraient peut-être enflammer mille encore;

Car je vois en pensée, ô mon doux feu, une langue glacée et deux beaux yeux fermés nous survivre en projetant partout des étincelles.

## SONNET CLXXI.

**IL ENGAGE SON AME A PRENDRE EXEMPLE SUR SA DAME ET A RETOURNER A DIEU.**

O mon âme, qui vois, entends, et lis, et dis, et écris, et penses tant de choses diverses; ô mes yeux errants; et toi qui, entre les autres sens, guides jusqu'à mon cœur les nobles et saintes paroles;

Pour combien voudriez-vous, ou avant ou après, n'être pas arrivés au chemin que l'on garde si mal, quand on n'y rencontre pas les deux beaux flambeaux allumés, ni l'empreinte des pieds adorés?

Maintenant, avec une si claire lumière et avec de tels signaux, il n'est pas permis d'errer dans ce court voyage qui nous peut rendre dignes du séjour éternel.

Dirige tes efforts vers le ciel, ô mon courage épuisé, en suivant, à travers la neige de ses charmants dédains, les pas vertueux et le divin rayon.

## SONNET CLXXII.

#### IL SE FÉLICITE DE SES TOURMENTS.

O douces colères, doux dédains et douces trêves, doux mal, doux tourment et doux fardeau, paroles douces et doucement entendues, pleines tantôt d'une douce fraîcheur, tantôt de douces flammes !

O mon âme, ne te lamente pas, mais souffre en silence et tempère la douce amertume qui nous a outragés, en pensant à la douce gloire que tu as d'aimer celle à qui j'ai dit : Toi seule me charmes.

Peut-être se trouvera-t-il quelqu'un qui, ému d'une douce envie, dira en soupirant : Celui-ci en son temps a beaucoup souffert pour avoir si bien aimé.

Un autre dira : O Fortune à mes yeux contraire ! pourquoi n'ai-je pu la voir ? pourquoi n'est-elle pas venue plus tard, ou pourquoi ne suis-je pas né plus tôt ?

## CANZONE XIX.

#### IL SE DISCULPE D'AVOIR DIT QUE, SOUS LE NOM DE LAURE, IL CÉLÉBRAIT UNE AUTRE DAME.

Si je l'ai dit jamais, que je devienne un objet de haine pour celle dont l'amour me fait vivre, et me ferait mourir en me manquant. Si je l'ai dit, que mes jours soient rapides et funestes, et mon âme servante sous une abjecte puissance. Si je l'ai dit, que toute étoile s'arme contre moi, que l'épouvante et la jalousie soient mon partage, et que mon ennemie se montre toujours pour moi plus cruelle et plus belle.

Si je l'ai dit, qu'Amour épuise sur moi toutes ses flèches dorées, et sur elle ses flèches garnies de plomb. Si je l'ai dit, que le ciel, et la terre, et les hommes, et les dieux, me soient contraires, et celle-ci toujours plus perfide : si je l'ai dit, que celle qui, avec son aveugle flambeau, me conduit droit à la mort reste comme elle a coutume d'être, et ne me témoigne plus jamais aucune mansuétude ni compassion dans ses manières ou ses paroles.

Si je l'ai jamais dit, que je trouve cette âpre et courte voie pleine de ce que je redouterais le plus; que la cruelle ardeur qui m'égare s'accroisse en moi, autant qu'en *elle* sa glace inhumaine. Si je l'ai dit, que mes yeux ne voient jamais la clarté du Soleil ou celle de sa sœur, ne voient ni dame ni demoiselle, mais toujours une effroyable tempête comme celle qui assaillit Pharaon quand il poursuivait les Hébreux.

Si je l'ai dit, qu'exhalant autant de soupirs que jamais je l'ai fait, je trouve mortes pour moi la pitié et la courtoisie. Si je l'ai dit, que s'endurcissent les paroles qui résonnaient si doucement alors que, vaincu, je me rendis. Si je l'ai dit, puissé-je déplaire à celle que j'entreprendrais d'adorer, seul, enfermé dans un cachot ténébreux, depuis le jour où je quittai la mamelle jusqu'à ce que mon âme soit enlevée à mon corps : peut-être le ferais-je.

Mais si je ne l'ai pas dit, que celle qui ouvrait si doucement mon cœur à l'espérance en la saison nouvelle dirige encore cette barque fatiguée avec le gouvernail de sa pitié naturelle ; et qu'elle ne devienne pas autre, mais qu'elle reste telle qu'elle avait coutume d'être, puisque je n'ai pu obtenir davantage ; car j'ai perdu mon âme et tout mon être, et je ne devrais pas perdre davantage. Mal fait qui si promptement oublie une si grande foi.

Je ne l'ai jamais dit ni ne pourrais le dire, pour or, domaines ni châteaux : que la vérité triomphe donc, et, se maintenant en selle, chasse le mensonge renversé à terre. Tu sais tout ce qui est en moi, Amour : si elle nous épie, dis-en ce que tu dois dire : pour moi, je dirais heureux trois fois, et quatre fois, et six, celui qui, destiné à languir ainsi, périrait auparavant.

J'ai servi pour Rachel, non pour Lia : et je ne pourrais vivre avec une autre, et je ne voudrais pas, quand le ciel nous rappelle, m'en aller avec elle sur le char d'Élie.

## CANZONE XX.

**IL SE PLAINT DE CE QUE SA DAME RECOMMENCE A LE DÉDAIGNER.**

Je croyais bien passer mon temps désormais comme j'avais passé ces dernières années, sans autre étude et sans nouveaux soins : maintenant, puisque je n'obtiens plus de Madame l'aide qu'elle avait coutume de m'accorder, tu vois, Amour, à quoi tu m'as conduit, toi qui m'enseignes l'art où je me confie : je devrais me courroucer de ce qu'à l'âge où je suis tu m'obliges à dérober, comme un voleur, la belle lumière charmante sans laquelle je mourrais au milieu de si grands tourments : si je l'eusse su, j'aurais, dès les premières années, adopté le style que je suis contraint de prendre aujourd'hui ; car il est moins honteux de faillir quand on est jeune.

Les yeux suaves dont j'ai coutume de recevoir ma vie ont été pour moi dans l'origine si prodigues de leurs hautes et divines beautés, que j'ai vécu comme un homme soutenu, non par ses propres richesses, mais par un secours extérieur dont la source lui est cachée ; car je n'ai offensé alors ni ces beaux yeux ni personne. Maintenant, bien que ce rôle me pèse à moi-même, je deviens fâcheux et importun : car le pauvre, étant à jeun, se permet parfois des actes que, dans une meilleure situation, il eût blâmés en autrui. Ainsi, quand l'envie m'a fermé les mains de la pitié, la faim amoureuse et l'impuissance où je suis de la satisfaire doivent m'absoudre, si j'agis mal.

En effet, j'ai cherché déjà plus de mille voies, pour éprouver sans leur secours si quelque chose au monde me pouvait conserver en vie un seul jour : mon âme, qui ne trouve point de repos ailleurs, court sans cesse aux angéliques étincelles ; et moi, qui suis de cire, je reviens me livrer au feu ; et j'applique mon esprit à découvrir le côté où ce que je désire est le moins défendu ; et comme l'oiseau sur la branche est plus tôt pris là où il se défie moins, ainsi je ravis à son beau visage, tantôt un regard et tantôt un autre ; et de cela réuni je me nourris et j'alimente mon feu.

Je me nourris de ma mort et je vis dans les flammes, étrange aliment et merveilleuse salamandre ; mais il n'y a pas là de miracle : il faut qu'il en soit ainsi. Heureux agneau dans la bergerie douloureuse, je suis resté en repos pendant un temps ; voici qu'à la fin Amour, ainsi que la Fortune, me font subir les traitements ordinaires. Ainsi le printemps a des roses et des violettes, et l'hiver de la neige et de la glace. Si donc je me procure de çà et de là des aliments pour soutenir mon existence fugitive, il faut entendre que c'est en les dérobant ; une dame si riche ne doit pas être mécontente que l'on se nourrisse de ce qui lui appartient, quand elle ne s'en aperçoit pas.

Qui ne sait de quoi je vis et j'ai toujours vécu, depuis le jour où j'ai vu pour la première fois ces beaux yeux qui m'ont fait changer d'existence et d'habitudes ? On a beau parcourir la terre et la mer par tous les rivages, qui peut connaître toute la diversité de la nature humaine ? En voilà un là-bas sur le grand fleuve qui se nourrit de senteurs : c'est de feu et de lumière qu'ici je rassasie mes esprits débiles et affamés. Amour (et je veux t'en faire le reproche), il n'est pas convenable à un seigneur de se montrer si avare. Tu as les flèches et l'arc : ne te contente donc pas de souhaiter que je meure ; donne-moi la mort de ta main ; car un beau trépas glorifie toute la vie.

Une flamme contenue est plus ardente, et si elle s'accroît encore, il n'y a plus de moyen de la cacher davantage : Amour, je le sais pour l'avoir éprouvé entre tes mains. Tu as bien vu quand je me consumais dans un si rigoureux silence : maintenant mes cris me sont à moi-même insupportables ; car je suis à charge à ceux qui sont proches et à ceux qui sont éloignés. O monde, ô pensers également vains! Oh! vers quel abîme m'a conduit ma puissante destinée! Oh! quelle charmante lumière a fait naître en mon cœur l'espérance obstinée dont le lie et l'opprime celle qui, forte de ton aide, m'entraîne à ma fin. La faute en est à vous deux, et c'est moi qui supporte la perte et la souffrance.

Ainsi de bien aimer je subis le tourment, et je demande pardon du péché d'autrui, ou plutôt du mien; car je devais détourner mes yeux d'une lumière excessive, et défendre mes oreilles du chant de la Sirène; et encore je ne me repens pas d'avoir laissé envahir mon cœur par ce doux poison. J'attends seulement que le dernier coup me soit décoché par la main qui m'a donné le premier : et ce sera, si mon jugement est droit, une sorte de pitié de me tuer promptement, celui dont j'ai parlé n'étant pas disposé à me traiter autrement qu'il n'avait accoutumé : le trépas est toujours bon, lorsqu'il nous arrache à la souffrance.

Ma chanson, je resterai ferme sur le champ; car c'est un déshonneur de périr en fuyant, et moi-même je me reprends de toutes ces plaintes; si douce est ma destinée, si doux mes pleurs, mes soupirs et ma mort. Serviteur d'Amour qui lis ces rimes, il n'est pas d'homme au monde dont les maux égalent les miens.

## SONNET CLXXIII.

#### EN NAVIGUANT SUR LE RHÔNE.

Rapide fleuve qui d'une alpestre veine, en rongeant tes rivages, d'où t'est venu ton nom, nuit et jour descends avec moi, vers le but souhaité où nous sommes guidés, moi par Amour, toi par la seule nature ;

Va-t'en devant, puisque ta course n'est refrénée ni par la fatigue ni par le sommeil ; et avant de rendre à la mer ce qui lui est dû, arrête-toi où elle se montre, et attends l'herbe plus verte et l'air plus serein :

Là est notre vivant, notre doux soleil qui embellit et fleurit ta rive gauche : peut-être (oh ! que vais-je espérer ?) mon retard l'attristera-t-il.

Baise-lui le pied ou sa belle main blanche, et dis-lui : Que ce baiser supplée aux paroles : l'esprit est prompt, mais la chair est faible.

## SONNET CLXXIV.

#### EN RETOURNANT EN ITALIE.

Je marche vers ces douces collines où je me suis laissé moi-même, quand j'ai quitté ces lieux que je ne puis jamais quitter ; et je sens à toute heure sur mon dos le fardeau précieux qu'Amour m'a confié.

Souvent je m'émerveille avec moi de moi-même ; car je vais toujours, et pourtant je n'ai pas encore échappé à ce beau joug que j'ai plusieurs fois et inutilement secoué ; mais, plus je m'en éloigne, et plus je m'en trouve rapproché.

Et tel qu'un cerf, frappé d'une flèche, s'enfuit emportant dans son flanc le fer envenimé, et souffre d'autant plus qu'il s'agite davantage,

Tel j'emporte au côté gauche ce trait qui me consume et me charme pourtant ; et la douleur me fait périr et la fuite m'accable.

## SONNET CLXXV.

### IL SE LAMENTE DE LA CRUAUTÉ DE SA DAME.

Jamais de l'Èbre espagnol jusqu'à l'indien Hydaspe, ni depuis le rivage vermeil jusqu'aux ondes Caspiennes, quand on parcourrait toutes les dunes de la mer, on ne pourrait, sur la terre, non plus qu'au ciel, trouver plus d'un Phénix.

Quel corbeau vint à droite ou quelle corneille à gauche chanter ma destinée ? ou quelle Parque l'a dévidée, que seul je trouve la pitié sourde comme un aspic, quand dans mon malheur j'espérais qu'elle me donnerait la félicité ?

Et je ne veux pas parler d'*elle* ; mais celui qui l'accompagne remplit mon cœur de douceur et d'amour, tant il en a lui-même et tant il en apporte aux autres :

Et, pour rendre les douceurs dont je jouis amères et funestes, il ne veut pas s'apercevoir, ou ne se soucie pas, ou ne voit pas réellement que mes tempes blanchissent avant le temps.

## SONNET CLXXVI.

### IL RACONTE COMMENT ET QUAND IL DEVINT AMOUREUX.

Le désir m'éperonne; Amour me guide et m'escorte; le plaisir m'attire ; l'habitude m'entraîne ; l'espérance me leurre et me soutient, tendant la main droite à mon cœur déjà lassé :

L'infortuné la prend et ne s'aperçoit pas que notre escorte est aveugle et déloyale ; les sens règnent et la raison est morte ; chaque désir qui me charme en engendre un autre.

La vertu, l'honneur, la beauté, les nobles façons, les douces paroles m'ont amené aux beaux rameaux où le cœur est pris dans un piége délicieux.

Ce fut en mille trois cent vingt-sept, sur la première heure, le sixième jour d'Avril, que j'entrai dans le labyrinthe, et je ne vois pas par où je pourrais en sortir.

## SONNET CLXXVII.

#### APRÈS LE VINGTIÈME ANNIVERSAIRE DE SON AMOUR.

Heureux en songe, je suis content de languir, d'embrasser les ombres, et de poursuivre les brises de l'été, et l'Autan sur une mer qui n'a ni fond ni rivage ; ainsi je laboure les ondes, je bâtis sur le sable et j'écris sur le vent.

Et je me plais à contempler un Soleil, si bien que sa splendeur a déjà éteint en moi la puissance de voir ; et je pourchasse une biche errante et fugitive avec un bœuf boiteux, débile et lent.

Aveugle et impuissant pour toute chose, si ce n'est pour ma perte que nuit et jour je cherche en mon agitation, je n'invoque qu'Amour et Madame et la Mort.

Ainsi, depuis vingt ans (pénible et long tourment!), je ne trafique que de larmes, de soupirs et de douleurs : voilà sous quelle étoile j'ai pris et l'amorce et l'hameçon.

## SONNET CLXXVIII.

#### LES CHARMES DE SA DAME SONT SUPÉRIEURS A TOUT.

Des dons que le ciel ne prodigue qu'à peu de monde, une rare vertu qui n'est plus dans la nature humaine, un esprit du vieil âge sous une blonde chevelure, et dans une modeste dame une haute et divine beauté ;

Une grâce singulière et toute nouvelle, et le chant qu'on sent jusque dans l'âme ; la céleste démarche, et le souffle charmant et ardent qui amollit toute dureté et abaisse tout orgueil.

Et ces beaux yeux qui changent les cœurs en rocher, et qui peuvent éclairer l'abîme et les ténèbres, et enlever l'âme aux corps pour la donner à d'autres.

Tels sont, avec les paroles remplies de sens doux et élevés, avec les soupirs délicieusement interrompus, les magiciens qui m'ont métamorphosé.

## SEXTINE VI.

Trois jours auparavant, une âme avait été créée de façon que tous ses soins devaient tendre vers des choses altières et nouvelles, sans estime pour ce que le grand nombre apprécie : encore incertaine de sa course fatale, seule en ses pensées, ingénue et libre de liens, elle entra au printemps dans un charmant bocage.

Une fleur délicate était née dans ce bocage le jour précédent, et la racine était enfoncée, de sorte que nulle âme libre de liens n'y pouvait atteindre ; car il y avait là des lacets de formes si nouvelles, et un tel plaisir entraînait à cette course, qu'on était heureux d'y perdre sa liberté.

Précieuse, douce, haute et pénible récompense, comme tu m'as promptement guidé à ce vert bocage où j'avais coutume de me détourner au milieu de ma course. Et j'ai cherché ensuite, en parcourant le monde partie par partie, si les vers ou les pierres, ou le suc d'herbes nouvelles me rendraient un jour l'âme libre de liens.

Mais, hélas ! je vois à présent que mon corps sera délivré de ce nœud qui fait son plus grand prix, avant que les remèdes antiques ou nouveaux aient guéri les plaies que j'ai reçues dans ce bocage rempli d'épines, où j'ai été traité de telle façon, que j'en suis sorti boiteux, après y être entré d'une si grande course.

J'ai à fournir une rude course pleine de lacs et de pointes, où un pied léger et sans liens, sain enfin de toutes façons, aurait besoin d'aide. Mais toi, Seigneur, à qui revient le prix de la miséricorde, tends-moi la main droite pour traverser ce bocage : que ton soleil triomphe de mes ténèbres nouvelles.

Considère mon état et ces désirs nouveaux qui, interrompant le cours de ma vie, m'ont donné pour habitation un obscur bocage : rends-moi, si cela se peut, mon errante compagne, libre et sans liens, et ce sera un honneur si je la retrouve avec toi en meilleure situation.

Or, voici en partie mes nouvelles questions : à savoir si quelque récompense existe pour moi, ou si le cours en est terminé, et si mon âme est dégagée ou retenue en ce bocage.

## SONNET CLXXIX.
#### TOUS LES DONS DE L'AME ET DU CORPS RÉUNIS DANS SA DAME.

Une vie simple et modeste avec un noble sang, et un cœur pur avec une haute intelligence ; les fruits de l'âge unis aux fleurs de la jeunesse, et la gaieté de l'âme sous un aspect pensif,

Voilà ce qu'a rassemblé en cette dame son étoile ou plutôt le roi des astres, en y joignant le véritable honneur, les éloges mérités, et la haute réputation, et ce mérite qui pourrait accabler le plus divin poëte.

Amour chez elle s'est rencontré avec l'honnêteté, comme les ornements extérieurs avec la beauté naturelle, et les actions parlantes avec le silence ;

Et ce je ne sais quoi qui brille en ses yeux, et qui peut en un instant éclaircir la nuit et obscurcir le jour, et rendre le miel amer et adoucir l'absinthe.

## SONNET CLXXX.

#### PLAINTE AMOUREUSE.

Je pleure toute la journée, et puis, pendant la nuit, quand se reposent les malheureux mortels, je me reprends à pleurer; et mes maux redoublent encore : ainsi je dépense mon existence en pleurs.

Je vais consumant mes yeux en tristes flots, et mon cœur en douleur; et je suis si bien le dernier entre les animaux, que les traits amoureux m'ont à jamais refusé la paix.

Hélas! et rien que d'un soleil à l'autre et d'une ombre à l'autre, j'ai déjà parcouru pour la plus grande partie cette mort qu'on appelle ma vie.

Je souffre de l'abandon d'autrui plus que de mon mal; car la vivante pitié et mon fidèle secours me voient brûler au milieu du feu, sans venir à mon aide.

## SONNET CLXXXI.

#### IL NE CHERCHE POINT DANS SES CHANTS A FAIRE HAIR SA DAME.

Déjà mes désirs m'ont inspiré, pour me faire entendre, des plaintes si vraies et des chants si brûlants, que la pitié a fait sentir sa flamme au cœur endurci qui reste gelé au milieu de l'été;

Et la funeste nue, qui le refroidit et le voile, s'est rompue au souffle de mes ardentes paroles; ou bien cette autre qui me cache les beaux yeux, source de mon supplice, s'est fait prendre en haine à son tour.

Je ne demande point de haine pour *elle*, mais de la pitié pour moi; car cela n'est pas en ma volonté, et ceci n'est pas en mon pouvoir : ainsi l'ordonnent et mon étoile et ma cruelle destinée.

Mais je chante sa divine beauté, afin que le monde sache, quand je serai débarrassé de cette chair, combien est douce une mort telle que la mienne.

## SONNET CLXXXII.
#### SA DAME EST ENTRE TOUTES UN SOLEIL.

Si gracieuses et si belles que soient toutes les dames entre lesquelles apparaisse celle-ci qui n'a pas au monde de pareilles, son beau visage ne manque jamais de produire sur les autres l'effet du jour sur les étoiles subalternes.

Il me semble qu'Amour me souffle ces mots à l'oreille : Tant que celle-ci se montrera sur la terre, l'existence sera belle, et ensuite nous la verrons s'assombrir; et toutes les vertus périront, et mon empire avec elles.

Comme si la nature enlevait au ciel la Lune et le Soleil, les vents à l'atmosphère, l'herbe et les feuillages à la terre, à l'homme l'intelligence et la parole,

Et à la mer les poissons et les ondes; ainsi et davantage nous verrons s'obscurcir et se dépeupler l'univers, si la Mort vient fermer et éteindre ses yeux.

## SONNET CLXXXIII.
#### L'AURORE, LE SOLEIL ET SA DAME.

Les chants nouveaux et les plaintes des oiseaux viennent, au lever du jour, rendre la vie aux vallées, et l'on entend le murmure des liquides cristaux qui descendent au long des rivages éclairés de fraîcheur et de gaieté.

Celle dont le visage est de neige et la chevelure d'or, et dont l'amour n'admit jamais d'artifices ni de tromperies, me fait lever au bruit des danses amoureuses, cependant qu'elle peigne les blancs cheveux de son vieil époux.

Ainsi je m'éveille pour saluer l'Aurore, et le Soleil qui l'accompagne, et surtout ce autre soleil qui m'éblouit dans ma jeunesse, éblouissement qui dure encore.

Je les ai vus un certain jour se lever ensemble tous les deux; et en même temps, et dans l'espace d'une heure, celui-là fit disparaître les étoiles, et s'effaça à son tour devant celui-ci.

## SONNET CLXXXIV.
### LOUANGES DE SA DAME.

De quel lieu et de quel filon Amour a-t-il extrait l'or dont il a formé les deux tresses blondes ? Et parmi quelles épines et sur quelle plaine a-t-il recueilli ces roses, cette neige délicate et fraîche, à qui il a donné et le pouls et l'haleine ?

Où trouva-t-il les perles dont il a fait la barrière et le frein des douces, honnêtes et ravissantes paroles ? ou les beautés sans nombre et si divines de ce front plus serein que les cieux ?

De quels anges et de quelle sphère sont venus ces chants célestes qui me consument de telle sorte, que désormais il me reste peu à consumer ?

Quel soleil a engendré les rayons sublimes et surhumains des beaux yeux arbitres de mes luttes et de mon repos, qui me cuisent le cœur dans la glace et dans le feu ?

## SONNET CLXXXV.
### IL NE PEUT SE PASSER DE LA VUE DE SA DAME, QUOIQUE SA MORT EN SOIT AVANCÉE.

Quel arrêt de ma destinée, quelle violence ou quel artifice m'a ramené sans armes vers le champ où je suis toujours vaincu ? Si je puis me sauver, faudra-t-il que je m'en émerveille; et si je meurs, que je regarde cela comme une perte ?

Ce n'est plus une perte, mais un avantage : si doux se maintiennent dans mon cœur les scintillements et le luisant éclair dont il est ébloui et dissous, et dont je suis consumé moi-même; et voici déjà la vingtième année que je brûle.

Je sens les avant-coureurs de la mort sitôt que je vois les beaux yeux apparaître et flamboyer au loin : puis, s'il arrive qu'en approchant elle les dirige vers moi,

Amour alors m'oint et me point d'une telle douceur, que je suis incapable de retrouver cela dans ma pensée, pas plus qu'en paroles : car ni l'esprit ni la langue ne vent atteindre à la réalité.

## SONNET CLXXXVI.
### AUX COMPAGNES DE SA DAME ABSENTE.

—Vous qui, joyeuses et pensives, solitaires et réunies, allez par le chemin en vous entretenant, dames, dites-moi où est celle qui est ma vie et ma mort. Pourquoi ne la vois-je pas avec vous, suivant son habitude?

—Nous sommes joyeuses du souvenir de ce soleil; nous sommes en deuil de sa douce compagnie, que nous ravit l'envie et la jalousie qui souffre du bien d'autrui, comme d'un mal qui l'afflige réellement.

Qui peut imposer un frein aux amants, ou leur donner des lois? Nul n'a d'empire sur leur âme; leur corps est soumis à la colère et à la cruauté : elle l'éprouve à cette heure, comme nous l'éprouvons parfois.

Mais toujours on lit sur le front ce qui se passe dans le cœur; ainsi nous avons vu la sublime beauté obscurcie, et ses yeux tout voilés de rosée.

## SONNET CLXXXVII.
### IL PASSE SES NUITS DANS LES LARMES.

Quand le Soleil baigne dans la mer son char doré, et livre aux ténèbres notre atmosphère ainsi que mon esprit, je me prépare, avec le ciel, les étoiles et la lune, à passer une nuit cruelle et pleine d'angoisses.

Ensuite, hélas! je raconte sans être écouté tous mes tourments un à un; et le monde et mon aveugle destinée, Amour, Madame et moi-même, voilà à qui j'adresse ma plainte.

Le sommeil est loin de moi, et il n'est pas question de repos; mais les soupirs et les gémissements n'ont pas de cesse jusqu'à l'aube, non plus que les larmes que mon âme envoie à mes yeux.

Vient ensuite l'Aurore qui blanchit l'air obscur, et me laisse tel que j'étais; mais le soleil qui brûle mon cœur et qui le réjouit, celui-là seul peut adoucir ma douleur.

## SONNET CLXXXVIII.
##### SON AMOUR EST SI PARFAIT QUE CE SERA UN BLAME POUR SA DAME DE N'EN AVOIR PAS ÉTÉ TOUCHÉE.

Si une amoureuse confiance, un cœur sans détours, une humble langueur, de généreux désirs, si de vertueux souhaits allumés dans un noble feu, et tant de pas perdus dans un aveugle labyrinthe;

Si des pensées révélées sans omission sur le front, ou bien en des paroles entrecoupées que l'on entend à peine, refoulées qu'elles sont tantôt par la peur, tantôt par la honte; si une pâleur où la violette unit sa nuance à celle de l'amour;

Si préférer à son propre bien celui d'une autre personne; si pleurer et soupirer sans cesse, en ne se nourrissant que de douleur, de colère et de souffrance;

Si brûler de loin et geler de près, ce sont là les motifs qui me font m'éteindre en aimant, Madame, le mal en sera pour moi sans doute, mais le péché pour vous.

## SONNET CLXXXIX.
##### LA BARQUE ET LE CHAR DE LAURE ET DE SES COMPAGNES.

J'ai vu douze dames chastement enlacées, ou plutôt douze étoiles avec un soleil au milieu, je les ai vues voguant, allègres et solitaires, sur une frêle barque, telle que je ne sais pas si jamais une autre semblable a sillonné les ondes :

Je ne crois pas qu'on pût lui comparer, ni celle qui porta Jason vers la toison dont aujourd'hui tout homme veut se revêtir, ni celle du pasteur dont Troie se plaint encore, et qui toutes deux ont produit dans le monde une telle rumeur.

Je les ai vues ensuite sur un char triomphal, et ma Laure, avec ses saintes et modestes manières, était assise au milieu d'elles, chantant de sa voix si douce;

Ce n'étaient là ni des choses de ce monde, ni un spectacle fait pour des yeux mortels. Heureux Automédon, heureux Typhis, qui servîtes de guides à une si charmante troupe.

## SONNET CXC.

**IL DÉPLORE SON SORT QUI LE CONDAMNE A VIVRE LOIN DE CE QU'IL AIME.**

Jamais il ne fut de passereau sous aucun toit, ni de bête en aucune forêt, aussi solitaire que moi, privé que je suis de l'aspect du beau visage, seul soleil que je connaisse, seul objet où mes regards aspirent.

Des larmes que rien n'arrête sont mon plaisir suprême : le rire m'attriste; les aliments sont pour moi de l'absinthe et du poison; la nuit m'est un supplice; le ciel en sa splendeur n'a pour moi que ténèbres, et mon lit m'est un cruel champ de bataille.

Le Sommeil est véritablement, comme le disent les hommes, le frère de la Mort; et il soustrait le cœur aux douces pensées qui le conservent en vie.

O bienheureux, admirable pays, unique en ce monde, verts rivages, plaines ombreuses et fleuries, vous possédez mon bien, tandis que je le pleure.

## SONNET CXCI.

**IL ENVIE LA BRISE ET LES FLOTS DU PAYS HABITÉ PAR SA DAME.**

Brise qui enveloppes et agites ces cheveux aux blonds anneaux, et qui en es délicatement agitée; qui éparpilles cet or si doux, pour le rassembler ensuite et le courber de nouveau en nœuds charmants;

Tu te tiens dans les yeux dont les amoureux aiguillons me piquent de telle sorte que j'en souffre et j'en pleure sans cesse; et moi, tout chancelant, je cherche mon trésor, et je suis comme un animal qui s'effarouche et trébuche continuellement.

Car tantôt il me semble l'avoir retrouvé, et tantôt je découvre que j'en suis bien éloigné; tantôt je m'élève, et tantôt je retombe; ainsi tantôt je vois ce que je désire, et tantôt ce qui est la réalité.

Air bienheureux, demeure toujours avec l'astre vivant qui te charme : et toi, rapide et clair ruisseau, pourquoi ma vie ne peut-elle changer de cours avec toi?

## SONNET CXCII.

#### ALLÉGORIE SUR SON AMOUR ET SUR LA GLOIRE QUI EN EST RÉSULTÉE POUR SA DAME ET POUR LUI.

Amour, avec sa main droite, m'ayant ouvert le flanc gauche, m'y planta au milieu du cœur un vert Laurier dont la vive couleur eût vaincu et effacé la plus brillante émeraude.

Le soc de ma plume, avec les soupirs exhalés de mes flancs et la douce humidité qui ruisselait de mes yeux, l'embellirent si bien que l'odeur en monta jusqu'au ciel, telle que je ne sais si l'odeur d'aucun autre feuillage pourrait jamais lui être comparée.

La renommée, l'honneur, la vertu, la gracieuseté, la beauté chaste en un céleste maintien, sont les racines de la noble plante.

Telle je la retrouve en mon sein, en quelque lieu que j'aille; c'est un fardeau dont je me félicite, et je l'adore avec de pieuses prières, et me prosterne devant elle comme devant une chose sainte.

## SONNET CXCIII.

#### LES CHANTS ET LES PLEURS.

J'ai chanté; maintenant je pleure, et je n'ai pas retiré moins de satisfaction de mes pleurs que de mes chants; car mes sens, épris seulement de ce qui est élevé, ne font attention qu'à la cause, et comptent l'effet pour rien.

Ainsi je supporte également la bienveillance et la dureté, et les traitements cruels, ou favorables, ou courtois; et nul fardeau ne me pèse; nulle colère ne peut briser mon armure sous ses coups.

Qu'Amour, Madame, le monde et ma fortune agissent donc envers moi comme ils ont coutume d'agir; car je ne pense pas que je puisse jamais être malheureux.

Que je brûle, que je meure ou languisse, il ne peut y avoir sous la Lune d'état plus agréable que le mien; si douce est la racine de mon amertume.

## SONNET CXCIV.

#### L'ALLÉGRESSE REVENUE.

J'ai pleuré; maintenant je chante; car ce vivant soleil ne dérobe plus à mes yeux la céleste lumière où le chaste Amour révèle clairement son doux pouvoir et sa sainte coutume.

C'est de là que toujours, pour accourcir la trame de ma vie, il fait naître un tel fleuve de larmes que non-seulement ni pont, ni gué, ni rames, ni voiles, mais encore ni ailes, ni plumes, ne peuvent me sauver.

Mes pleurs coulaient d'une veine si abondante, et formaient un torrent si profond, et le rivage était si loin, qu'à peine y pouvais-je atteindre avec la pensée.

Ce n'est pas un laurier ou une palme, mais un pacifique rameau d'olivier que la pitié m'envoie : elle ramène la sérénité sous les cieux ; elle essuie mes pleurs et veut que je continue à vivre.

## SONNET CXCV.

#### SUR UNE MALADIE DE SA DAME.

Je vivais satisfait de mon sort, sans larmes et sans aucune envie, car, si un autre amant jouit d'une fortune plus propice, mille plaisirs ne compensent pas un tourment.

Voici que ces beaux yeux qui jamais ne m'ont fait repentir de mes souffrances dont je ne veux pas retrancher une seule, se sont recouverts d'une brume si épaisse et si noire, que le soleil de ma vie en est presque éteint.

O Nature, mère à la fois compatissante et barbare, comment as-tu le pouvoir, avec des volontés si contraires, de créer et de détruire de si charmantes choses?

On accepte toute puissance d'une source vivifiante: mais comment peux-tu souffrir, toi ou le Père suprême, qu'une force étrangère nous dépouille de tes dons précieux?

## SONNET CXCVI.
### CONTRE LA COLÈRE.

Alexandre, vainqueur du monde, fut vaincu par la colère qui le rendit en partie inférieur à Philippe; que lui sert-il que Praxitèle et Lysippe aient seuls été admis à tailler sa statue, et Apelles à le peindre?

La colère poussa Tydée à un tel excès de rage, qu'en mourant il déchira Ménalippe avec ses dents. La colère avait rendu Sylla, non-seulement louche, mais entièrement aveugle, et à la fin, elle le fit périr.

Valentinien le sait, lui que la colère conduisit à un pareil châtiment, et celui-là qui en mourut le sait aussi, Ajax, terrible à bien du monde et enfin à lui-même.

La colère est une courte fureur, et, pour celui qui ne la refrène pas, elle est une longue fureur qui entraîne celui qu'elle possède à la honte toujours, et parfois à la mort.

## SONNET CXCVII.
### SUR LA GUÉRISON DE SA DAME ET SUR LE MAL QUI LUI ÉTAIT SURVENU EN MÊME TEMPS A LUI-MÊME.

Quelle fortune ce me fut, quand, regardant un des deux plus beaux yeux que jamais il y eut, et le voyant troublé et obscurci, il s'en échappa une influence qui rendit le mien infirme et ténébreux?

Étant retourné pour rompre le jeûne qui affligeait mes regards, et pour revoir celle qui est mon seul souci en ce monde, le ciel alors me fut, ainsi qu'Amour, plus favorable que jamais, quand je rassemblerais toutes les grâces que j'ai reçues auparavant.

Car c'est de l'œil droit ou plutôt du soleil droit de Madame, qu'est venu à mon œil droit le mal qui me réjouit, au lieu de m'affliger.

Il a fait le trajet comme si, avec des ailes, il eût eu l'intelligence; et, semblable à une étoile qui vole dans le ciel, la nature et la pitié ont dirigé son essor.

## SONNET CXCVIII.

**TRISTESSE.**

O petite chambre, qui déjà t'es offerte à moi comme un port dans les tempêtes dont la vie m'accable, tu es maintenant la fontaine où coulent pendant la nuit mes larmes que, le jour, la honte me fait dissimuler.

O petit lit, qui étais mon repos et mon secours en de si grands tourments, de quelles urnes douloureuses Amour fit-il naître les flots dont l'arrosent, grâce à lui, les mains d'ivoire si injustement cruelles envers moi seul?

Et ce n'est pas seulement la solitude et le calme qui m'effraient autour de moi; ce que je fuis surtout, c'est moi-même, c'est ma pensée qui parfois m'entraîne et me fait tournoyer à sa suite.

Et (qui l'eût jamais pensé?) je cherche un asile parmi ce vulgaire qui m'est ennemi autant qu'odieux, tant j'ai frayeur de me retrouver seul.

## SONNET CXCIX.

**SON AMOUR L'ENTRAINE MALGRÉ LUI VERS SA DAME.**

Hélas! Amour m'entraîne où je ne veux pas aller; et je vois bien que je sors de ce qui est convenable; ainsi je deviens, pour celle qui siége en souveraine dans mon cœur, bien plus importun que je n'avais coutume d'être.

Et jamais un sage nocher ne garantit des écueils un navire chargé de précieuses marchandises, avec autant de soin que j'en mets à éviter à ma barque fragile le choc de cet implacable orgueil.

Mais la pluie larmoyante et les vents cruels que forment les soupirs sans fin l'ont maintenant emportée, et la nuit et l'hiver se sont emparés de l'horrible mer où je vogue.

Et elle porte des ennuis pour autrui, et pour elle-même des douleurs et des tourments, et rien autre chose; car elle est déjà vaincue par les ondes, et désarmée de ses voiles et de son gouvernail.

## SONNET CC.

**IL S'EXCUSE D'AVOIR CHERCHÉ A VOIR SA DAME MALGRÉ SES DÉFENSES.**

Amour, je suis en faute, et je vois mon erreur ; mais j'agis comme un homme qui brûle et qui a le feu dans son sein : car la chaleur s'accroît sans cesse, et la raison qui s'en va est déjà comme vaincue par un pareil martyre.

Je m'étais accoutumé à refréner mes brûlants désirs, pour ne pas troubler la sérénité du beau visage : je n'ai plus ce pouvoir ; tu m'as ôté le frein de la main, et le désespoir a rendu mon âme téméraire.

Si donc elle s'aventure au delà de ses habitudes, c'est toi qui en es cause ; car tu l'enflammes et l'éperonnes de façon que, pour se sauver, elle affronte les routes les plus périlleuses.

La cause en est surtout dans les rares et célestes dons que porte en soi Madame ; fais donc au moins qu'elle s'en aperçoive et qu'elle se pardonne à elle-même les fautes que je commets.

## SEXTINE VII.

**IL DÉSESPÈRE DE S'AFFRANCHIR JAMAIS DE SES MISÈRES.**

La mer n'a pas autant d'animaux parmi ses ondes, ni jamais là-haut au-dessus du cercle de la Lune aucune nuit n'a vu autant d'étoiles, ni dans les bois ne s'abritent autant d'oiseaux, ni jamais autant d'herbes n'ont rempli ni champ ni colline, que mon cœur n'a de pensers chaque soir.

De jour en jour j'espère incessamment atteindre le dernier soir qui doit en moi détourner les ondes loin du sol de la vie, et me laisser dormir au flanc de quelque colline ; car jamais sous la Lune un homme ne souffrit de tourments aussi grands que les miens ; j'en prends à témoin les bois que seul je vais parcourant jour et nuit.

Je n'ai jamais eu de paisible nuit ; mais je suis allé soupirant matin et soir, depuis qu'Amour a fait de moi un habitant des bois. Certes, avant que je repose, la mer sera sans ondes, et le Soleil recevra sa lumière de la Lune, et les fleurs d'Avril mourront sur chaque colline.

Le jour, je vais de colline en colline, consumé par mes pensées, et je pleure pendant la nuit; et je n'ai jamais d'arrêt, sinon autant qu'en a la Lune. Aussitôt que je vois l'obscurité ramenée par le soir, il sort de ma poitrine des soupirs, et de mes yeux des ondes, dont les herbes pourraient être arrosées et les bois ébranlés.

Les villes sont des ennemies et les bois des amis pour mes pensers, que, sur cette haute colline, je m'en vais apaisant au murmure des ondes, au milieu du doux silence de la nuit; si bien, que tout le jour j'attends le soir, afin que le Soleil parte et fasse place à la Lune.

Oh! qu'avec l'amant de la Lune, je fusse endormi en quelques bois verdoyants, et que celle qui, avant le déclin du jour, a fait pour moi naître le soir, vînt seule avec la déesse et avec Amour sur cette colline pour y rester pendant une nuit, et que le jour ne revînt point, et que le Soleil ne sortît plus des ondes.

Sur des ondes cruelles éclairées par la Lune, Chanson, toi que la nuit a vue naître au milieu des bois, tu verras demain soir une riche colline.

## SONNET CCI.

SUR CE QUE, DANS UNE FÊTE, UN GRAND PERSONNAGE AVAIT CHOISI SA DAME POUR L'EMBRASSER SELON LA COUTUME DE FRANCE.

Royale nature, angélique intelligence, âme que rien n'obscurcit, rapide coup d'œil, regard de lynx, véloce discernement, noble penser et vraiment digne de ce front:

Dans la belle assemblée de dames choisies pour orner la fête en cet illustre jour, l'infaillible jugement distingua aussitôt, parmi tant de si charmants visages, celui où éclate la perfection.

Supérieur à tous par l'âge ou par le rang, d'un geste il ordonna aux autres de s'écarter, et choisit celle-ci entre toutes pour lui faire accueil.

D'un air de gracieuse bienveillance il la baisa sur les yeux et sur le front, de telle sorte que chacune en ressentit l'honneur ; et j'ai été rempli de jalousie par cette douce façon d'agir qui nous est étrangère.

## SEXTINE VIII.

### LE PRINTEMPS RENOUVELLE SES DOULEURS.

Devers l'aurore, à l'heure où, si douce, la brise en la saison nouvelle vient agiter les fleurs, à l'heure où les oiseaux commencent à chanter leurs vers, je sens au dedans de mon âme mes pensers agités si doucement par celle qui les a tous en sa puissance, que je suis contraint de retourner à mes accords.

Puissé-je moduler mes soupirs en de si suaves accords, que Laure en soit adoucie, et que la raison ait sur elle l'empire qu'elle-même a sur moi par la violence ; mais l'hiver sera la saison des fleurs avant que l'amour ait fleuri en cette âme si noble qui n'eut jamais souci ni de rimes ni de vers.

Combien de larmes, hélas! et combien de vers j'ai déjà répandus en ma vie! et en combien d'accords ai-je tenté d'adoucir cette âme! Elle est impassible, comme les Alpes, dans leur âpreté, le sont au doux souffle de la brise qui peut bien agiter les feuillages et les fleurs, mais qui devient impuissant contre une force supérieure.

Amour avait coutume de soumettre à son pouvoir les hommes et les dieux, comme on le raconte en prose et en vers, et j'en fis l'épreuve dans la saison où les fleurs commencent à s'épanouir : maintenant ni mon seigneur, ni ses accords, ni mes pleurs, ni les prières ne peuvent faire que Laure retire cette âme ou de la vie, ou bien du martyre qu'elle souffre.

En cette extrémité, ô malheureuse âme, réunis tout ton génie, toutes tes forces, pendant que le souffle de la vie réside encore en nous. Il n'est rien en ce monde que ne puissent accomplir les vers : ils savent également charmer par leurs accords les serpents venimeux et faire renaître au milieu des glaces la parure des fleurs.

On voit maintenant rire sur les collines l'herbe fraîche et les fleurs : il ne peut être que cette âme angélique reste étrangère au son des amoureux accords. Si notre cruelle destinée l'emporte sur nos efforts, nous continuerons à pleurer et à chanter nos vers et à chasser la brise avec un bœuf boiteux.

Je recueille la brise dans un filet, et je cherche des fleurs sur la glace, et je ne supplie en mes vers qu'une âme inexorable et inflexible, qui méprise également la puissance et les accords d'Amour.

## SONNET CCII.

#### IL S'EXCUSE AUPRÈS DE SA DAME DE NE POUVOIR LUI OBÉIR EN S'ÉLOIGNANT D'ELLE.

J'ai prié Amour et je le prie encore de m'excuser auprès de vous, ô ma douce passion ! ô mon amer bonheur ! si, avec une entière bonne foi, je dévie du droit sentier où je dois marcher.

Je ne puis nier, Madame, et je ne nie pas non plus, que la raison qui retient toute âme vertueuse n'ait été vaincue par la passion ; de là vient que celle-ci m'entraîne parfois en lieu où la violence me contraint à la suivre.

Vous, avec votre cœur que le ciel enflamme de l'esprit le plus éclatant, de la vertu la plus haute qui ait jamais rejailli d'une étoile propice ;

Vous devez dire avec compassion et sans courroux : Comment celui-ci agirait-il autrement ? s'il se consume ainsi pour mon visage, c'est que son ambition est sans bornes, comme ma beauté.

## SONNET CCIII.

#### LA PITIÉ AUGMENTE L'AMOUR.

Le sublime seigneur devant lequel il ne sert à rien de se cacher, ni de fuir, ni de faire résistance, avait, en me frappant d'une ardente et amoureuse flèche, enflammé mon esprit d'un noble désir :

Et bien que le premier coup fût par lui-même terrible et mortel, pour venir plus promptement à bout de son entreprise, il a pris un trait aiguisé par la pitié, avec lequel il a attaqué mon cœur en le perçant des deux côtés.

De ces blessures, l'une est brûlante, et verse feu et flamme ; l'autre engendre les larmes que distille de mes yeux la douleur causée par votre incessante cruauté :

Et ces deux fontaines ne peuvent, en coulant, éteindre une seule étincelle de l'incendie où je suis consumé ; mais la pitié accroît plutôt mes désirs.


## SONNET CCIV.

#### IL ENVOIE SON CŒUR VERS SA DAME.

Regarde cette colline, ô mon pauvre cœur errant : c'est là qu'hier nous avons laissé celle qui, pendant long-temps, fit attention à nous et qui en eut regret ; maintenant elle voudrait seulement tirer un lac de nos yeux.

Il faut que tu retournes dans ce séjour, car je suis résigné à rester seul : vois s'il ne serait pas encore temps de soulager nos douleurs qui n'ont cessé de croître jusqu'à présent ; essaie ce qui te sera possible, ô toi qui as partagé tous mes maux et qui en eus le pressentiment.

Mais toi maintenant qui t'es mis toi-même en oubli, tu parles à ton cœur comme s'il était avec toi, malheureux que tu es, plein de pensers insensés et vains :

Et quand tu t'es éloigné du but suprême de tes désirs, tu t'en es allé seul ; et il est resté avec elle et s'est caché dans ses beaux yeux.

## SONNET CCV.
### LE SÉJOUR DE LAURE.

O fraîche colline, ombreuse, fleurie et verdoyante, où, tantôt en rêvant et tantôt en chantant, s'asseoit celle qui témoigne sur la terre de l'existence des célestes esprits, et qui enlève au monde entier la renommée !

Mon cœur, qui m'a délaissé pour elle, et qui en cela a sagement agi, surtout si jamais il ne revient, s'en va maintenant, nombrant tous les endroits où l'herbe a reçu l'empreinte des beaux pieds, et a été arrosée par mes yeux.

Il s'arrête avec elle et dit à chaque pas : Plût au ciel que ce malheureux pût maintenant séjourner ici quelque peu, lui qui est déjà las de pleurer et de vivre.

Alors elle se met à rire, et le jeu n'est pas égal. Tu es le paradis; et moi, sans mon cœur, je ne suis qu'un rocher, ô lieu délicieux, bienheureux et sacré !

## SONNET CCVI.
### RÉPONSE A UN AMI.

Les maux présents m'accablent et j'en redoute de plus grands : c'est la route que je vois, si large et si facile, s'ouvrir devant ceux-ci, qui m'a fait entrer dans une pareille frénésie; et, plein de cruels pensers, je viens te prendre pour confident de mes extravagances.

Je ne sais si c'est la guerre ou la paix que je demande à Dieu pour moi : car les dangers sont terribles et la honte fatale; mais pourquoi se consumer davantage dans cette anxiété? il arrivera de nous ce qui est déjà ordonné dans le souverain séjour.

Bien que je ne sois pas digne du grand honneur que tu me fais, abusé que tu es par l'amour qui fausse souvent le regard le plus sain,

Mon conseil cependant est qu'il faut élever notre âme vers ce céleste royaume, et ne pas épargner l'aiguillon à notre cœur, car le chemin est long et le temps est court.

## SONNET CCXI.
### TRISTES PRESSENTIMENTS DU POÈTE ÉLOIGNÉ DE SA DAME.

Quelle frayeur je ressens quand mon esprit se reporte vers ce jour où je laissai Madame sérieuse et pensive, et mon cœur avec elle! Et il n'est pas de chose à quoi je pense si volontiers et si souvent.

Je la revois modestement arrêtée parmi de belles dames, comme on voit une rose parmi de moindres fleurs ; elle ne témoigne ni joie ni tristesse, semblable à tous ceux qui sont dans l'appréhension, et qui n'éprouvent pas d'autre mal.

Elle avait déposé ses agréments habituels, les perles, les guirlandes et les gais vêtements, et les rires, et les chants, et les douces et bienveillantes paroles.

C'est dans cette incertitude que j'ai laissé celle qui est ma vie. Maintenant je suis assailli de tristes augures, de songes et de sombres pensers, et plaise à Dieu que ce soit en vain !

## SONNET CCXII.
### INQUIÉTUDES AMOUREUSES.

Madame, lorsqu'elle était loin de moi, avait coutume de me consoler pendant mon sommeil en m'apparaissant sous ce doux et angélique aspect qui lui est propre : maintenant elle m'effraie et m'attriste, et je ne puis me dégager du deuil et de la crainte qui m'oppressent.

Car sans cesse il me semble la voir, mêlant sur son visage la sincère pitié à la profonde douleur, et j'entends des choses dont la conviction, en pénétrant dans mon cœur, le désarme de joie et d'espérance.

Te souviens-tu, dit-elle, de ce dernier soir où je laissai tes yeux baignés de larmes, alors que, pressée par le temps, je m'en allai ?

Je n'ai pu te le dire alors, et je ne l'ai pas voulu : maintenant je te le dis comme une chose assurée et véritable : N'espère plus me revoir sur la terre.

## SONNET CCXIII.
#### LAURE LUI APPARAIT COMME MORTE.

O misérable et horrible vision ! Est-il donc vrai qu'avant le temps soit éteinte la divine lumière qui me fait vivre satisfait parmi les tourments et les espérances de bonheur ?

Mais comment se peut-il qu'un événement qui doit faire tant de bruit ne soit pas annoncé hautement par d'autres messagers, et que ce soit elle-même qui me l'apprenne ? Puissent maintenant Dieu et la Nature y refuser leur consentement, et que ma triste croyance ne se vérifie pas !

Je me plais à espérer que je pourrai jouir encore de la douce vue du charmant visage qui me soutient en ce monde, et qui est l'honneur de notre siècle.

Et s'il est vrai que, pour monter au séjour éternel, elle ait abandonné son bel asile, je prie le ciel que mon dernier jour ne soit pas éloigné.

## SONNET CCXIV.
#### INCERTITUDES.

Dans l'incertitude où je suis de ma position, tantôt je pleure et tantôt je chante ; je m'effraie et j'espère ; et j'allége mes tourments par les soupirs et les rimes que je répands : Amour use toutes ses limes sur mon cœur accablé d'affliction.

Maintenant arrivera-t-il jamais que le beau visage sacré rende à mes yeux leurs clartés premières ? (Hélas ! je ne sais que penser de moi-même.) Ou bien les condamnera-t-il à des pleurs éternels ?

Et faut-il que, pour prendre possession du ciel qui lui est dû, il n'ait plus souci du sort réservé sur la terre à ces tristes yeux dont il est le soleil et qui ne voient que lui ?

Je vis en de telles frayeurs et parmi des combats si incessants, que je ne suis plus ce que j'étais auparavant : il me semble en ma frayeur errer par une route pleine de dangers inconnus.

## SONNET CCXV.
### PLAINTES CONTRE L'ABSENCE.

O doux regards, ô charmantes paroles, le jour viendra-t-il jamais où je vous verrai, où je vous entendrai de nouveau? O blonds cheveux avec lesquels Amour m'enchaîne le cœur, et, ainsi captif, le conduit à la mort;

O beau visage que fit apparaître dans ma vie une destinée cruelle qui fait sans cesse couler mes larmes, sans me donner jamais de bonheur; ô doux artifice, et toi, fraude amoureuse, rendez-moi un plaisir qui ne m'apporte que du tourment.

Et si parfois il m'arrive par hasard de recevoir quelque honnête faveur des beaux yeux charmants où ma vie et ma pensée habitent,

Aussitôt, pour dissiper et éloigner de moi tout mon bien, voici venir soit des chevaux, soit des navires amenés par le sort toujours si prêt à me causer du mal.

## SONNET CCXVI.
### LA CRAINTE ET L'ESPÉRANCE.

J'écoute en vain : il ne m'arrive pas de nouvelles de ma douce et chère ennemie, et je ne sais ni qu'en penser ni que dire, tant mon cœur est partagé entre la crainte et l'espérance.

Une si grande beauté a été autrefois fatale à plus d'une: celle-ci est plus belle que toute autre, et plus pudique aussi. Peut-être Dieu veut-il enlever à la terre une pareille amie de la vertu pour en faire une étoile dans le ciel,

Ou plutôt un soleil; et s'il en est ainsi, ma vie, mes courts moments de repos, et mes longs tourments sont arrivés à leur terme. O cruelle départie,

Pourquoi m'as-tu ainsi éloigné de la source de mes maux? Voici déjà que s'achève mon roman, après avoir duré peu de temps, et ma carrière est accomplie, quand les années n'en sont qu'à demi révolues.

## SONNET CCXVII.

#### LE MATIN EST SON HEURE DE REPOS.

Ces amants qui vivent dans le calme et la joie ont coutume de désirer le soir et de haïr l'aurore : pour moi, le soir redouble ma douleur et mes plaintes; le matin est pour moi l'heure la plus heureuse;

Car c'est alors que souvent je vois au même moment l'un et l'autre soleil ouvrir comme un double levant, si pareils entre eux de beauté et de lumière, que le ciel s'éprend encore d'amour pour la terre;

Comme il fit autrefois, alors que commencèrent à verdoyer les rameaux dont les racines s'enfoncent dans mon cœur, et qui me font préférer une autre personne à moi-même.

C'est ainsi qu'agissent sur moi les deux heures opposées : et il est bien juste que je désire celle qui me rend la tranquillité, et que je redoute et déteste celle qui me ramène la souffrance.

## SONNET CCXVIII.

#### PLAINTES CONTRE LAURE.

Puissé-je tirer vengeance de celle qui me fait dépérir par ses regards et ses paroles, et qui, pour comble de douleur, se cache ensuite et s'enfuit, en me dérobant les yeux si doux et si cruels pour moi;

Ainsi peu à peu elle épuise en les consumant mes esprits lassés de souffrir; et, comme un lion redoutable, elle rugit sur mon cœur, la nuit, alors que je devrais reposer.

L'âme que la Mort chasse de son asile abandonne mon corps, et, délivrée du nœud qui la retenait, elle s'en va vers celle qui la fait trembler.

Je suis bien émerveillé, si parfois, pendant qu'elle lui parle, et qu'elle pleure, et ensuite l'embrasse, elle ne parvient à rompre son sommeil, en admettant qu'elle l'écoute.

## SONNET CCXIX.
### LE VISAGE ET LA MAIN DE SA DAME.

J'avais arrêté mes regards passionnés et immobiles sur ce beau visage qui est le but de mes soupirs et de mes désirs, lorsque Amour, comme pour dire : Quelle est ta pensée ? avança cette main honorée qui occupe la seconde place dans mon affection.

Mon cœur y étant pris comme un poisson à l'hameçon, ou bien comme un jeune oiseau sur la branche engluée (c'est ainsi que je suis devenu un vivant exemple pour enseigner à bien agir), ne ramena plus dans le vrai mes sens envahis par l'illusion ;

Mais il faisait voyager, comme au sein d'un songe, ma vue privée de son objet, et sans laquelle sa jouissance est imparfaite.

Mon âme, au milieu de ma double gloire, éprouvait je ne sais quel nouveau et céleste plaisir, e quelle douceur jusque alors inconnue.

## SONNET CCXX
### LES REGARDS ET LES PAROLES DE LAURE.

De vives étincelles jaillissaient des deux beaux yeux, en flamboyant vers moi si doucement, et en même temps s'échappaient, avec des soupirs, d'un cœur plein de sagesse de si délicieux torrents de sublime éloquence,

Que seul le souvenir m'en consume également, quelle que soit l'heure où je me reporte vers ce jour, et où je repense comment mes esprits, en s'affaiblissant, sont parvenus à obtenir du changement dans ses cruelles habitudes.

Mon âme nourrie de tout temps dans les douleurs et les souffrances (combien a sur nous d'empire une coutume invétérée!) s'est trouvée faible contre le double plaisir qu'elle a ressenti ;

Car, au goût seul de ce bonheur inusité, tremblant tantôt de peur et tantôt d'espérance, elle a été bien des fois sur le point de m'abandonner.

## SONNET CCXXI.

**IL VOUDRAIT REVOIR LES RIVES DE LA SORGUE.**

J'ai toujours recherché une vie solitaire (les rivages le savent, ainsi que les champs et les bois), afin d'éviter ces esprits sourds et louches qui ont obstrué la route du ciel ;

Et si ma volonté en cela eût été accomplie, loin du doux climat des campagnes toscanes, la Sorgue me posséderait encore au sein de ses belles et ombreuses collines, elle qui me vient en aide pour pleurer et chanter.

Mais ma destinée qui m'accable sans cesse m'a rejeté vers ce lieu où je vois avec indignation mon beau trésor enseveli dans la fange.

Pour cette fois elle a été favorable à la main dont j'écris, et peut-être n'en est-ce pas indigne ; Amour le peut voir, et Madame le sait, ainsi que moi.

## SONNET CCXXII.

**IL ÉLÈVE LAURE AU-DESSUS DES DAMES LES PLUS ILLUSTRES.**

J'ai vu deux beaux yeux tout pleins d'honnêteté et de douceur resplendir dans une étoile si belle, qu'auprès de ces gracieux nids d'Amour mon cœur lassé méprise tout autre aspect.

Nulle, parmi celles qu'on renomme le plus, ne lui peut être comparée, quels que soient les temps et les rivages étrangers où elles aient vécu ; ni celle dont la beauté séductrice bouleversa la Grèce, et fit jeter à Troie les derniers cris ;

Ni la belle Romaine qui ouvrit avec le fer son sein chaste et dédaigneux ; ni Polixène, Isiphile et Argie.

Cette excellente perfection est, si je ne me trompe, une grande gloire pour la Nature, et pour moi une jouissance suprême ; mais quoi ! elle vient tardivement et s'enfuit aussitôt.

## SONNET CCXXIII.
#### IL INVITE LES DAMES A PRENDRE MODÈLE SUR LA SIENNE.

Que toute dame qui aspire à une glorieuse renommée de sagesse, de vertu, de nobles sentiments, regarde fixement aux yeux de cette beauté, mon ennemie, que le monde appelle ma Dame.

C'est là qu'on apprend comment l'honneur s'acquiert, comment on aime Dieu, comment on peut réunir l'honnêteté à l'enjouement; et aussi quel est le droit chemin pour aller au ciel qui l'attend et la désire ;

Là le parler que nul style n'égale, et le beau silence, et les saintes façons d'agir qu'un esprit humain ne peut décrire sur le papier.

Ce qu'on n'y apprend pas, c'est cette beauté infinie qui éblouit tout le monde ; car ces douces clartés, le destin seul les donne, et l'art est impuissant à les acquérir.

## SONNET CCXXIV.
#### L'HONNEUR DOIT ÊTRE PLUS CHER AUX DAMES QUE LA VIE.

—La vie me semble précieuse, et ce qui vient après, c'est la vraie honnêteté qui réside dans une belle dame. —Retournez l'ordre de ces paroles, car il n'y eut jamais, ô ma mère, rien de beau ni de précieux sans l'honnêteté.

Et celle qui se laisse priver de son honneur n'est plus ni dame ni vivante; et si elle se montre en apparence telle qu'auparavant, une pareille existence est beaucoup plus pénible et plus cruelle que la mort, et plus féconde en tourments et en amertume.

Et dans Lucrèce rien ne m'a émerveillé, si ce n'est qu'elle ait eu besoin du fer pour mourir, et que la douleur seule ne lui ait pas suffi.

Que tous les philosophes qui furent jamais viennent discourir là-dessus ; toutes les voies qu'ils pourront indiquer ramperont méprisées et celle-ci sera la seule que nous verrons s'élever et triompher.

## SONNET CCXXV.

**LOUANGES DE LAURE ET DU LAURIER.**

Arbre victorieux et triomphal, honneur des guerriers vainqueurs et des poëtes, combien de jours douloureux et fortunés ne te dois-je pas, pendant la courte durée de ma vie mortelle !

Véritable Dame, et à qui tout est indifférent, excepté l'honneur dont nulle ne recueille une moisson comme la tienne, tu vis sans craindre les piéges, les lacs ou les rets d'Amour, et il n'est point d'artifices dont ta sagesse ne triomphe.

Tu dédaignes également, ainsi qu'un vil fardeau, la noblesse du sang et toutes les choses qui ont du prix parmi nous, les perles, les rubis et l'or.

La sublime beauté qui est sans égale au monde te semble un ennui, si ce n'est en tant qu'elle sert d'ornement et de cadre au beau trésor de la chasteté.

## CANZONE XXI.

**LE POÈTE CHERCHE A SE DÉLIVRER PAR LA PENSÉE DE DIEU DES TOURMENTS DE L'AMOUR ET DU DÉSIR DE RENOMMÉE QUI S'Y JOINT.**

Je m'en vais tout pensif, et, au milieu de mes pensers, vient m'assaillir une si vive compassion de mon propre sort, que j'en suis souvent conduit à pleurer autrement que je n'avais coutume ; car, voyant chaque jour le terme plus rapproché, mille fois j'ai demandé à Dieu ces ailes avec lesquelles notre esprit échappe à la prison mortelle pour s'élancer vers le ciel ; mais jusqu'ici les prières, les soupirs ou les larmes que je puis répandre ne me servent à rien, et la raison veut qu'il en soit ainsi ; car celui qui, pouvant se tenir debout, se laisse tomber en chemin, mérite bien de rester ensuite à terre contre son gré. Je vois encore s'ouvrir ces secourables bras où j'ai mis ma confiance ; mais l'incertitude m'afflige en me rappelant les exemples d'autrui, et je m'effraie de ma position, car je sens l'aiguillon qui me pousse, et je suis presque à l'extrémité.

Un des pensers qui m'occupent vient parler avec mon âme, et lui dit : Que désires-tu donc ? d'où attends-tu du secours ? Malheureuse, ne comprends-tu pas combien de déshonneur amassent sur toi ces délais ? Dépêche-toi prudemment de partir, dépêche-toi ; et extirpe de ton cœur jusqu'à la dernière racine de ce plaisir qui ne peut jamais le rendre heureux et qui ne le laisse pas respirer. Si, depuis longtemps déjà, tu es dégoûtée et lasse de cette douceur fausse et passagère que le monde trompeur peut donner à l'homme, pourquoi reposer davantage ton espérance en lui, puisqu'on n'y trouve ni paix ni stabilité ? Pendant que ton corps est vivant, c'est toi qui tiens le frein sous la direction de tes pensers. Ainsi retire-le à toi tandis que tu le peux ; car, tu le sais, il est dangereux de temporiser, et tu ne pourras t'y prendre à temps désormais.

Tu sais bien déjà quel charme offrit à tes yeux l'aspect de celle qui devrait pour notre plus grande tranquillité n'être pas née encore. Tu te souviens bien (et tu dois t'en souvenir) de son image, alors qu'elle courut vers ce cœur où peut-être nul autre flambeau ne pouvait introduire la flamme. Elle l'embrasa, et si la trompeuse ardeur a duré bien des années, en attendant un jour qui, pour notre salut, ne vint jamais, élève-toi maintenant à une plus heureuse espérance en regardant le ciel qui t'environne de toutes parts, immortel et splendide ; car si votre passion, toute joyeuse ici-bas de ses maux, est apaisée par un mouvement d'œil, une parole ou quelque chant, combien sera grand l'autre bonheur quand celui-ci est tel ?

De l'autre côté un penser, à la fois aigre et doux, s'asseyant au dedans de mon âme avec un poids accablant et délicieux, oppresse mon cœur de désir et le repaît d'espérance, disant que la renommée glorieuse et divine l'empêche seule de s'apercevoir quand je gèle ou quand je brûle, et si je suis pâle ou maigre ; et c'est en vain que je le tue, il renaît toujours plus puissant. Depuis le temps où je m'endormais dans le maillot, il a été s'accroissant avec moi de jour en jour, et je crains qu'un même sépulcre ne nous enferme. Après que l'âme a dépouillé l'enveloppe du corps, un pareil désir ne peut plus l'accompagner. Mais si le Latin et le Grec parlent de moi après la mort, qu'est-ce autre chose que du vent ? Aussi, comme je suis épouvanté d'amasser sans cesse ce qu'une heure suffit à dissiper, je voudrais embrasser ce qui seul est vrai, et laisser là les ombres.

Mais cette autre volonté dont je suis envahi semble ensorceler toutes celles qui naissent auprès d'elle, et le temps s'enfuit tandis que j'écris sur des sujets étrangers, sans songer à moi-même ; et la lumière des beaux yeux, qui me consume délicieusement à son ardeur sereine, me retient avec un frein contre lequel ne prévaut aucun esprit, aucune force. A quoi sert donc que ma barque soit partout goudronnée, si deux liens pareils la retiennent encore au milieu des écueils ? Toi qui m'as délivré en entier de tous ceux qui entravent les hommes en diverses façons, ô mon Seigneur, que n'enlèves-tu enfin cette honte de mon visage ? Car, semblable à un homme qui rêve, il me semble avoir la Mort devant les yeux, et je voudrais me défendre, et je n'ai point les armes nécessaires.

Je vois ce que je fais, et je ne suis pas abusé par l'ignorance de la vérité ; mais je suis subjugué par Amour qui ne laisse jamais suivre la route de l'honneur à celui qui se fie trop à lui ; et je sens incessamment arriver à mon cœur un gracieux mépris qui, dans sa cruelle sévérité, fait apparaître sur mon front mes plus secrètes pensées pour les exposer à tous les regards ; car aimer une créature mortelle avec une si grande adoration, convenable seulement à l'égard de Dieu à qui elle est due, est d'autant plus honteux qu'on en désire plus vivement le salaire. Et la raison égarée derrière les sens vient encore proclamer cette vérité à haute voix ; mais comme je l'écoute et que je songe à retourner, la mauvaise habitude la chasse plus loin et retrace à mes yeux celle qui naquit seulement pour me faire mourir, parce que j'ai trouvé trop de plaisir en elle, comme elle a fait elle-même.

Je ne sais pas quel espace le ciel m'a donné à parcourir, alors qu'au commencement je suis venu sur la terre pour souffrir la cruelle guerre que j'ai su ourdir à l'encontre de moi-même, et je ne puis, à cause du voile charnel, prévoir le jour qui termine la vie ; mais je vois mes cheveux s'altérer et tous mes pensers changer intérieurement. A présent que je crois être près de l'instant du départ ou n'en être guères éloigné, semblable à celui que la perte a rendu prudent et sage, je m'en vais repensant où j'ai laissé la route située à main droite et qui mène au bon port ; et tandis que d'un côté me point la honte et la douleur qui me font retourner en arrière, de l'autre je suis toujours entravé par un plaisir à qui l'habitude a donné tant de puissance sur moi, qu'il m'enhardit à traiter avec la Mort.

Chanson, je suis ici, et la frayeur m'a rendu le cœur beaucoup plus froid que la neige gelée ; car je me sens périr sans aucun doute ; aussi, en réfléchissant, j'ai roulé sur l'ensuble la plus grande partie de ma courte toile ; et jamais il n'y eut de fardeau aussi lourd que celui que je supporte en cet état, puisque, avec la mort à côté de moi, je cherche une nouvelle direction à donner à ma vie, et, tout en voyant la meilleure, c'est la pire que je suis.

## SONNET CCXXVI.

**LA MORT EST SON SEUL RECOURS CONTRE LA RIGUEUR DE LAURE.**

Le cœur âpre et sauvage et la cruelle volonté qui animent cette douce, modeste et angélique figure, s'ils persévèrent longtemps dans leur rigoureuse résolution, remporteront sur moi des dépouilles peu glorieuses.

Car lorsque naît et meurt l'herbe et la feuille, lorsque règne la clarté du jour, et lorsque la nuit obscurcit le monde, à toute heure je pleure. J'ai bien à souffrir de ma destinée, de Madame et d'Amour.

Je me soutiens seulement par l'espérance, en me ressouvenant que j'ai vu un peu d'eau, par une atteinte sans cesse renouvelée, dissoudre des marbres et des pierres résistantes.

Il n'est pas de cœur si dur qui, attaqué par les larmes, les prières et la passion, ne s'émeuve parfois, ni de si froide volonté, qu'on ne puisse ainsi l'échauffer.

## SONNET CCXXVII.

**AU CARDINAL COLONNA POUR S'EXCUSER DE NE PAS S'ÊTRE RENDU AUPRÈS DE LUI.**

Mon cher seigneur, toutes mes pensées qui vous sont dévouées me poussent à vous aller voir, vous que je vois toujours : ma destinée (que peut-elle me faire souffrir de pire?) me retient sous le frein, et me vire et me secoue.

Puis ce doux désir dont Amour m'anime m'entraîne à la mort sans que je m'en aperçoive; et tandis que je cherche en vain mes deux flambeaux, partout où je suis, jour et nuit il soupire.

L'affection d'un seigneur, l'amour d'une dame, sont les chaînes où je suis lié, non sans avoir beaucoup à souffrir; car je me suis entravé moi-même.

J'ai porté dans mon sein un vert Laurier, une noble Colonne, l'une pendant quinze ans, l'autre pendant dix-huit, et jamais je n'ai cherché à rompre mes nœuds.

# SONNETS ET CANZONES

COMPOSÉS

**APRÈS LA MORT DE LAURE.**

# POÉSIES

COMPLÈTES

# DE PÉTRARQUE.

## SONNET CCXXVIII.

### LE POÈTE GÉMIT SUR LA MORT DE SA DAME.

Hélas ! il n'est plus ce beau visage, il n'est plus ce suave regard ; il n'est plus ce gracieux et noble maintien ; il n'est plus ce parler qui adoucissait l'esprit le plus âpre et le plus farouche, et qui donnait du cœur à l'homme le plus lâche ;

Il n'est plus enfin ce doux sourire, duquel sortit le dard dont je n'attends désormais d'autre bien que la mort : âme royale, bien digne de l'empire, si tu ne fusses descendue si tard parmi nous !

Il faut que pour vous je brûle et qu'en vous je respire, car je n'ai appartenu qu'à vous ; et il n'est pas de malheur qui me touche à beaucoup près autant que d'être séparé de vous.

Vous m'aviez rempli d'espérance et de désir, quand je m'éloignai de mon bien suprême encore en vie ; mais le vent emportait alors les paroles qui me charmaient.

## CANZONE XXII.

### IL CONSULTE SUR CE QU'IL DOIT FAIRE.

Que dois-je faire ? que me conseilles-tu, Amour ? Il est bien temps de mourir, et j'ai plus tardé que je ne voudrais. Madame est morte, mon cœur est avec elle, et, comme je veux le suivre, je dois donc interrompre le cours de ces funestes années ; car je n'espère plus revoir ici-bas celle que j'aime, et l'attente m'est insupportable. Puisque toute ma joie s'est, par son départ, tournée en pleurs, la vie n'a plus désormais pour moi le moindre attrait.

Amour, confident de mes plaintes, tu vois combien cette perte est grave et cruelle ; et je sais le déplaisir et le chagrin que te causent mes maux ou plutôt les nôtres : car nous avons brisé notre navire sur un même écueil ; et le Soleil s'est obscurci pour nous au même instant. Quel esprit pourrait trouver des paroles pour exprimer l'état douloureux de mon âme ? Ah ! monde aveugle et ingrat, tu aurais grand sujet de pleurer avec moi, car, en perdant cette dame, tu as perdu ce qu'il y avait de bien en toi.

Ta gloire est tombée et tu ne t'en aperçois pas ; tu n'étais digne, pendant qu'elle vivait ici-bas, ni de la connaître, ni d'être touché par ses pieds sacrés ; car une si belle créature devait embellir le ciel de sa présence. Mais moi, hélas ! qui, sans elle, ne puis aimer ni cette vie mortelle, ni moi-même, je la rappelle en pleurant : c'est là tout ce qui me reste d'une espérance si grande, et c'est encore ce qui seul me soutient ici-bas.

Hélas, hélas ! la terre a dévoré ce beau visage qui était parmi nous un témoignage du ciel et des biens de là-haut. Son invisible forme est dans le paradis, où elle s'est dégagée de ce voile qui ombrageait ici-bas la fleur de sa jeunesse, pour s'en revêtir de nouveau plus tard et ne plus le dépouiller, alors que nous la verrons devenir d'autant plus belle et plus admirable que la beauté éternelle l'emporte davantage sur la beauté mortelle.

Plus belle et plus gracieuse dame que jamais, elle revient vers moi comme au séjour où elle sait que sa présence est le plus appréciée. C'est là l'une des colonnes qui soutiennent mon existence. L'autre est son nom éclatant qui résonne si doucement dans mon cœur. Mais quand il me revient à l'esprit qu'a péri mon espoir, vivant au temps où elle florissait, Amour sait bien ce qu'alors il advient de moi : et j'espère que celle-là le voit aussi, étant maintenant si près de la vérité.

Dames, vous qui admiriez sa beauté, et sa vie angélique, et le céleste maintien qui la distinguait sur la terre, puissent mes souffrances vous émouvoir et la pitié vous toucher, mais non pour elle qui s'est élevée à une si grande paix et m'a laissé au milieu du danger, de telle sorte que si on me ferme pendant longtemps le chemin pour la suivre, il n'y a que les paroles dont Amour m'entretient qui m'empêchent de trancher le nœud de ma vie ; mais je l'entends au dedans de moi discourir ainsi qu'il suit :

Mets un frein à la violente douleur qui te transporte ; car un désir excessif est cause qu'on perd le ciel où aspire ton cœur, où est vivante celle que le monde croit morte ; et là ses belles dépouilles la font sourire, et toi seul la fais soupirer ; et elle te prie de ne pas laisser éteindre sa renommée qui en beaucoup d'endroits respire encore par ta voix, mais de redoubler tes chants pour illustrer son nom, si jamais ses yeux te furent doux et chers.

Fuis la clarté et la verdure ; ne t'approche pas des lieux où l'on rit, où l'on chante, ô ma Chanson ! mais seulement de ceux où l'on pleure : il ne te convient pas de demeurer parmi des gens joyeux, inconsolable veuve aux vêtements de deuil.

16.

## SONNET CCXXIX.

#### IL DÉPLORE A LA FOIS LA MORT DU CARDINAL COLONNE ET CELLE DE LAURE.

J'ai vu tomber la haute Colonne et le vert Laurier qui ombrageaient ma triste pensée : j'ai perdu ce que je ne puis espérer de retrouver, quand j'irais des régions de Borée à celles de l'Auster, et des mers de l'Inde aux rivages Mauresques.

O Mort, tu m'as ravi mon double trésor qui me faisait vivre heureux et marcher dans ma fierté ; et il n'est rien sur la terre qui puisse me le faire recouvrer, ni l'empire, ni les diamants de l'Orient, ni l'or à flots répandu.

Mais si le destin y a donné son assentiment, que puis-je davantage, sinon d'avoir l'âme triste, les yeux sans cesse mouillés de larmes et le front incliné ?

Oh! comme notre vie, qui est si belle en apparence, perd facilement en une seule matinée ce qu'elle acquiert à grand'peine en de longues années.

## CANZONE XXIII.

#### LE POÈTE, TENTÉ D'AMOUR, DIT QU'IL NE PEUT RIEN SUR LUI, SI AUPARAVANT IL NE RAPPELLE LAURE DU TOMBEAU.

Amour, si tu veux que je retourne sous le joug d'autrefois, comme il semble que tu le témoignes, il faut, pour me soumettre, qu'auparavant tu triomphes d'une autre épreuve merveilleuse et toute nouvelle : ramène sur la terre mon bien-aimé trésor dont je suis séparé, ce qui me rend si malheureux ; ramène-nous ce cœur sage et pudique où ma vie habite sans cesse ; et s'il est vrai que ta puissance soit aussi grande qu'on le raconte, dans le ciel et dans l'abîme (car ici parmi nous tout noble cœur, je le pense, sait ce que tu vaux et ce que tu peux) reprends à la mort ce qu'elle nous a pris, et replace tes enseignes sur le beau visage.

Replace sur le beau front la vive lumière qui me servait de guide et la flamme suave qui m'enflamme encore, hélas ! maintenant qu'elle est éteinte ; que faisait-elle donc lorsqu'elle brûlait? Et jamais on ne vit cerf ni daim chercher l'onde des sources et des fleuves aussi avidement qu'on me verra retourner à la douce habitude qui me cause déjà bien de l'amertume et dont j'en attends davantage encore; si toutefois je me connais bien moi-même, et si je connais mes désirs qui m'égarent rien que d'y penser, et qui me font marcher d'un côté où il n'y a point d'issue, et fatiguer mon âme à la poursuite d'une chose que je ne puis espérer d'atteindre. Si tu ne fais ce que je te dis là, Amour, je dédaigne de me rendre à ton appel; car tu n'as point de pouvoir en dehors de ton empire.

Fais-moi sentir au dehors, comme je le sens encore au dedans, le souffle de l'*aure* délicieuse qui avait le pouvoir d'apaiser par ses chants l'irritation et la colère, de calmer les orages de l'esprit et d'en chasser tout nuage vil et ténébreux, et qui enfin élevait mon style au-dessus de lui-même, où maintenant il ne pourrait atteindre. Égale mes espérances à mes désirs, et puisque l'âme est plus forte dans ses arguments, rends aux yeux et aux oreilles le but qui leur est propre et sans lequel tout ce qu'ils peuvent faire est insuffisant pour ranimer ma vie. Ainsi c'est en vain que tu uses tes forces sur moi, tant que l'objet de mon premier amour est enseveli sous la terre.

Fais que je revoie le beau regard qui fut un soleil sur la glace dont j'allais toujours chargé. Fais que je te retrouve au passage où sans retour passa mon cœur. Prends tes flèches dorées ; prends ton arc et qu'il se fasse entendre à moi, comme d'habitude, avec le son des paroles où j'appris quelle chose c'est que l'amour. Agite la langue où étaient à toute heure préparés les hameçons dont je fus pris et l'appât que toujours je désire ; cache tes lacs parmi les cheveux aux blonds anneaux : car mon désir ne peut être pris en d'autre piége. Que tes mains éparpillent au vent cette belle chevelure : là tu pourras m'enchaîner et combler tous mes vœux.

Il n'y aura jamais rien qui me détache des liens de ces cheveux d'or négligés avec art, débouclés et vagabonds; ni de l'ardente contemplation de sa vue doucement acerbe, laquelle jour et nuit conservait en moi l'amoureuse volonté plus verte qu'aucun myrte ou laurier, soit que l'on vît les bois et la campagne se revêtir ou bien se dépouiller de feuillages et d'herbe. Mais puisque la Mort est devenue si superbe qu'elle a brisé le nœud d'où je craignais de m'échapper, tu ne peux plus trouver, tant que tournera le monde, de quoi en ourdir un second. A quoi te sert, Amour, de mettre ton génie à l'épreuve ? La saison est passée : tu as perdu les armes qui me faisaient trembler ; que peux-tu faire désormais ?

Tes armes c'étaient les yeux d'où jaillissaient des flèches embrasées d'un invisible feu et qui redoutaient peu la raison ; car la résistance humaine est vaine contre le Ciel: c'étaient son sérieux et son silence, son sourire et sa gaieté, son chaste maintien et son courtois entretien, ses paroles qui, en se faisant entendre, auraient anobli l'âme d'un rustre ; son air angélique, modeste et doux dont elle entendait faire de tels éloges de tous côtés ; et la grâce qui la distinguait, soit qu'elle s'assît ou qu'elle restât debout, et qui laissait toujours en doute de l'instant où elle méritait d'être louée davantage. Avec ces armes tu triomphais du cœur le plus dur ; maintenant tu es désarmé, je suis sans crainte.

Les esprits que le Ciel soumet à ton empire, tu les enchaînes, tantôt d'une manière et tantôt d'une autre; mais, pour moi, tu n'as pu m'astreindre qu'à un seul nœud, car le Ciel ne voulut pas que je te fusse soumis au-delà. Ce nœud unique est rompu ; et je ne me réjouis pas de la liberté que j'ai recouvrée, mais je pleure et je crie : O noble habitante des cieux, par quelle sentence divine, hélas! quand c'est moi qui ai d'abord été lié, as-tu été la première déliée ? Dieu qui te retira si promptement au monde, ne nous a montré une si grande et si haute vertu que pour embraser notre désir. Désormais, certes, je ne crains plus, Amour, de nouvelles blessures de ta main. C'est en vain que tu bandes ton arc; il lance ses traits dans le vide : sa puissance s'est évanouie quand se sont fermés les beaux yeux.

Amour, la Mort m'a affranchi de toutes tes lois. Celle qui fut ma dame est partie au ciel, en rendant à ma vie une liberté qui lui est odieuse.

## SONNET CCXXX.

#### SUR LA MORT D'UNE DAME DONT IL S'ÉTAIT ÉPRIS QUELQUE TEMPS APRÈS LA MORT DE LAURE.

Le nœud ardent où je fus captif pendant vingt et une années heure par heure comptées, a été dissous par la Mort : et jamais je n'ai ressenti de coup si accablant; et je ne crois pas qu'un homme puisse mourir de douleur.

Amour, ne voulant pas encore me laisser aller, avait tendu dans l'herbe un autre lacet, avait d'un nouvel appât allumé un autre feu, si bien qu'à grand'peine m'en serais-je échappé.

Et si ce n'était la longue expérience de mes premiers tourments, je serais repris et consumé d'autant plus facilement que je suis un bois moins vert.

La Mort m'a délivré une seconde fois et a rompu le nœud, éteint et dispersé le feu contre lequel la force et l'habileté sont vaines.

## SONNET CCXXXI.

##### IL SE PLAINT DE LA VIE PÉNIBLE QU'IL A MENÉE SANS CESSE.

La vie s'enfuit et ne s'arrête pas seulement une heure; et la mort vient derrière à grandes journées ; et les choses présentes et passées me donnent du tourment, et les choses à venir aussi ;

Et le souvenir et l'attente m'importunent tantôt d'un côté, tantôt de l'autre, de telle sorte qu'en vérité, si je n'avais pitié de moi-même, je serais déjà hors de ces pensées.

Je me demande si un cœur brisé par la tristesse eut jamais aucune satisfaction ; puis, de l'autre côté, je vois les vents ameutés contre l'essor de mon navire.

Je vois la fortune dans le port, et mon pilote épuisé désormais par la fatigue, et les mâts et les cordages rompus ; les deux belles lumières où mes regards ont habitué de se fixer sont à jamais éteintes.

## SONNET CCXXXII.

##### IL RÉPRIMANDE SON AME DE SON DEUIL OBSTINÉ.

Que fais-tu ? que penses-tu, âme inconsolable ? pourquoi sans cesse regarder en arrière vers le temps qui ne peut plus revenir ? pourquoi toujours porter du bois au feu qui te consume ?

Les suaves paroles et les doux regards que tu as décrits et dépeints un à un sont ravis à la terre, et, tu le sais bien, il est tardif et hors de saison de les chercher encore ici-bas.

N'essaie donc pas de renouveler ce qui nous fait périr, et, cessant désormais de suivre cette pensée trompeuse qui nous égare, prends pour guide une pensée solide et fidèle qui nous conduise à une bonne fin.

Cherchons le ciel, puisque ici bas rien ne nous plaît; car il serait malheureux pour nous que cette beauté eût apparu au monde, si, vivante et morte, elle devait nous ravir la tranquillité.

## SONNET CCXXXIII.

### IL ACCUSE LA FAIBLESSE DE SON CŒUR.

Donnez-moi la paix, ô mes cruels pensers : ne suffit-il donc pas qu'Amour, avec la Fortune et la Mort, me combattent de toutes parts et jusque sur les portes sans me susciter au dedans de nouveaux adversaires !

Et toi, mon cœur, tu es encore tel que tu étais, déloyal à moi seul ; puisque tu vas retirant ces cruelles cohortes, et que tu es devenu le complice de mes ennemis si hardis déjà et si rapides :

C'est chez toi que reparaissent les secrets messagers d'Amour, chez toi que la Fortune vient déployer toute sa pompe, et que la Mort fait renaître la mémoire de ce coup,

Lequel doit briser le reste de mon être ; c'est chez toi que les pensers errants viennent s'armer de vanité : aussi est-ce toi seul que j'accuse de tous mes maux.

## SONNET CCXXXIV.

### IL CHERCHE A SE CONSOLER EN PENSANT A LA FÉLICITÉ PRÉSENTE DE SA DAME.

O mes yeux, notre soleil est obscurci ou plutôt il est monté au ciel et c'est là qu'il resplendit ; c'est là que nous le reverrons, là qu'il nous attend ; et peut-être s'afflige-t-il de notre retard.

O mes oreilles, les angéliques paroles résonnent maintenant dans un séjour où elles sont mieux entendues. O mes pieds, vous ne pouvez arriver par vos propres forces jusqu'à celle qui a coutume de vous faire mouvoir.

Pourquoi donc me faites-vous une pareille guerre ? S'il ne vous est plus permis de la voir, de l'entendre et de la retrouver sur la terre, ce n'est pas moi qui en suis cause.

Ne blâmez que la Mort, ou plutôt louez-la, elle qui lie et qui délie, qui ouvre et qui ferme la vie en un instant, et qui fait succéder le bonheur à nos larmes.

## SONNET CCXXXV.

#### IL INVOQUE LA MORT.

Au sein de la violente douleur et de l'erreur ténébreuse où l'aspect angélique et serein a laissé mon âme par son départ subit, je cherche, en parlant, à soulager ma peine.

Cette juste affliction m'amène infailliblement à me plaindre : car celle qui en est cause le sait, Amour le sait aussi, mon cœur n'avait pas d'autre remède contre les ennuis dont la vie est pleine.

Cet unique secours, ô Mort, ta main me l'a ravi, de concert avec toi, ô bienheureuse terre qui couvres, et contemples, et possèdes à présent ce beau visage humain.

Pourquoi me laisses-tu ici aveugle et inconsolé, puisque la charmante, amoureuse et douce lumière de mes yeux a cessé de m'éclairer ?

## SONNET CCXXXVI.

#### SON AMOUR SURVIT A L'ESPÉRANCE.

A moins qu'Amour ne nous inspire une nouvelle résolution, il y aura nécessairement du changement dans mon existence ; tant sont puissantes les angoisses et la douleur qui rongent cette âme misérable où le désir survit à l'espérance.

C'est pour cela que ma vie se désole et s'abandonne entièrement, et nuit et jour se consume dans les pleurs, se voyant sans gouvernail à la merci de la mer soulevée, et sans aide en qui elle puisse se fier dans ce périlleux voyage.

Une *guide* imaginaire la conduit ; car la véritable est maintenant sous la terre, ou plutôt dans le ciel, d'où plus brillante que jamais elle éclaire mon cœur,

Mais non mes regards ; car un voil douloureux leur dispute la lumière qu'ils désirent, et c'est là ce qui fait changer de si bonne heure la couleur de mes cheveux.

## SONNET CCXXXVII.

### IL VOUDRAIT ÊTRE MORT EN MÊME TEMPS QUE SA DAME.

En sa saison la plus belle et la plus fleurie, alors qu'Amour a toujours sur nous le plus d'empire, j'ai vu Laure, qui était toute ma vie, dépouiller la terrestre enveloppe et partir loin de moi ;

Et vivante, et belle et sans voiles, elle est montée au ciel : de là elle règne sur moi ; de là elle me domine. Ah! pourquoi le dernier jour, qui est le premier de l'autre vie, ne me délivre-t-il pas de ce qu'il y a en moi de mortel ?

Afin que, comme mes pensers s'en vont à sa poursuite, mon âme, ainsi légère, affranchie et joyeuse, puisse enfin la suivre, et que je sois hors d'un si grand tourment.

Tous ces délais ne servent qu'à m'accabler, à me rendre à moi-même un fardeau plus cruel. O qu'il eût été beau de mourir il y a aujourd'hui trois ans !

## SONNET CCXXXVIII.

### LAURE VIENT LUI RÉVÉLER LE BONHEUR DONT ELLE JOUIT.

Si la plainte des oiseaux, ou le bruissement des verts feuillages mollement agités par la brise d'été, si le sourd murmure des eaux courantes se fait entendre sur quelque rive fleurie et fraîche,

Où, plein d'amoureuses pensées, je viens m'asseoir pour écrire, je vois alors, et j'écoute, et j'entends celle que le ciel nous montra, que la terre nous cache, et qui, toujours vivante, répond de si loin à mes soupirs.

De grâce, pourquoi te consumes-tu avant le temps? me dit-elle avec une compatissante bonté : à quoi sert de faire répandre à tes tristes yeux un fleuve douloureux?

Ne pleure pas sur moi ; car la mort a rendu mes jours éternels, et mes yeux se sont ouverts à l'éternelle lumière, lorsqu'on m'a vu les fermer ici-bas.

## SONNET CCXXXIX.

#### DESCRIPTION D'UN LIEU ENCHANTEUR QUI LUI RAPPELLE CELLE QU'IL AIMA.

Je n'ai jamais été dans un lieu où je vissé plus clairement depuis que je ne l'ai vu, ce que je voudrais revoir; ni où j'aie senti, en m'arrêtant, une si grande liberté; ni où le ciel se remplit de si amoureuses rumeurs.

Et jamais je n'ai vu de vallée recéler un si grand nombre d'asiles propices et sûrs pour y soupirer : et je ne crois pas qu'Amour ait jamais eu en Chypre ou sur d'autres rivages, de si délicieux nids.

Tout y parle d'Amour, et les eaux, et la brise, et les rameaux, et les oiseaux, et les poissons, et les fleurs, et l'herbe, faisant à la fois des vœux pour que je ne cesse pas d'aimer.

Mais toi, âme bien née qui m'appelles du haut des cieux, tu me rends au souvenir de ton cruel trépas, et tu me pries ainsi de mépriser le monde et ses douces amorces.

## SONNET CCXL.

#### LAURE LUI APPARAIT SANS CESSE.

Combien de fois vers mon doux refuge, pour fuir le monde, et moi-même s'il se peut, je m'en vais baignant des larmes de mes yeux et l'herbe et ma poitrine, et brisant de mes soupirs l'air qui m'environne;

Combien de fois, solitaire et plein de méfiance, me suis-je lancé à travers les lieux ombragés et obscurs, pour tâcher de retrouver par la pensée celle qui était mon souverain bien et que m'a ravie la mort : ce qui est cause que toujours je l'appelle.

Je l'ai revue, sous la forme d'une Nymphe ou bien d'une autre divinité, sortant du lit de la Sorgue à l'endroit où l'onde est la plus claire, pour venir se reposer sur la rive ;

Ou bien sur l'herbe fraîche foulant les fleurs comme une dame vivante, et laissant voir à son air que de moi elle s'ennuie.

## SONNET CCXLI.

#### LAURE REVIENT EN SONGE LE CONSOLER.

Ame bienheureuse qui souvent reviens pour consoler mes douloureuses nuits aux rayons de tes yeux que la Mort, loin de les éteindre, a embellis d'un éclat où ne peut atteindre la beauté mortelle;

Combien je me félicite de ce que tu consentes, en te montrant à moi, à ranimer mes tristes jours : je commence ainsi à voir tes beautés reparaître en leurs séjours habituels.

Là où j'allai chantant tes louanges pendant bien des années, maintenant, comme tu le vois, je vais pleurant sur toi, pleurant non pas sur toi, mais sur mon propre malheur.

Ce qui seul fait trêve à de si grands tourments, c'est que, du moins quand tu m'apparais, je suis averti de ton approche, et te reconnais à la démarche, à la voix, au visage et aux vêtements.

## SONNET CCXLII.

#### INVECTIVES CONTRE LA MORT.

O Mort, tu as décoloré le plus beau visage que jamais on ait vu, éteint les plus beaux yeux, et arraché au nœud le plus gracieux et le plus beau l'esprit le plus embrasé des flammes de la vertu.

En un instant tu m'as ravi tout mon bien ; tu as imposé silence aux plus suaves accents que jamais on ait entendus, et tu m'as rempli de gémissements : tout ce que je vois et tout ce que j'entends m'est un ennui.

Il est vrai que Madame revient pour me consoler dans une si grande douleur ; la pitié la ramène vers moi, et c'est le seul secours que je trouve en cette vie;

Et si je pouvais redire les paroles qu'elle m'adresse et l'éclat dont elle brille, j'enflammerais d'amour, je ne dirai pas les cœurs des hommes, mais ceux des tigres et des ours.

## SONNET CCXLIII.

#### IL SE PLAINT DE LA BRIÈVETÉ DE SES RÊVES CONSOLATEURS.

Si rapide est le temps, et si fugitive la pensée qui me rendent ainsi Madame après sa mort, que, pour une grande douleur, le remède est bien court; mais, tant que je la vois, il n'est rien qui m'atteigne.

Amour, qui m'a lié et qui me tient en croix, frémit quand il la voit sur le seuil de mon âme, où elle me fait périr encore, tant elle est vraiment présente avec son doux aspect et sa voix suave.

Comme une dame qui entre en son séjour, elle arrive avec fierté, chassant, aux rayons de son front, les tristes pensers loin de mon cœur sombre et chagrin.

L'âme, que tant de lumière accable, soupire et dit : Oh! bénies soient les heures du jour où tes yeux se sont ouvert cette route!

## SONNET CCXLIV.

#### LAURE LUI ENSEIGNE LA ROUTE DU CIEL.

Jamais une tendre mère à son fils bien-aimé, ni une dame brûlante d'amour à son époux chéri, n'a donné, avec tant de soupirs et une telle anxiété, dans un cas dangereux, des conseils si fidèles

Que je n'en reçois de celle qui, regardant mon douloureux exil de son asile éternel et sublime, revient souvent vers moi avec l'habituelle affection, et embellissant ses yeux d'une double tendresse,

Tant de mère que d'amante : tantôt elle s'alarme, tantôt elle se livre à ses chastes feux, et elle me montre dans ses discours ce qu'il faut que j'évite ou suive en ce voyage;

Énumérant les hasards de notre vie; suppliant que mon âme ne tarde pas à quitter la terre : et je n'ai de repos ou de trêve qu'autant qu'elle parle.

## SONNET CCXLV.
##### LA VOIX DE SA DAME LE RANGE AU CHEMIN DE LA VERTU.

Si cette douce brise de soupirs que me fait entendre celle qui fut ma dame, et qui est maintenant au ciel, et semble encore être ici, et vivre, et sentir, et marcher, aimer et respirer,

Pouvait être retracée par moi ; oh ! quels brûlants désirs feraient naître mes paroles ! si jalouse et si tendre elle se montre quand elle revient où je suis, craignant que je ne me fatigue en chemin, ou que je ne me tourne, soit en arrière, soit du mauvais côté.

Elle m'enseigne le chemin direct et sublime ; et moi, qui entends ses chastes invitations et ses justes prières, murmurées d'un accent doux, tendre et contenu,

Il faut que je me guide et me règle d'après elle, à cause du bonheur que je ressens en écoutant ses discours, dont la puissance tirerait des larmes d'un rocher.

## SONNET CCXLVI.
##### A SENNUCCIO DA BENE APRÈS SA MORT.

Mon Sennuccio, bien que tu m'aies laissé en proie à la douleur et à la solitude, je me console cependant, dans la pensée que tu as abandonné ce corps où tu étais captif et mort, pour t'élever à un essor sublime.

A présent ton regard embrasse l'un et l'autre pôle, et les étoiles errantes et leur courbe voyage ; et tu vois combien notre vue est courte ; c'est ainsi que ton bonheur me sert à tempérer mon affliction.

Mais je te prie de saluer pour moi, en la troisième sphère, Guitton et messer Cino, et Dante, et notre Franceschino, et toute cette cohorte.

Quant à ma dame, tu peux lui dire toutes les larmes dont ma vie est arrosée, et que je suis devenu comme un animal sauvage, en me rappelant et son beau visage et ses saintes actions.

## SONNET CCXLVII.

#### IL A REMPLI DE SA DOULEUR LES SOLITUDES DE VAUCLUSE.

J'ai rempli de soupirs tout l'air environnant, en contemplant la douce surface des âpres collines où naquit celle qui tint mon cœur en sa main dans la saison des fleurs et dans celle des fruits.

Et qui ensuite est allée au ciel, et, par son départ subit, m'a réduit à une telle extrémité, que mes pauvres yeux, la cherchant vainement, ne laissent auprès d'eux aucune place à sec.

Il n'est pas de buisson, ni de rocher dans ces montagnes, pas de branche ou de verdure en ces plaines, pas de fleur ou de brin d'herbe en ces vallons;

Il ne vient pas une goutte d'eau de ces sources, et il n'y a pas en ces bois de bêtes si sauvages qui ne sachent combien ma peine est acerbe.

## SONNET CCXLVIII.

#### IL RECONNAIT LA VANITÉ DE SES ANCIENS DÉSIRS.

Ma divine flamme dont la beauté surpassait toute beauté, et qui, pendant son séjour ici-bas, trouva le Ciel si propice et si généreux envers elle, est, trop tôt pour moi seul, retournée dans sa patrie et vers l'étoile égale à ses mérites.

Maintenant je commence à me réveiller, et je vois qu'elle a agi pour le mieux en s'opposant à mon désir, et qu'elle a réfréné, d'un regard doux et cruel à la fois, l'ardeur de mes volontés juvéniles.

Je lui en rends grâces, ainsi qu'à sa sublime résolution, qui, avec le beau visage et les suaves dédains, me fit, en me consumant, penser à mon salut.

O charmants artifices et d'un succès bien digne de leur cause : l'un a édifié avec la langue, l'autre avec les yeux, moi, de la gloire pour elle, et elle, de la vertu pour moi.

## SONNET CCXLIX.

**RIGUEURS SALUTAIRES DE SA DAME.**

Comme va le monde! à présent je trouve ma satisfaction et mon plaisir dans ce qui me déplaisait le plus : à présent je vois et je sens que mes tourments m'ont conduit au salut, et que j'ai enduré une courte guerre pour arriver à la paix éternelle.

O espoir! ô désir toujours trompeur! celui des amants surtout, cent fois plus que des autres. Oh! de combien c'eût été le pis que mes vœux fussent comblés par celle qui siége maintenant au ciel et qui gît sous la terre!

Mais l'aveugle Amour et mon esprit qui n'entendait rien m'égaraient de façon qu'il me fallait de vive force marcher vers le séjour de la mort.

Bénie soit celle qui dirigea ma course vers un meilleur but, et qui, pour m'empêcher de périr, sut, en me leurrant, modérer l'ardeur d'une volonté funeste.

## SONNET CCL.

**AU LEVER DE L'AURORE, SA DAME LUI APPARAIT.**

Lorsque je vois du ciel descendre l'aurore avec son front de rose et avec ses cheveux d'or, Amour vient m'assaillir; et, le visage décoloré, je dis alors en soupirant : C'est là que Laure habite désormais.

O bienheureux Tithon! tu sais bien à quelle heure tu dois recouvrer ton bien-aimé trésor; mais moi, que dois-je faire de mon amour pour le doux Laurier, puisque, si je veux le revoir, il me faut auparavant mourir?

Vos séparations ne sont pas si cruelles; car du moins pendant la nuit tu vois revenir à toi la beauté qui ne dédaigne pas ta blanche chevelure ;

Mais celle qui a emporté mes pensées livre mes nuits à la tristesse et mes jours aux ténèbres; et elle ne m'a rien laissé d'elle, excepté son nom.

## SONNET CCLI.

**IL SENT QUE SES CHANTS DOIVENT BIENTÔT FINIR.**

Les yeux dont j'ai parlé en termes si brûlants, et les bras, et les mains, et les pieds, et le visage, qui m'avaient si bien séparé de moi-même, faisant de moi un homme unique entre les hommes ;

Les cheveux aux anneaux d'or pur et reluisant, et l'éclair du ris angélique, qui faisaient naguère un paradis sur terre, ne sont plus qu'un peu de poussière privée de sentiment :

Et je vis cependant : je m'en afflige et m'en irrite, me voyant abandonné de la lumière que j'aimai tant, et livré à de grands hasards, sur une barque sans défense.

Mettons donc ici un terme à mon chant amoureux : la veine qui nourrissait mon génie est enfin épuisée, et ma cithare s'est résolue en pleurs.

## SONNET CCLII.

**LA RENOMMÉE LUI EST VENUE SANS QU'IL LA CHERCHAT.**

Si j'avais pu penser qu'on accueillît avec tant de prix les rimes où chantent mes soupirs, je les aurais faites, dès le temps où je commençai à soupirer, plus nombreuses pour la quantité, plus rares pour le style.

La mort m'ayant ravi celle qui me faisait parler et qui occupait la cime de mes pensées, je n'ai plus la force qu'il faut, je n'ai plus de lime assez douce pour rendre suaves et claires des rimes âpres et sombres.

Et toute mon étude en ce temps-là ne tendait qu'à soulager par quelque moyen la douleur de mon cœur, et non à conquérir la renommée :

Je ne cherchai qu'à pleurer et non à me faire honneur de mes pleurs. Maintenant je voudrais bien être goûté; mais, las et sans voix, celle qui est là-haut m'invite à la suivre.

## SONNET CCLIII.

#### LA MORT DE SA DAME NE LUI A LAISSÉ QUE DES LARMES.

Belle et vivante, elle avait coutume d'habiter en mon cœur, comme une illustre dame en un séjour humble et mesquin : son trépas m'a rendu aujourd'hui non-seulement sujet à la mort, mais vraiment mort ; et elle est devenue une divinité.

L'âme dépouillée et privée de tout son bien, Amour dénué et frustré de sa lumière devraient inspirer une compassion à faire rompre un rocher ; mais il n'est personne qui raconte ou qui écrive leurs plaintes :

Car ils pleurent en dedans, où toute oreille est sourde, excepté la mienne, tellement encombrée de deuil qu'il ne me reste plus rien que des soupirs.

Il est bien vrai que nous sommes une poussière et une ombre ; il est bien vrai que le désir est aveugle et insensé ; il est bien vrai que l'espérance ne sert qu'à nous abuser.

## SONNET CCLIV.

#### LAURE JOUIT DANS LE CIEL DE LA RÉCOMPENSE DE SES VERTUS.

Mes pensers avaient coutume de s'entretenir doucement de l'objet qui toujours les occupe ; la pitié vient s'y joindre, regrettant d'avoir ainsi tardé : peut-être que maintenant elle parle de nous, et se livre soit à l'espoir, soit à la crainte.

Depuis que le dernier jour et les heures suprêmes ont ravi sa présence à cette vie où nous sommes, elle voit, entend et ressent du haut des cieux tout ce qui est en nous ; elle ne m'a pas laissé d'autre espérance.

O noble merveille ! ô bienheureuse âme ! ô beauté sans exemple, sublime autant que rare ! qui est bien vite retournée d'où elle était sortie.

Là reçoit, pour ses mérites, la couronne et la palme, celle qu'ont rendue si renommée et si illustre en ce monde ses hautes vertus et mon amoureuse fureur.

## SONNET CCLV

#### IL BÉNIT SON AMOUR.

D'habitude je m'accuse, et maintenant je me disculpe, ou plutôt je m'estime et me chéris beaucoup davantage pour cette honnête prison et cette douce et amère blessure, dont j'ai souffert, captif pendant bien des années.

Envieuses Parques, comme vous avez promptement brisé et le fuseau qui dévidait un fil si doux et si brillant aux rets où j'étais pris, et la flèche dorée et précieuse qui m'a rendu la mort plus charmante qu'il ne nous est habituel !

Car jamais en ses jours il n'y eut d'âme si avide d'allégresse, de liberté et de vie, qui n'eût alors changé de nature et de volonté,

Aimant mieux gémir sans fin pour cette dame que de chanter pour toute autre, et satisfaite de mourir d'une pareille blessure, ou de vivre en des nœuds pareils.

## SONNET CCLVI.

#### LA BEAUTÉ ET LA VERTU DE LAURE.

Deux grandes ennemies, la Beauté et l'Honnêteté, étaient jointes ensemble dans une paix si profonde que cette âme sainte n'en sentit jamais de rébellion, depuis qu'elles furent venues pour habiter avec elle ;

Et maintenant le trépas les a séparées et disjointes : l'une est dans le ciel qui s'en honore et s'en vante ; l'autre est sous la terre qui voile les beaux yeux d'où sortirent naguère tant de traits amoureux.

Les suaves façons, et les paroles sages et modestes venues d'un lieu sublime, et le doux regard qui me perçait le cœur et qui l'émeut encore

Sont disparus; et si je tarde à m'en aller aussi, peut-être arrivera-t-il que je consacrerai, à l'aide de cette faible plume, le beau nom plein de charmes.

## SONNET CCLVII.

#### FÉLICITÉ PASSÉE DU POÈTE ET SA MISÈRE PRÉSENTE.

Quand je me tourne en arrière pour revoir ces années qui ont, en fuyant, dispersé mes pensées, éteint le feu où je brûlai tout en gelant, mis un terme à mon repos rempli de tourments,

Et rompu la foi des amoureuses perfidies, et fait deux parts sans plus de ce qui était tout mon bien, pour mettre l'une au ciel et l'autre sous la terre, et enfin ruiné le gain de tout ce que j'avais perdu;

Alors je me secoue et je me trouve si nu que je porte envie au sort des plus misérables, tant j'ai de compassion et de peur pour moi-même.

O mon Étoile, ô Fortune, ô Destinée, ô Mort, ô jour à jamais doux et cruel pour moi, à quel abaissement vous m'avez réduit!

## SONNET CCLVIII.

#### IL PLEURERA SANS CESSE LA PERTE IRRÉPARABLE QU'IL A FAITE.

Où est le front qui, d'un signe léger, tournait mon cœur dans un sens et dans l'autre? Où est le beau sourcil, et l'une et l'autre étoile qui éclairait la course de ma vie?

Où est le mérite, le savoir et le sens, le sage, honnête, modeste et doux entretien? Où sont les beautés en *elle* réunies, qui pendant longtemps firent de moi à leur volonté?

Où est l'ombre charmante du bienveillant visage qui versait la fraîcheur et le repos dans mon âme accablée, et en cet endroit où étaient écrits tous mes pensers?

Où est celle qui eut ma vie dans sa main? Combien elle manque à ce misérable monde, et combien à mes yeux que rien ne peut plus essuyer!

## SONNET CCLIX.

### IL PORTE ENVIE AU CIEL ET A LA TERRE.

Combien je te porte d'envie, avare terre, car tu embrasses celle dont la vue m'est ravie, et tu me disputes l'aspect du beau visage où je trouvai la paix après tous mes combats !

Combien j'en porte au ciel qui cache et retient, et a si avidement recueilli en soi l'esprit dégagé du beau corps où il habitait; et il est si rare qu'il se rouvre en faveur d'un autre séjour !

Combien d'envie à ces âmes qui jouissent maintenant de sa sainte et douce compagnie que je cherchai sans cesse avec tant de passion !

Combien encore à la cruelle et impitoyable Mort qui, après avoir éteint ma vie en éteignant la sienne, demeure en ses beaux yeux et ne m'appelle pas !

## SONNET CCLX.

### A LA VALLÉE DE VAUCLUSE.

Vallée qui es remplie de mes plaintes ; fleuves dont mes larmes accroissent souvent les ondes ; bêtes des bois, vagues oiseaux, et vous, poissons que retient l'une et l'autre de ces vertes rives ;

Air que mes soupirs échauffent et rafraîchissent, doux sentier dont le but est si amer; colline qui m'as charmé et qui maintenant m'importunes, et où, par habitude Amour me mène encore :

Je reconnais bien en vous les formes accoutumées, hélas ! mais non pas en moi, qui, loin d'une vie en joies si féconde, suis devenu l'asile d'une douleur sans fin.

C'est d'ici que je contemplais celle qui était tout mon bien, et je reviens sur ces traces d'autrefois, pour voir le lieu d'où, sans voile désormais, elle est montée au ciel, abandonnant sa belle dépouille à la terre.

## SONNET CCLXI.

#### IL EST RAVI EN EXTASE VERS SA DAME.

Ma pensée m'enleva vers le séjour de celle que je cherche sur la terre et que je n'y trouve pas ; là, parmi ceux qu'enferme le troisième cercle, je la revis plus belle et moins altière.

Elle me prit par la main et me dit : Tu seras de nouveau réuni à moi dans cette sphère, si ton désir ne s'égare pas ; je suis celle qui te causai tant de combats et qui accomplis ma journée avant le soir.

Mon bonheur ne peut être compris de l'intelligence humaine ; je n'attends que toi seul, et ce que tu as tant aimé, et qui est demeuré là-bas, le beau voile où j'habitais.

O pourquoi se tut-elle et lâcha-t-elle ma main ? car, au son de ses paroles si pieuses et si chastes, peu s'en fallut que je ne restasse dans le ciel.

## SONNET CCLXII.

#### IL COMPARE SON PRÉSENT AU PASSÉ.

Amour qui, dans le bon temps, m'accompagnas sur ces rivages à nos pensers propices, où, pour solder nos anciens comptes, tu venais t'entretenir avec moi et avec le fleuve ;

Fleurs, feuillages, herbes, ombrages, grottes, brises suaves, closes vallées, hautes collines, plaines au soleil ouvertes, où je trouvai un port pour reposer mes amoureuses fatigues, et mes alarmes si grandes et si cruelles.

O des vertes forêts habitantes nomades, ô Nymphes, et vous qu'abrite et que nourrit le lit frais et jonché du liquide cristal !

Mes jours que je vis si sereins sont maintenant aussi ténébreux que la Mort à qui je dois ce changement. C'est ainsi qu'en ce monde chacun, du jour de sa naissance, a ses destins marqués.

## SONNET CCLXIII.

#### VICISSITUDES DE SON GÉNIE POÉTIQUE.

Tant que mon cœur fut en proie aux rongements amoureux et brûlé des amoureuses flammes, j'allai par les monts incultes et solitaires, suivant les vestiges épars d'une beauté cruelle et vagabonde ;

Et j'eus l'audace, en mes chants, de me plaindre d'Amour et d'*elle*, dont l'apparitiou me fut si funeste; mais, en cette saison, le génie et les rimes étaient rebelles à mes pensers novices et débiles.

Ce feu est mort et enseveli sous un marbre étroit; et si, avec le temps, il eût été croissant, comme il avait fait déjà, jusques à la vieillesse,

Armé de ces accords dont aujourd'hui je me désarme, j'aurais vu, en faisant résonner mon style blanchissant, les rochers se briser et pleurer de douceur.

## SONNET CCLXIV.

#### IL IMPLORE LA PITIÉ DE SA DAME.

Belle âme aujourd'hui dégagée de ce nœud, le plus beau que jamais sut ourdir la Nature, considère du haut des cieux ma sombre existence dont les joyeux pensers se sont tournés en pleurs.

Mon cœur a banni cette fausse croyance qui me rendit, pendant quelque temps, ton doux aspect acerbe et cruel: sans crainte désormais, tourne vers moi tes yeux, écoute mes soupirs.

Regarde le grand rocher où la Sorgue a sa source, et là tu verras quelqu'un qui, seul au milieu des herbes et des ondes, se repaît de ton souvenir et de sa douleur,

Aux lieux où gît ton séjour et où notre amour naquit, et où tu abandonnes et tu oublies, pour ne pas le voir parmi les tiens, celui qui t'a déplu.

## SONNET CCLXV.

#### DESCRIPTION DE SES SOUFFRANCES DEPUIS LA MORT DE SA DAME.

Ce soleil qui me montrait le droit chemin pour m'élancer au ciel d'un glorieux essor, alors qu'il retourna vers le soleil suprême, et renferma sous quelques pierres ma lumière et sa prison terrestre :

C'est pourquoi je suis devenu comme un animal habitant des forêts ; et, avec mes pieds errants, solitaires et las, je vais emportant mon cœur accablé de douleur, ainsi que mes yeux humides et dérobés au monde qui est pour moi un alpestre désert.

Ainsi je parcours chaque contrée où je la vis ; et toi seul, Amour, qui es mon affliction, tu accompagnes mes pas, et me montres où je dois aller.

*Elle*, je ne la trouve pas, mais je vois ses sacrés vestiges qui tendent tous à la céleste voie, loin des lacs d'Averne et du Styx.

## SONNET CCLXVI.

#### SES CHANTS INDIGNES DE LEUR SUJET.

Je pensais pouvoir me fier à l'essor de mes ailes, non pas à cause de leur propre force, mais de la dame qui leur donne l'élan, pour atteindre à des chants dignes de ce beau nœud, dont la Mort m'affranchit et dont Amour me lie :

Je me suis trouvé à l'œuvre plus mou et plus débile qu'un petit rameau courbé sous un grand poids ; et j'ai dit : Celui-là se prépare une chute, qui veut s'élancer trop haut ; et l'homme ne peut rien accomplir si le ciel n'y consent.

Jamais la plume du génie, ni le style sévère, ou la parole, ne pourront parvenir, en leur vol, jusqu'où s'éleva la Nature pour tisser le doux obstacle qui m'arrête.

Amour, après elle, vint l'embellir avec de si merveilleux soins que je n'étais pas digne seulement de jouir de son aspect ; mais ainsi le voulut ma destinée.

## SONNET CCLXVII.
### INEFFABLES VERTUS DE SA DAME.

Celle pour qui j'échangeai l'Arno contre la Sorgue, et de serviles richesses contre une indépendante pauvreté, a tourné en amertume ses saintes douceurs dont je vécus naguère et qui me font aujourd'hui dépérir et m'éteindre.

Plusieurs fois depuis j'ai tenté de dépeindre en mes chants au siècle qui viendra ses sublimes beautés, afin qu'il les apprécie et les aime; et son beau visage n'a pu s'incarner dans mes vers.

Je m'enhardis seulement à esquisser, soit une, soit deux des perfections qui furent répandues en elle comme les étoiles dans le ciel, et qui n'ont appartenu qu'à elle seule.

Mais depuis que je suis parvenu à cette dernière partie de sa beauté, qui fut pour le monde un clair et rapide soleil, là se trouve en défaut l'audace et le génie et l'art.

## SONNET CCLXVIII.
### IL DOIT FAIRE CONNAITRE SA DAME A LA TERRE.

Cette sublime et nouvelle merveille qui de nos jours est apparue au monde et qui ne voulut pas lui rester, car le ciel ne fit que nous la montrer et la rappeler ensuite pour enrichir les chœurs de ses étoiles,

Amour veut que je la dépeigne et la fasse connaître à quiconque ne l'a pas vue : et c'est lui qui d'abord a dénoué ma langue et qui, mille fois depuis, me fit appliquer vainement à cette œuvre et le génie, et le temps, et les plumes, et le papier, et l'encre.

Mes chants ne sont pas encore parvenus au faîte, je le sens en moi-même; et tout ce que j'ai dit ou écrit jusqu'ici sur l'amour en est bien la preuve.

Que celui dont la pensée sait pénétrer la vérité apprécie un silence plus fort que tous les discours, et dise ensuite en soupirant : Donc bienheureux les yeux qui la virent vivante !

## SONNET CCLXIX.
### LE RETOUR DU PRINTEMPS.

Zéphir nous revient, ramenant les beaux jours et sa douce famille de plantes et de fleurs, et Progné gazouillant, et Philomèle qui pleure, et le printemps blanc et vermeil.

On voit rire les prés, et le ciel se rasséréner ; Jupiter est joyeux de contempler sa fille ; l'air, et les ondes, et la terre, tout est rempli d'amour : tout ce qui respire veut aimer de nouveau.

Mais pour moi, hélas ! reviennent plus rigoureux les soupirs que tire du fond de mon cœur celle qui en emporta les clefs au ciel avec elle :

Et les oiseaux qui chantent, et les plaines qui fleurissent, et les belles et chastes dames aux suaves façons, tout cela n'est pour moi qu'un désert peuplé de bêtes cruelles et sauvages.

## SONNET CCLXX.
### LA PLAINTE DU ROSSIGNOL.

Ce rossignol qui, si mélodieusement, pleure ses fils peut-être ou sa chère compagne, a rempli de douceur le ciel et les campagnes, avec tous ses accords si touchants et si bien sentis ;

Et chaque nuit il semble qu'il m'accompagne et me remette en l'esprit ma cruelle destinée : car je n'ai personne que moi dont je puisse me plaindre, et je ne croyais pas que la Mort étendît son empire sur les divinités.

O combien il est facile de surprendre celui qui est sans défiance ! Qui pensa jamais voir se réduire en terre ténébreuse ces deux belles lumières, d'un éclat dont n'approchait pas celui du Soleil ?

Je connais maintenant que mon impitoyable fortune veut qu'en vivant et en pleurant j'apprenne comment il n'est rien ici-bas de satisfaisant et de durable.

## SONNET CCLXXI.
#### RIEN NE PEUT CONSOLER SA DOULEUR.

Ni dans le ciel serein la marche des errantes étoiles; ni sur une mer tranquille celle des bateaux goudronnés; ni le passage des cavaliers armés à travers la campagne, ou des bêtes allègres et bondissantes à travers de beaux bois;

Ni de fraîches nouvelles d'un bien que l'on attend; ni les récits d'amour en style noble et choisi; ni, parmi les limpides fontaines et les prés verdoyants, les doux chants des dames chastes et belles;

Ni rien enfin ne se trouvera jamais qui puisse atteindre à mon cœur; si bien le sut avec elle ensevelir celle qui fut seule pour mes yeux le foyer de lumière ainsi que le miroir.

Vivre m'est un ennui si pénible et si long que j'invoque le trépas, à cause du grand désir qui me tient de revoir celle qu'il eût mieux valu ne pas voir.

## SONNET CCLXXII.
#### IL SE PLAINT QUE LE CIEL TARDE AINSI A LE RÉUNIR A CELLE QU'IL AIME.

Hélas! il n'est plus le temps où j'ai vécu au milieu du feu dans une fraîcheur si grande; elle n'est plus celle sur qui j'ai pleuré et j'ai écrit; mais elle m'a laissé encore et ma plume et mes larmes.

Il n'est plus ce visage si gracieux et si saint; mais, en s'en allant, il m'a fixé ses doux yeux au cœur, au cœur que j'avais autrefois; car il est parti à la suite de celle qui avait roulé sur lui son beau manteau :

Elle l'a emporté avec elle sous la terre et dans le ciel où maintenant elle triomphe, ceinte du laurier qu'a mérité sa victorieuse chasteté.

Plût au ciel que, débarrassé de mon voile mortel qui par force me retient ici, je fusse avec eux, libre de soupirs, parmi les âmes bienheureuses !

## SONNET CCLXXIII.

###### REPROCHES A SON AME.

O mon âme ! toi qui, dans la prévision de tes calamités, aux jours heureux déjà pensive et triste, as recherché si soigneusement, dans la vue aimée, la consolation des tourments à venir :

A ses manières, à ses paroles, à son visage, à ses vêtements, à cette pitié nouvelle à la douleur mêlée, tu pus bien dire, si tu remarquais tout : C'est ici le dernier jour de mes douces années.

Quelle douceur ce nous fut, ô malheureuse âme ! et comme nous brûlions en cet instant où je vis les yeux que je ne devais plus revoir !

Alors qu'en les quittant, comme à mes deux plus fidèles amis, je leur laissai en garde ma plus noble dépouille, mes pensers chéris et mon cœur.

## SONNET CCLXXIV.

###### COMBIEN LA MORT LUI A ÉTÉ CONTRAIRE.

Ma saison de fleurs et de verdure achevait de s'éteindre, et déjà je sentais s'attiédir le feu dont mon cœur fut brûlé ; et j'étais parvenu à ce point où la vie descend pour tomber à la fin ;

Déjà mon ennemie bien-aimée commençait à se rassurer peu à peu de ses soupçons ; et sa douce bienveillance tournait en joie mes acerbes tourments :

Je voyais s'approcher le temps où Amour se rencontre avec la Chasteté, et où l'âge leur permet de s'asseoir ensemble et de s'entretenir de ce qui leur arrive.

La Mort porta envie à mon heureux état, ou pour mieux dire, à mon espérance ; et elle vint à sa rencontre au milieu du chemin, comme un ennemi armé.

## SONNET CCLXXV.
### MÊME SUJET.

Le temps était venu désormais d'obtenir la paix ou une trêve après tant de combats, et j'étais peut-être en chemin d'y arriver; mais cet heureux essor fut contraint de rebrousser en arrière par celle qui confond toutes nos distinctions :

Car, ainsi qu'on voit la neige disparaître au souffle du vent, c'est ainsi qu'en cette vie a rapidement passé celle qui me guidait jadis de ses beaux yeux, et qu'il faut maintenant que suive ma pensée.

Il n'y avait guère à patienter jusqu'à ce que les ans, en changeant nos cheveux, vinssent changer notre manière de vivre : alors j'aurais pu m'entretenir de mes maux avec elle sans éveiller de soupçons.

Avec quels respectueux soupirs je lui eusse raconté mes longues fatigues, qu'elle voit maintenant du ciel, j'en suis certain; et elle s'en afflige encore avec moi!

## SONNET CCLXXVI.
### MÊME SUJET.

Amour avait montré à ma longue et bouillonnante tempête un port tranquille au sein des honnêtes années de l'âge mûr qui se dépouille des vices et se revêt de vertu et d'honneur.

Déjà pour les beaux yeux s'éclaircissaient mon cœur et la profonde foi qui cessait de les importuner. Ah! Mort impitoyable, comme tu es disposée à ruiner en si peu d'heures le fruit de mainte année !

Et si elle eût vécu, bientôt j'aurais pu, en parlant, déposer dans ces chastes oreilles l'antique fardeau de mes douces pensées;

Et peut-être qu'en soupirant elle m'eût répondu quelque sainte parole, nos visages étant changés ainsi que nos cheveux.

## SONNET CCLXXVII.
#### IL CÉLÉBRERA LAURE APRÈS SA MORT COMME IL L'A CÉLÉBRÉE VIVANTE.

A la chute d'une plante qui fut arrachée, semblable à celle que le fer ou le vent déracine, en répandant à terre ses dépouilles supérieures et découvrant au soleil sa souche ténébreuse ;

J'en vis une seconde, qu'Amour a choisie pour objet et que m'ont donnée pour sujet Calliope et Euterpe ; et elle s'est emparée de mon cœur et en a fait son propre séjour, comme le lierre en serpentant envahit un tronc d'arbre ou un mur.

Ce vivant Laurier, où avaient coutume de faire leur nid les sublimes pensées et mes ardents soupirs qui n'émurent jamais le feuillage de ses beaux rameaux,

Transporté au ciel, a laissé des racines en son gîte fidèle ; aussi il s'y trouve toujours une voix qui appelle avec de tristes accents, et il n'en est pas qui réponde.

## SONNET CCLXXVIII.
#### LES BEAUTÉS MORALES DE LAURE FURENT L'OBJET PRINCIPAL DE SA FLAMME.

Mes jours, plus légers qu'aucun cerf, se sont enfuis comme l'ombre ; et ils n'ont découvert pour tout bien qu'un battement d'œil et quelques heures sereines que je conserve en mon âme, douces et amères à la fois.

Misérable monde, instable et opiniâtre, celui-là est complètement aveugle, qui met en toi son espérance : car c'est en toi que mon cœur me fut ravi, et maintenant le tient avec elle celle-là qui n'est plus que terre, et dont les os et les nerfs n'ont plus de lien entre eux.

Mais la forme meilleure qui survit, et survivra toujours au sublime séjour des cieux, me rend à chaque instant plus épris de ses beautés :

Et, cependant que blanchissent mes cheveux, je m'en vais seul en pensant à ce qu'elle est aujourd'hui, et au lieu qu'elle habite, et à l'aspect qu'offre son corps charmant.

## SONNET CCLXXIX.

#### LE RETOUR A VAUCLUSE.

Je sens ma brise d'autrefois, et je vois apparaître les douces collines où naquit celle qui remplit, tant qu'il plut au ciel, mes yeux de désir et de joie ; à présent elle les remplit de tristesse et de pleurs.

O caduques espérances ! ô folles pensées ! Les herbes sont veuves et les ondes ont perdu leur limpidité ; et vide et froid est le nid où elle reposa, et dans lequel, vivant et mort, j'ai voulu reposer.

Espérant, à la fin, obtenir de ses pieds charmants et de ses beaux yeux qui m'ont brûlé le cœur quelque repos après tant de fatigues.

J'ai servi un maître cruel et avare : car je brûlai, tant que je fus en présence de mon feu ; et j'en pleure aujourd'hui la cendre dispersée.

## SONNET CCLXXX.

#### IL S'AFFLIGE A L'ASPECT DES LIEUX TÉMOINS DE SON AMOUR.

Est-ce ici le nid où mon Phénix posa ses plumes d'or et de pourpre ; lui qui tint mon cœur sous ses ailes, et qui maintenant encore en fait naître et des paroles et des soupirs ?

O de mon doux mal commencement et racine ! Qu'est devenu le beau visage, foyer de cette lumière qui, en me consumant, m'a gardé vivant et joyeux ? Tu étais unique sur la terre, tu es maintenant heureuse dans les cieux ;

Et tu m'as laissé ici bas misérable et solitaire ; aussi, plein de douleur, je reviens sans cesse vers ce lieu que j'honore et vénère comme sacré par toi ;

Et je vois la nuit envelopper de ses ombres les collines d'où tu pris ton vol suprême vers le ciel, et où tes yeux avaient coutume de faire le jour.

## SONNET CCLXXXI.

#### RÉPONSE A UN SONNET DE GIACOMO COLONNA.

Jamais ces accords, qu'Amour semble illuminer et la tendre pitié avoir édifiés de sa main, ne verront s'essuyer mes yeux, ni la tranquillité revenir en mon âme.

Jamais, ô noble esprit, déjà victorieux des terrestres combats, et qui maintenant distilles du ciel tant de douceur, que tu as su ramener mes rimes égarées à ce style dont la Mort les avait séparées !

Je croyais avoir un jour à te montrer un autre travail éclos au sein de mes jeunes feuillages ; et quel astre cruel nous atteignit à la fois de ses rayons jaloux, ô mon noble trésor ?

Qui te cache et t'enlève à moi avant le temps, toi que mon cœur voit toujours et qu'honore ma langue ? Cependant, ô doux soupirs, mon âme, parmi vous, retrouve un peu de calme.

## CANZONE XXIV.

#### ALLÉGORIES SUR LE FUNESTE TRÉPAS DE LAURE.

Me tenant un jour tout seul à la fenêtre, d'où je voyais tant de choses et si merveilleuses, que je me sentais déjà comme fatigué d'être seul à les regarder, il m'apparut, à main droite, une Bête dont le visage humain aurait enflammé Jupiter lui-même : elle était chassée par deux lévriers, l'un noir et l'autre blanc, qui mordaient si cruellement les deux flancs du gentil animal qu'en peu de temps ils l'eurent conduit au trépas ; et renfermé alors sous une pierre, toute sa beauté devint la proie de l'éternelle mort, et il me fallut déplorer sa cruelle destinée.

Je vis ensuite sur la haute mer une Barque avec des cordages de soie et une voile d'or ; elle était toute construite d'ivoire et d'ébène; et la mer était calme, et la brise suave; et le ciel tel qu'il est quand aucun nuage ne le voile : la Barque était chargée de nobles et opulentes marchandises. Puis soudain une tempête, venue de l'Orient, troubla les airs et les flots de telle sorte qu'elle la brisa sur un rocher. Oh! quelle cruelle affliction! Il ne fallut qu'un instant pour abîmer, et qu'un étroit espace pour engloutir ces richesses sublimes à nulle autre secondes.

Dans un frais bosquet florissaient les sacrés rameaux d'un Laurier tout jeune et candide qui semblait être un des arbres du paradis. Et de son ombre sortaient de si doux chants de divers oiseaux, et tant d'autres séductions qu'elles m'avaient entièrement séparé du monde : et, tandis que je m'appliquais à le contempler, le ciel changea autour de lui; et, s'assombrissant aux regards, le frappa d'un coup de foudre. Ainsi fut déracinée cette plante fortunée, et ma vie en est attristée; car on ne retrouve jamais un pareil ombrage.

Une claire Fontaine, en ce même bosquet, jaillissait d'un rocher, et y éparpillait, avec de suaves murmures, ses eaux fraîches et douces; les pâtres ni les laboureurs n'approchaient pas de ce beau séjour, de ces ombrages mystérieux et tranquilles; mais les Nymphes et les Muses y venaient unir leurs chants aux harmonies de la nature. Là je m'assis, et, au moment où un concert et un spectacle pareils me charmaient le plus doucement, je vis une caverne s'ouvrir et ensevelir en son sein la Fontaine et le paysage, de quoi je suis encore dans le deuil, et le souvenir suffit à m'épouvanter.

Un Phénix inconnu en nos climats, avec deux ailes revêtues de pourpre et avec la tête d'or, s'étant montré à moi à travers la forêt, altier et solitaire, je crus voir d'abord une créature céleste et immortelle, jusqu'à ce qu'il arrivât près du Laurier arraché et de la Fontaine que dérobe la terre. Toute chose est entraînée vers le trépas : car, ayant considéré les feuillages épars sur la terre, et le tronc rompu, et cette source vive alors à sec, comme irrité, il tourna son bec contre soi, et en un instant il disparut : ce qui enflamma mon cœur de compassion et d'amour.

Je vis enfin, à travers l'herbe fleurie, marcher toute pensive une si belle et si gracieuse Dame, que je n'y pense jamais sans brûler et frissonner; elle se montrait modeste en elle-même, mais superbe à l'encontre d'Amour : et son corps était vêtu d'une robe tissue de telle façon que, dans sa blancheur si éclatante, elle semblait être à la fois d'or et de neige; mais son front restait enveloppé d'un nuage sombre. Ayant été ensuite piquée au talon par un aspic, comme languit une fleur que l'on cueille, elle s'en alla sans tristesse comme sans crainte. Hélas! il n'y a que les pleurs de durables en ce monde.

Chanson, tu peux bien dire : Ces six visions ont donné à mon maître un doux désir d'abandonner la vie.

## BALLADE VII.

Amour m'a enlevé celle dont j'attendais merci, alors que je voyais déjà fleurir et mon espoir et la récompense de ma longue fidélité.

Ah! mort impitoyable; ah! cruelle existence : la première m'a mis en deuil et a, de son souffle barbare, éteint mes espérances; l'autre me retient ici-bas contre ma volonté et m'empêche de la suivre, *elle* qui s'en est allée; mais cependant Madame, à toute heure présente, siége au milieu de mon cœur, et elle voit bien qu'elle est ma vie.

## CANZONE XXV.

#### LOUANGES DE LAURE.

Je ne puis me taire et je crains que ma langue ne réponde pas aux désirs de mon cœur; car il voudrait chanter les louanges de sa dame, qui nous écoute du haut des cieux. Amour, si tu ne viens m'instruire, comment pourrai-je avec des paroles mortelles égaler l'ouvrage divin et tout ce que recouvre la sublime humilité en soi-même recueillie? Il n'y avait pas longtemps encore que la belle âme habitait la charmante prison dont elle est à présent délivrée, quand je la rencontrai pour la première fois: aussi je courus soudain (car c'était alors l'Avril de l'année ainsi que de mon âge) cueillir des fleurs dans les prés d'alentour, espérant qu'ainsi paré je plairais à ses yeux.

Les murs étaient d'albâtre et le toit était d'or, la porte d'ivoire et les fenêtres de saphir : c'est de là que vint à mon cœur le premier soupir et que viendra le dernier ; les messagers d'Amour en sortirent armés de flèches et de feu : aussi, quand la pensée revient me les montrer sous leurs couronnes de laurier, je tremble comme si ce spectacle était encore présent. Là se voyait au milieu un trône altier formé d'un beau diamant équarri et que rien n'avait encore terni, sur lequel siégeait seule la belle Dame, devant une colonne de cristal; et tout ce qui occupait ma pensée y était inscrit intérieurement et brillait jusqu'au dehors de rayons si splendides, que j'en étais rempli de joie et souvent aussi de soupirs.

Je me vis atteint par les armes aiguës, ardentes et claires, par la verte et victorieuse bannière devant laquelle reculent Jupiter, et Apollon, et Polyphême, et Mars, et qui fait répandre des pleurs sans cesse renouvelés : ne pouvant donc me défendre, je me laissai emmener prisonnier en lieu où maintenant j'ignore et la voie et les moyens pour sortir. Mais comme parfois il arrive qu'un homme pleure et voie cependant, quelque chose dont ses yeux et son cœur sont séduits, ainsi celle pour qui je suis en prison, et qui seule en ses jours fut une créature parfaite, s'étant venue placer à un balcon, je commençai à la regarder avec tant de passion, que je mis en oubli ma souffrance et moi-même.

J'étais sur la terre et mon cœur était en paradis, oubliant doucement tout soin étranger ; et je sentais la forme sous laquelle j'existe se changer en marbre et s'emplir de miracles ; quand une dame altière et que nulle crainte ne troublait, antique d'âge et jeune de visage, me voyant ainsi suspendu aux mouvements de ce front et de ces sourcils : Viens, me dit-elle, viens prendre conseil de moi ; car j'ai plus de pouvoir que tu ne le crois, et je sais rendre les hommes heureux en un instant ; je suis plus rapide que le vent, et je tourne et gouverne tout ce que tu vois dans le monde. Garde, comme un aigle, tes yeux fixés sur ce soleil ; et cependant prête l'oreille aux paroles qu'ici je t'adresse.

Le jour que naquit celle-ci, les étoiles qui produisent parmi vous les heureux résultats étaient en lieux sublimes et choisis, l'une vers l'autre avec amour tournée. Vénus et Jupiter occupaient, sous un aspect favorable, les belles et seigneuriales régions ; et les astres funestes et perfides étaient comme entièrement bannis du ciel. Le Soleil ne fit jamais éclore un si beau jour : la joie était dans les airs et sur la terre, et la paix régnait sur les ondes de la mer et des fleuves. Parmi tant de rayons propices, une nue au loin me déplut, laquelle je crains bien qu'on ne voie se résoudre en pleurs, si la pitié ne tourne le ciel autrement.

Alors qu'elle vint pour vivre en ce séjour abject qui, à vrai dire, ne fut pas digne de la posséder, ce fut une chose merveilleuse de la voir, déjà pleine de sainteté et charmante dès l'âge le plus tendre : on eût dit une perle enchâssée dans l'or fin : et, en marchant d'un pas encore mal assuré, elle rendait le bois, l'eau, la terre ou la pierre, vert, limpide, suave ; et ses mains et ses pieds, en touchant à l'herbe, lui donnaient la fraîcheur et la croissance ; et ses beaux yeux faisaient fleurir les campagnes ; et elle calmait les vents et les orages avec les bégaiements de sa langue à peine sevrée, montrant clairement au monde aveugle et sourd quelle céleste lumière habitait dès lors avec elle.

Dès que, croissant en âge et en vertu, elle eut atteint aux fleurs de son troisième été, je ne crois pas que le Soleil ait jamais vu de grâce ni de beauté pareille. La joie et l'honnêteté remplissaient ses yeux, et ses paroles répandaient la douceur et la consolation. Toutes les langues sont muettes pour dire sur elle ce que seul tu en sais. Elle a le visage si éclairé de célestes rayons, que votre vue n'a pu s'y arrêter ; et sa belle prison terrestre t'a rempli le cœur d'un tel feu, que nul autre n'a jamais été si doucement consumé. Mais il me paraît que son départ subit te fera prématurément une amère existence.

Cela dit, elle retourna à sa roue inconstante, où elle dévide le fil de notre destinée, triste et infaillible devineresse de mes infortunes ; car, peu d'années après, celle qui m'inspire une telle ardeur de mourir, ô ma Chanson, fut ravie par la mort brutale et inhumaine, qui ne pouvait faire périr un corps plus beau.

## SONNET CCLXXXII.

**IL SE CONSOLE EN PENSANT A LA FÉLICITÉ DE LAURE.**

Tu as fait maintenant tout ce que tu pouvais accomplir, ô Mort impitoyable; tu as ruiné le royaume d'Amour; tu as éteint la lumière, moissonné la fleur de la beauté, et tu l'as enfermée dans une étroite fosse.

Maintenant tu as dépouillé notre existence de tout ce qui l'embellissait, et ravi son suprême honneur; mais la renommée et le mérite, qui ne meurent jamais, ne sont pas en ton pouvoir : habite les os que tu as mis à nu;

Car le reste, c'est le ciel qui le possède et qui s'égaie et se glorifie de son éclat comme d'un soleil plus beau, et le monde des bons en gardera à jamais la mémoire.

Ange nouveau, qu'au sein de sa victoire si grande, votre cœur se laisse vaincre là-haut en ma faveur par la pitié, comme le mien fut vaincu ici-bas par votre beauté.

## SONNET CCLXXXIII.

**IL ESPÈRE DONNER A LAURE L'IMMORTALITÉ SUR LA TERRE.**

Le souffle et le parfum, et la fraîcheur et l'ombre du doux Laurier, et son aspect fleuri, lumière et repos de ma misérable vie, tout m'a été ravi par celle qui ravage le monde entier.

Comme disparaît à nos yeux le Soleil, quand sa sœur fait ombre sur lui, ainsi, ayant vu disparaître ma sublime lumière, je demande à la mort du secours contre la mort, tant sont ténébreux les pensers dont Amour m'accable.

O belle dame, tu as dormi un bien court sommeil : tu es réveillée maintenant au milieu des esprits élus, où l'âme repose dans le sein de son créateur;

Et si mes chants ont quelque puissance, ton souvenir consacré parmi les nobles intelligences éternisera ton nom ici-bas.

## SONNET CCLXXXIV.

#### IL S'AFFLIGE DE N'AVOIR PAS SU PRÉVOIR LA MORT DE SA DAME.

Je touchais, hélas! au dernier de mes jours heureux que j'ai vus en petit nombre dans cette courte existence, et mon cœur était devenu comme une neige attiédie, présage peut-être des jours tristes et noirs.

Comme celui que menace la fièvre entrée en sa maison, a déjà les nerfs, le pouls et la pensée malades, ainsi je me sentais, sans savoir que s'approchât rapidement le terme de mon bonheur qui n'était pas complet.

Les beaux yeux qui brillent maintenant au ciel, heureux de la lumière d'où pleut le salut et la vie, alors qu'ils laissèrent les miens ici-bas misérables et mendiants,

Leur disaient, remplis alors de bienveillantes et nouvelles clartés : Demeurez en paix, ô chers amis : nous ne nous reverrons plus ici-bas ; mais nous nous retrouverons ailleurs.

## SONNET CCLXXXV.

#### L'ABSENCE ET LE TRÉPAS.

O jour, heure et moment suprême, étoiles conjurées pour ma ruine ! O fidèle regard, que voulus-tu me dire alors que je partis, pour n'avoir plus jamais de satisfaction.

A présent je sais ce que j'ai perdu ; à présent je ressens tout mon malheur : moi qui croyais (ah! vaine et impuissante croyance!) perdre par mon départ une partie seulement et non le tout ; combien d'espérances le vent emporte avec lui !

Car déjà le ciel avait ordonné le contraire, et que serait éteinte la divine lumière qui me donnait la vie ; et c'était écrit dans ses regards pleins de douceur et d'amertume.

Mais j'avais devant les yeux un voile qui m'empêchait de voir ce que je voyais, afin que ma vie, subitement frappée, en devînt plus misérable.

## SONNET CCLXXXVI.

#### LA DERNIÈRE ENTREVUE.

Ce charmant, doux, chéri et bienveillant regard semblait dire : Prends de moi tout ce qu'il t'est possible ; car jamais tu ne me reverras ici-bas, après que tes pieds, si lents à se mouvoir, t'auront emporté loin de moi.

Intelligence plus rapide qu'un léopard, comment, nonchalante à prévoir tes douleurs, n'as-tu pas vu dans ses yeux ce que tu vois à présent ? c'est pour cela que je me ronge et me consume.

Au milieu du silence, plus scintillants qu'ils n'avaient accoutumé, ils disaient : O lumières amies qui, depuis longtemps, avec tant de douceur, fîtes de nous vos miroirs,

Le ciel nous attend, et il vous semblera que ce soit de bonne heure ; mais celui qui nous lia ici-bas nous dégage du nœud qui nous retient, et veut, pour vous éprouver, que le vôtre y vieillisse.

## CANZONE XXVI.

#### LE POÈTE SE PLAINT DE N'AVOIR PU MOURIR AVANT SA DAME.

J'avais coutume, loin de la source de ma vie, de parcourir la terre et les mers, guidé non par ma volonté, mais par mon étoile, et toujours je m'en allai (c'est ainsi qu'Amour me vint en aide) pendant ces exils où il répand à son gré l'amertume, nourrissant mon cœur de souvenirs et d'espoir. A présent, hélas ! je lève la main, et je rends les armes à ma funeste et rigoureuse destinée qui m'a ravi une si douce espérance. Le souvenir seul me reste, et seul me sert à nourrir le grand désir qui me brûle : ainsi mon âme renaît moins affaiblie par le jeûne.

Comme un courrier, si les aliments lui manquent en chemin, est contraint de ralentir sa course, quand diminue la force qui le faisait aller avec rapidité ; ainsi, lorsque manque à ma triste vie cette précieuse nourriture où est venue mordre celle qui met le monde à nu et l'affliction dans mon cœur, je sens d'heure en heure ce qui est doux me devenir acerbe, et ce qui séduit, importun ; aussi je n'espère pas, dans ma frayeur, accomplir mon voyage, si court qu'il soit. Comme la neige ou la poussière chassée par le vent, je m'enfuis, renonçant à mon pèlerinage ; et qu'ainsi soit, puisque tel est mon destin.

Jamais cette vie mortelle ne m'a plu (Amour le sait; car j'en parle sans cesse avec lui), si ce n'est à cause de celle qui fut sa lumière et la mienne. Depuis qu'en mourant sur la terre, renaquit au ciel cet esprit par qui j'ai vécu, le suivre est mon suprême désir ; que ne m'est-il permis d'y céder ! Mais je dois à jamais m'affliger d'avoir été malhabile à prévoir mon sort qu'Amour me révéla sous ce beau sourcil pour m'inspirer une autre résolution ; car tel va mourir triste et inconsolé, pour qui, peu auparavant, le trépas eût été bienheureux.

Dans les yeux où mon cœur avait coutume d'habiter, jusqu'au moment où ma cruelle destinée lui porta envie et vint le bannir d'un asile si fortuné, Amour avait de sa propre main écrit en lettres pieuses ce qui devait bientôt advenir du long voyage où le désir m'avait entraîné. Il était beau, il était doux alors de mourir, quand, par ma mort, ma vie ne mourait pas aussi, mais que survivait la meilleure partie de mon être. Maintenant la Mort a dispersé mes espérances, et un peu de terre foule tout mon bonheur ; et j'existe, et jamais je n'y pense que je ne frémisse.

Si la faible intelligence que je possède m'eût assisté au besoin, et qu'une autre passion ne l'eût pas égarée en l'emportant autre part, j'aurais su lire sur le front de Madame : *Te voici arrivée à la fin de toute la douceur dévolue à ta vie et au commencement de ses longues amertumes.* En entendant ces mots, doucement délivré en sa présence de mon voile mortel et de cette chair importune et pénible, je pouvais m'en aller devant elle pour voir préparer son trône dans le ciel. Désormais je ne puis partir qu'après elle et avec d'autres cheveux.

Chanson, si tu trouves un homme vivant paisiblement dans son amour, dis-lui : Meurs tandis que tu es heureux ; car la mort qui vient à propos n'est pas un malheur, mais un refuge, et, lorsque s'offre un beau trépas, il ne faut pas chercher de délais.

## SEXTINE IX.

#### PLAINTES CONTRE LA MORT.

Ma bénigne fortune et la joie de vie, les jours sereins et les paisibles nuits, et les soupirs suaves et le doux style qu'on entendait résonner en vers et en rimes, subitement tournés en deuil et en pleurs, me font haïr la vie et désirer la mort.

Cruelle, acerbe, inexorable Mort, tu m'as donné un motif de n'être jamais joyeux, et de passer au contraire toute ma vie dans les pleurs, et mes jours dans les ténèbres, et dans le deuil mes nuits. Mes pénibles soupirs ne s'exhalent plus en rimes ; et il n'est pas de style qui ne soit vaincu par mon cruel martyre.

Où en est arrivé mon amoureux style ? A des paroles de colère, des entretiens de mort. Où sont les vers, où sont allées ces rimes qu'un noble cœur écoutait pensif et joyeux ? Où ces devis d'amour qui remplissaient mes nuits ? Je ne parle aujourd'hui et ne pense que pour pleurer.

Autrefois le désir me rendait les pleurs si doux qu'ils remplissaient de douceur le style le plus aigre et me faisaient veiller toutes les nuits. Aujourd'hui pleurer m'est plus amer que la mort ; car je ne puis jamais espérer de revoir ce regard chaste et joyeux, sujet sublime à mes rimes rampantes.

Amour plaça pour mes rimes un clair signal dans ces beaux yeux, et maintenant il l'a mis dans les pleurs, émus au douloureux souvenir des jours joyeux ; aussi je vais changeant mon style en même temps que mes pensers, et te priant, ô pâle Mort, de me soustraire à des nuits si pénibles.

Le sommeil a fui loin de mes nuits cruelles, et le souffle manque à mes rimes étouffées, qui ne savent traiter d'autre sujet que la mort : ainsi mes chants se sont tournés en pleurs. Il n'y a pas dans l'empire d'Amour de style si divers ; car il est à présent aussi triste qu'il fut joyeux naguère.

Personne ne vécut jamais plus joyeux que moi ; personne ne vit plus triste pendant les jours et pendant les nuits ; et la douleur, en se doublant ainsi, vient doubler le style qui tire de mon cœur de si déplorables rimes. J'ai vécu d'espoir, à présent je ne vis que de pleurs, et je n'ai contre la Mort de recours qu'en la Mort.

La Mort m'a fait mourir, et seule la Mort peut faire que j'aille revoir ce visage joyeux qui me rendait les soupirs et les pleurs si charmants, et donnait à mes nuits la brise douce et la pluie ; et quand je tissais en rimes les pensées d'élection, Amour venait donner l'essor à mon style débile.

Que n'ai-je à présent un style si touchant, qu'il pût retirer ma Laure des mains de la Mort, comme Orphée reprit son Eurydice sans employer de rimes, et ainsi je vivrais encore plus joyeux que jamais. Si cela ne se peut, qu'une de ces nuits ferme enfin ces deux sources de pleurs.

Amour, j'ai, pendant maintes et maintes années, pleuré ma funeste perte en lamentable style, et je n'espère pas que tu m'accordes jamais de moins cruelles nuits ; c'est pourquoi je viens supplier la Mort de m'enlever d'ici-bas, pour me rendre joyeux, vers le séjour de celle que je chante et pleure en ces rimes.

Si mes faibles rimes peuvent monter assez haut pour atteindre jusqu'à *elle*, qui, maintenant hors de ce séjour de colère et de pleurs, rend le ciel joyeux de ses beautés, elle saura reconnaître mon style bien changé, qui, peut-être autrefois, l'a charmée, avant que la Mort eût fait pour elle un jour serein, pour moi de sombres nuits.

O vous qui soupirez sous de meilleures nuits, qui écoutez des paroles d'amour ou en répétez dans vos rimes, priez pour que la Mort ne soit plus sourde à mes vœux; car elle est le port des infortunes et le terme des pleurs; qu'elle se départe une fois de son style antique dont tout homme est affligé et qui peut me rendre si joyeux.

Elle peut me rendre joyeux en une seule nuit, ou du moins en peu de nuits; et, dans cet âpre style et ces rimes douloureuses, je prie la Mort de mettre fin à mes pleurs.

## SONNET CCLXXXVII.

### IL ENVOIE SES RIMES AU SÉPULCRE DE LAURE.

Allez, gémissantes rimes, vers la cruelle pierre qui recouvre mon bien-aimé trésor enseveli dans la terre : là élevez la voix vers *elle*, qui vous répondra du haut du ciel, bien que ses dépouilles mortelles soient enfermées dans ce séjour obscur et abject.

Dites-lui que je suis enfin lassé de vivre, de naviguer sur ces ondes affreuses; mais que je suis ses traces ainsi pas à pas, en recueillant ses feuilles dispersées,

Et ne m'entretenant que d'elle seule, soit vivante, soit morte, vivante toujours, et maintenant devenue immortelle; car je veux que le monde la connaisse et qu'il l'aime.

Qu'il lui plaise être favorable à mon trépas, bien proche désormais; qu'elle vienne à ma rencontre, et, telle que la possède le ciel, m'attire et m'appelle à soi.

## SONNET CCLXXXVIII.

#### IL DEMANDE QUE LAURE L'ASSISTE A SA MORT.

Si un chaste amour peut être digne de merci, et que la pitié n'ait pas tout son pouvoir accoutumé, j'obtiendrai cependant merci ; car ma foi est pour Madame, comme pour le monde, plus claire que le Soleil.

Elle qui jadis s'effrayait de moi, non-seulement elle croit, mais elle sait aujourd'hui que je n'ai jamais voulu que ce que je veux à présent ; et, si elle entendait alors mes paroles ou voyait mon visage, elle voit maintenant et mon âme et mon cœur :

Aussi j'espère que tous les soupirs qui s'en exhalent l'affligent jusque dans le ciel : et ainsi le montre-t-elle en se tournant vers moi si pleine de pitié ;

Et j'espère qu'au moment où j'abandonnerai ici-bas cette dépouille, elle viendra vers moi, accompagnée de cette cohorte dont nous sommes, et qui aime sincèrement et le Christ et la vertu.

## SONNET CCLXXXIX.

#### VISION.

Entre mille dames, j'en ai vu une naguère d'un aspect tel que mon cœur fut assailli d'une amoureuse épouvante, en la voyant sous sa véritable figure se révéler semblable aux célestes esprits.

Il n'y avait en elle rien de terrestre ou de mortel, non plus qu'en ceux à qui tout est indifférent, si ce n'est le ciel. Mon âme, qui a brûlé si longuement et a grandi pour elle, saisie de désir, ouvrit les deux ailes pour la suivre :

Mais elle était trop élevée pour le terrestre fardeau que je porte ; bientôt elle échappa entièrement à mes regards, et, quand j'y pense, je me sens encore glacé et stupéfait.

O belles, et sublimes, et splendides fenêtres par où celle qui a mis bien du monde en deuil a trouvé une voie pour entrer dans un si beau corps !

## SONNET CCXC.

#### IL LUI SEMBLE VOIR SA DAME TOUJOURS VIVANTE.

Sans cesse en mon âme revient celle qui ne peut en être bannie par le Léthé; ou plutôt elle habite au dedans, telle que je la vis en sa saison fleurie, toute embrasée des rayons de son étoile.

Elle m'apparaît d'abord recueillie en elle-même, si chaste, et si belle, et si solitaire, que je m'écrie : C'est bien elle-même; elle est encore en vie : et je la prie de me gratifier de ses douces paroles.

Tantôt elle répond, et tantôt elle ne dit mot. Moi, comme un homme qui se trompe et dont ensuite le jugement se redresse, je dis à mon esprit : Tu es le jouet d'une illusion;

Tu sais bien qu'en mil trois cent quarante-huit, le sixième jour d'Avril, sur la première heure, cette âme bienheureuse abandonna son corps.

## SONNET CCXCI.

#### BEAUTÉ SUPRÊME DE SA DAME.

Ce caduc et fragile trésor de notre monde, qui n'est qu'un souffle et qu'une ombre, et qu'on nomme Beauté, ne fut jamais, excepté dans cet âge, tout entier dans un seul corps; et cela arriva pour mon malheur.

Car la nature ne veut pas (et ce ne serait pas juste), pour enrichir un seul, réduire les autres à la pauvreté; mais en ce temps elle a déversé sur une seule personne toutes ses largesses : que celles qui sont belles ou qui se tiennent pour telles me pardonnent.

Il n'y eut jamais de beauté pareille dans les temps antiques ou modernes, et jamais il n'y en aura, à ce que je crois; mais elle resta si voilée, qu'à peine si ce monde errant et léger s'aperçut de sa présence.

Elle a promptement disparu : c'est pourquoi je suis heureux de changer seulement pour plaire à ses regards sacrés le peu de jours qui me sont offerts par le ciel.

## SONNET CCXCII.

#### RETOUR A DIEU.

O temps, ô ciel inconstant, qui abuses en t'enfuyant les aveugles et misérables mortels! O jours plus rapides que le vent et les flèches, je connais maintenant vos fraudes par expérience;

Mais je ne vous accuse pas, et c'est moi seul que je blâme : car la Nature vous ouvrit les ailes pour voler; à moi, elle m'a donné des yeux, et je les ai réservés pour servir à mon malheur : voilà ce qui me remplit de honte et d'affliction.

Et il serait l'heure, elle est même passée, de les retourner vers un but plus certain, et de mettre un terme à ces plaintes sans fin.

Amour, ce n'est pas de ton joug que mon âme s'éloigne, mais bien du mal qui lui en arrive, et qu'elle évite, avec quel soin, tu le sais : la vertu n'est pas un effet du hasard, mais c'est une belle science.

## SONNET CCXCIII.

#### APOTHÉOSE ALLÉGORIQUE.

Celui-là qui surpassait en parfums et en éclat l'odoriférant et splendide Orient, fruits, fleurs, herbes et feuilles, et par qui le Ponant remportait le prix de toute rare perfection,

Mon doux Laurier, cet habituel asile de toute beauté, de toute ardente vertu, voyait chastement à son ombre s'asseoir et mon Seigneur et ma Divinité.

J'ai placé aussi sur cette adorable plante le nid de mes pensées choisies; et, frissonnant au milieu du feu et de la glace, j'ai été bien heureux tout en me consumant.

Le monde était plein de ses mérites sans tache, alors que Dieu, pour en orner le ciel, la rappela à soi; et c'était une créature faite pour lui.

## SONNET CCXCIV.

#### SA DAME CONNUE SEULEMENT DU CIEL ET DE LUI.

O Mort, tu as laissé, en éteignant son Soleil, le monde obscur et froid, Amour aveugle et désarmé, la grâce sans vêtement, les beautés impuissantes, mon âme inconsolable et devenue à moi-même un pénible fardeau ;

Et la courtoisie exilée d'ici-bas, et l'honnêteté à jamais ruinée : je m'afflige seul, et je n'ai pas seul des motifs de m'affliger ; car tu as arraché le germe brillant de la vertu, éteint le premier de tous les mérites : que sera-ce du second ?

L'air, la terre et la mer devraient pleurer sur la race de l'homme, qui sans *elle* est comme un pré sans fleur, ou comme un anneau sans brillant.

Le monde ne la connut pas tandis qu'il la posséda : je l'ai connue, moi qui suis resté ici-bas pour pleurer, et le ciel aussi qui s'embellit maintenant du sujet de mes pleurs.

## SONNET CCXCV.

#### IL A ÉTÉ ÉBLOUI PAR LES PERFECTIONS DE LAURE.

Pendant tout le temps que le ciel tint mes yeux ouverts, et qu'Amour et l'étude donnèrent l'essor à mes ailes, j'ai connu des choses inouïes et charmantes, mais mortelles et que chaque étoile peut répandre sur une créature.

Quant aux autres qualités altières, célestes et immortelles qui sont en si grand nombre, si diverses et si étrangères à la terre, comme elles dépassaient la portée de l'intelligence, mon faible regard ne put en soutenir l'éclat.

C'est pourquoi tout ce que j'ai dit ou écrit sur elle, et qu'elle me rend aujourd'hui en éloges ou plutôt en prières devant Dieu, n'a été qu'une goutte fugitive en des torrents infinis.

Car le style ne s'élève pas au-delà des forces de l'esprit : et, pour avoir les yeux fixés sur le Soleil, un homme y voit d'autant moins que la splendeur en est plus grande.

## SONNET CCXCVI.

#### IL INVITE LAURE A VENIR LE CONSOLER EN SONGE.

O ma douce sûreté, précieuse et chérie, que m'a ravie la Nature et que le ciel me garde! oh! comment ta pitié est-elle envers moi si tardive, toi, soutien habituel de ma vie?

Naguère tu trouvais au moins mon sommeil digne de ton aspect; tu souffres à présent que je me consume sans nul secours : et qui peut causer ce retard? Là-haut n'habite jamais ni la colère ni le dédain,

Qui font qu'ici-bas, un cœur bien compatissant se plaît parfois à se repaître des tourments d'autrui, de sorte qu'Amour est vaincu au sein de son empire.

Toi qui vois au dedans de moi, qui connais la réalité de mes souffrances, et qui seule peux mettre fin à tant de douleur, que ton ombre vienne apaiser mes plaintes.

## SONNET CCXCVII.

#### IL LA REMERCIE DE L'AVOIR PROMPTEMENT EXAUCÉ.

Oh! quel cœur compatissant, quel ange fut si prompt à porter dans le ciel le cri de mon affliction? que je voie encore, comme j'avais coutume, revenir Madame sous ce doux et affable maintien qui lui est propre,

Afin d'apaiser mon cœur misérable et désolé. Elle m'apparaît toute remplie de douceur et dépouillée d'orgueil, et telle, en somme, que je me retire de la Mort; et je vis, et la vie cesse de m'être importune.

Bienheureuse es-tu, toi qui peux rendre le bonheur aux autres par ton aspect, ou bien par ces paroles, que nous deux seuls, nous comprenons.

O mon fidèle ami, je te donne beaucoup d'affliction; mais c'est pour notre bien que j'ai été cruelle envers toi. Voilà ce qu'elle dit, et d'autres choses encore capables d'arrêter le Soleil.

## SONNET CCXCVIII.

#### COMMENT SA DAME LE CONSOLE.

De cet aliment dont mon Seigneur est toujours prodigue, les larmes et le deuil, je nourris mon triste cœur, et sans cesse je frissonne, et sans cesse je pâlis, en pensant à l'âpre et profonde blessure qui le ronge.

Mais celle qui n'eut en son temps ni supérieure, ni pareille, ni seconde, vient près du lit où je languis, telle que j'ose à peine la regarder; et pieuse, elle s'asseoit à mon chevet.

Avec cette main que j'ai tant désirée, elle m'essuie les yeux : et ses paroles m'apportent une douceur qu'aucun homme mortel n'a jamais ressentie.

Que sert le savoir à qui se désespère? me dit-elle alors. Cesse tes larmes; ne m'as-tu pas assez pleurée? Plût au ciel que tu fusses vivant, comme il est vrai que je ne suis pas morte.

## SONNET CCXCIX.

#### C'EST LAURE QUI LUI CONSERVE LA VIE.

En repensant à ce que le ciel honore aujourd'hui, au suave regard, à la tête dorée qui s'incline, à ce visage, à cette voix angélique et modeste qui doucement me calmait, et qui maintenant m'afflige.

Je m'émerveille fort comment je suis encore vivant, et je ne le serais déjà plus si celle qui nous a laissés en doute de ce qui l'emportait en elle, la beauté ou l'honneur, n'eût été si prompte à me délivrer du danger à l'heure de l'aurore.

O quels doux accueils, et chastes et pieux! Et comme attentivement elle écoute et retient la longue histoire de mes souffrances !

Lorsque la clarté du jour fut venue la frapper, elle retourna vers le ciel dont elle sait toutes les voies, et ses yeux étaient humides, ainsi que ses deux joues.

20.

## SONNET CCC.

#### IL DÉPLORE LES MAUX QUI L'ONT TOUJOURS ACCABLÉ.

Il fut peut-être un temps qu'Amour était une douce chose, non pas que j'en sache l'époque; maintenant c'en est une si amère que nulle ne l'est davantage. Bien sait ce qu'il en est, celui qui en fait l'apprentissage comme je le fis à ma grande douleur.

Celle qui fut l'honneur de notre siècle et qui est maintenant une habitante du ciel, tout embelli et éclairci par elle, me donna pendant sa vie de rares et courts instants de calme, et à présent elle m'a entièrement ravi le repos.

La Mort m'a enlevé tout mon cruel bonheur, et, dans mon infortune, je ne puis être consolé par la grande félicité de ce bel esprit affranchi de ses liens.

J'ai pleuré et j'ai chanté; je ne sais plus changer de note; mais, jours et nuits, ma langue et mes yeux exhalent et déversent le deuil amassé dans mon âme.

## SONNET CCCI.

#### PALINODIE.

Amour et la douleur ont poussé ma langue, disposée à se lamenter, à un excès où elle n'eût pas dû se laisser aller; car elle a dit, de celle pour qui j'ai chanté et brûlé, ce qui serait un tort si ce pouvait être vrai.

Mes cruelles misères devraient être bien assez calmées par cette âme bienheureuse, et mon cœur devrait se consoler en la voyant tellement se familiariser avec celui qu'elle eut toujours dans le cœur pendant sa vie.

Je m'apaise donc et me console moi-même, et je ne voudrais pas la revoir dans cet enfer; mais je désire mourir et vivre seul ici-bas.

Car, plus belle que jamais, avec le regard intérieur je la vois au milieu des Anges prenant son essor aux pieds de son Seigneur éternel qui est aussi le mien.

## SONNET CCCII.

#### L'ARRIVÉE DE LAURE DANS LE CIEL.

Les anges élus et les âmes bienheureuses, habitantes du ciel, le premier jour que Madame fut trépassée, se rassemblèrent autour d'elle, remplis d'étonnement et d'un pieux respect.

Quelle lumière est celle-ci, et quelle est cette beauté nouvelle, disaient-ils entre eux, car jamais on ne vit, dans toute la durée des âges, une si noble créature s'élever du monde de l'erreur à ce séjour sublime.

Elle, contente d'avoir changé d'habitation, se réunit alors aux plus parfaits, et cependant, de temps en temps, se retourne en arrière,

Regardant si je la suis, et il semble qu'elle attende ; c'est pourquoi je dresse vers le ciel tous mes désirs et mes pensées; car je l'entends prier que je me hâte.

## SONNET CCCIII.

#### IL SUPPLIE LAURE D'INTERCÉDER POUR LUI AUPRÈS DE DIEU.

Dame qui habites joyeuse avec notre Créateur, comme ta sainte vie le requiert, assise sur un trône sublime et glorieux, et dans une parure qui efface les perles et la pourpre ;

O parmi les dames noble et rare prodige, tu vois maintenant, sur le visage de celui qui voit tout, et mon amour et cette foi sans tache qui m'a fait répandre tant de larmes et d'encre ;

Et tu sais que mon cœur, en aspirant à toi sur la terre, fut tel qu'il est à présent en y aspirant dans le ciel ; et jamais je n'ai voulu de toi que le soleil de tes yeux.

Donc, pour me dédommager de la longue guerre que j'ai soufferte en ne cherchant que toi seule dans le monde, prie que je vienne bientôt demeurer avec vous.

## SONNET CCCIV.

#### ÉNUMÉRATION DES PERFECTIONS DE SA DAME.

Des plus beaux yeux et du front le plus clair qui jamais ait brillé, et des plus beaux cheveux qui faisaient paraître moins beaux et l'or et le Soleil; du plus doux parler et du plus doux sourire ;

Des mains, des bras qui, sans se mouvoir, auraient triomphé des rebelles les plus hardis qu'Amour trouva jamais ; des pieds agiles, les plus beaux qu'on ait vus, et de toute cette personne formée en paradis,

Mes esprits recevaient la vie ; ils charment maintenant le Roi des cieux et ses courriers ailés, et moi je suis resté ici aveugle et dépouillé.

Je n'attends qu'un seul soulagement à mes peines, c'est que celle dont le regard pénètre toutes mes pensées obtienne par grâce que je puisse être avec elle.

## SONNET CCCV.

#### IL NE DÉSIRE PLUS QUE LA MORT.

Il me semble à chaque instant entendre le message que Madame m'envoie pour me rappeler à elle ; ainsi je vais en me changeant au dedans et au dehors, et je suis en peu d'années si abattu,

Qu'à peine si je puis me reconnaître moi-même. J'ai mis de côté toutes les habitudes de ma vie ; je serais heureux d'en savoir le terme ; mais, certes, l'époque n'en devrait pas être éloignée.

O bienheureux ce jour où, sortant de la terrestre prison, je briserai et rejetterai le vêtement pesant, fragile et périssable, dont je suis enveloppé ;

Alors que m'éloignant de ces ténèbres si épaisses, je m'éleverai d'un essor si haut dans l'espace sans nuages que je verrai mon Seigneur et ma Dame.

## SONNET CCCVI.

### LES APPARITIONS DE SA DAME.

Dans mon pénible repos, je sens si souvent revenir le souffle sacré de Laure, que je m'enhardis à lui révéler les souffrances que j'ai endurées et que j'endure encore, ce que je n'aurais pas osé faire lorsqu'elle vivait.

Je commence depuis ce regard amoureux qui fut l'origine d'un si long tourment, et, poursuivant, je dis comment, misérable et satisfait, de jour en jour, d'heure en heure, Amour m'a consumé.

Elle se tait, et, le front coloré de pitié, elle arrête son regard sur moi; elle soupire cependant, et de tendres pleurs embellissent son visage.

Alors mon âme, accablée de douleur, tandis qu'en pleurant elle s'afflige avec elle, échappe au sommeil et revient à elle-même.

## SONNET CCCVII.

### IL S'ENCOURAGE A MOURIR.

Chaque jour il me semble qu'il y a plus de mille années que je marche à la suite de ma *guide* fidèle et chérie qui me conduisit à travers le monde, et maintenant me conduit par une route meilleure à une vie libre de tourments.

Et les artifices du monde ne peuvent me retenir; car je le connais, et si grande est la lumière qui resplendit au dedans de mon cœur en s'étendant jusqu'au ciel, que je commence à calculer le temps et les dommages que j'ai soufferts.

Et je ne dois pas redouter les menaces de la mort que notre Roi endura avec des peines plus cruelles, pour me rendre ferme et courageux à l'imiter.

Et aujourd'hui, tout récemment, elle a pénétré dans les veines de celle qui présidait à mes destins, et elle n'a pas troublé la sérénité de son front.

## SONNET CCCVIII.

###### MÊME SUJET.

La Mort ne peut rendre le doux visage amer; mais le doux visage peut donner de la douceur à la Mort. Qu'est-il besoin pour bien mourir d'assistances étrangères? Celle-ci m'assiste, qui m'enseigne tout ce qui est bien;

Et celui qui ne fut pas avare de son sang, qui brisa de son pied les portes du Tartare, vient m'encourager par l'exemple de son trépas. Viens donc, ô Mort, ton atteinte m'est chère:

Et ne tarde pas; car il est bien temps enfin; et s'il pouvait en être autrement, ce fut le temps à ce moment où Madame passa de cette vie à l'autre.

Depuis lors je n'ai pas vécu un seul jour, j'ai fait la route avec elle, et avec elle je suis arrivé au but; c'est avec ses pieds que j'ai fourni ma journée.

## CANZONE XXVII.

###### IL S'ENTRETIENT EN SONGE AVEC SA DAME.

Quand mon suave et fidèle secours, pour rendre le repos à ma vie affligée, vient se placer au côté gauche de mon lit, me parlant avec cette douce sagesse qui lui est propre, tout défait de frayeur et de tendre piété, je lui dis alors: D'où viens-tu à cette heure, ô bienheureuse âme? Elle tire de son sein un rameau de palme et un autre de laurier, et répond: Je viens des espaces sans nuages du ciel Empyrée, et j'ai quitté ces saintes régions seulement pour venir te consoler.

Je la remercie humblement en façons et en paroles, et puis je lui demande: Maintenant d'où as-tu appris l'état de mon âme? Et elle: Les tristes flots de larmes dont jamais tu n'es rassasié, et le souffle de tes soupirs arrivent jusqu'au ciel, à travers un si grand espace, et y troublent la paix dont je jouis; tant il te déplaît que j'aie abandonné cette vie misérable pour en obtenir une meilleure, ce dont tu devrais être heureux, si tu m'as aimée autant que tu le témoignas par ton air et tes discours.

Je réponds : Je ne pleure que sur moi-même, qui suis resté livré aux ténèbres et à la souffrance, et je n'ai pas douté un instant que tu ne fusses montée au ciel, pas plus qu'un homme ne doute d'une chose qu'il voit de près. Comment Dieu et la nature auraient-ils mis tant de vertu dans un cœur juvénile, si l'éternelle félicité ne devait être le prix de ses bonnes œuvres? O toi, l'une des âmes choisies, qui vécus ici-bas d'une vie sublime, et qui bientôt t'envolas vers le ciel.

Mais moi, que dois-je faire, sinon pleurer sans cesse ma vie misérable et solitaire? car sans toi je ne suis rien; et plût au ciel que j'eusse été enlevé à la mamelle et au berceau, pour n'être pas soumis aux amoureuses épreuves. Mais elle : A quoi te sert de pleurer et de te désoler ainsi? Combien il était mieux de donner à tes ailes l'essor loin de la terre, et de peser dans une juste balance les choses périssables et ces douces folies qui t'abusent : ainsi tu m'aurais suivie, s'il est vrai que tu aies pour moi tant d'amour, cueillant enfin quelque rameau pareil à ceux-ci.

Je voulais demander et je réponds alors : Que veulent exprimer ces deux feuillages? Toi-même, dit-elle, tu réponds à ta question, toi dont la plume a mis l'un dans un tel honneur. La palme est la victoire; et moi, jeune encore, j'ai vaincu et le monde et moi-même : le laurier est le signe du triomphe dont j'ai été jugée digne, grâces à ce Seigneur qui me donna la force pour combattre. Maintenant, si on te fait violence, tourne-toi vers lui et demande-lui secours, afin que nous soyons avec lui quand ta course sera terminée.

Sont-ce encore là, lui dis-je, ces blonds cheveux et ce nœud qui me lie jusqu'à présent, et ces beaux yeux qui furent mon soleil?—N'imite pas les erreurs des insensés, et ne parle pas, dit-elle, et ne te fais pas des croyances à leur exemple. Je suis un esprit sans corps, et je jouis du bonheur céleste. Ce que tu cherches est réduit en terre depuis déjà bien des années ; mais, pour te tirer de tourment, il m'est permis de t'apparaître ainsi ; et plus belle que jamais et de toi plus chérie, je serai encore celle que tu connus si sauvage et pieuse, quand j'affermissais ton salut et le mien.

Je pleure, et elle m'essuie le visage de ses mains, et puis doucement soupire, et se désole avec des paroles capables de rompre les pierres : et après cela elle me quitte, ainsi que le sommeil.

## CANZONE XXVIII.

#### LE PROCÈS.

Ce doux et impitoyable Seigneur qui me maîtrise depuis bien du temps ayant été cité devant la Reine qui dirige ce qu'il y a de divin dans notre nature et qui en occupe le faîte, je suis venu là, semblable à l'or affiné dans le feu, me présenter avec mon fardeau de douleur, d'épouvante et d'horreur, dans le maintien d'un homme qui redoute la mort et demande à se défendre ; et je commence ainsi : Madame, j'ai mis, dès mon tout jeune âge, le pied gauche dans les domaines de celui-ci, dont je n'ai jamais éprouvé que la colère et le dédain ; et là j'ai eu à souffrir tant et de si divers tourments, qu'à la fin y fut vaincue ma patience, quoique infinie, et que je pris la vie en haine.

Ainsi tout mon temps jusqu'ici s'est consumé dans les flammes et la souffrance ; et combien d'issues profitables et honnêtes, combien de bons accueils j'ai méprisés pour suivre ce cruel abuseur ! Et quel esprit a les paroles assez promptes pour embrasser les infortunes de mon existence, et les plaintes si nombreuses, si graves et si justes que j'ai faites de cet ingrat ? O combien peu de miel, et quelle abondance d'aloës et de fiel il m'a fait goûter ! Dans quelle amertume a-t-il plongé ma vie avec sa fausse douceur qui m'entraîna parmi l'amoureuse cohorte ! Car si je ne me trompe, j'étais disposé à m'élever bien au-dessus de la terre, et il m'a ravi du sein de la paix pour me livrer à la guerre.

Celui-ci a été cause que j'ai moins aimé Dieu que je ne le devais, et que j'ai moins veillé sur moi-même : pour l'amour d'une dame, j'ai regardé toute pensée comme également indifférente : sur quoi lui seul a été mon conseiller, en aiguisant sans cesse le désir juvénile sur la funeste pierre où j'espérais pouvoir me reposer de son joug âpre et cruel. Malheureux, à quoi me sert le génie clairvoyant et altier et les autres dons que m'accorda le ciel, puisque je m'en vais changeant mes cheveux, et que je ne puis changer mon obstinée volonté? Ce cruel que j'accuse m'a si bien dépouillé de toute liberté, qu'il m'a tourné cette vie amère en une douce habitude.

Il m'a fait aller vers des pays déserts, affronter des bêtes et des voleurs rapaces, des bois impraticables, des peuples et des mœurs barbares, et toutes les erreurs qui entravent les pas des voyageurs, des monts, des vallées, des marais, et des mers, et des fleuves, mille lacets tendus de tous côtés, et l'hiver en des mois étrangers aux frimas, accompagné de fatigues et de dangers incessants. Et ni celui-ci, ni cette autre ennemie de ma vie, partout où je pouvais fuir, ne me laissaient seul un instant : si donc je ne suis pas devenu avant le temps la proie d'une mort acerbe et cruelle, je suis redevable de mon salut à la céleste miséricorde, et non à ce tyran qui se repaît de mes douleurs et de mon infortune.

Depuis qu'il prit possession de moi, je n'ai pas eu et je n'espère pas avoir une heure de tranquillité. Mes nuits ont banni le sommeil, et il n'est pas d'herbes ni d'enchantements qui puissent le leur faire recouvrer. La ruse et la violence l'ont rendu maître de mes esprits, et depuis il n'a pas sonné de cloche, en quelque campagne que je fusse, que je ne l'aie entendue; il sait que je dis la vérité; car jamais ver n'a rongé le vieux bois comme celui-ci ronge mon cœur qui est devenu son logis, et qu'il défie de mourir. De là naissent les larmes, les souffrances, les paroles et les soupirs dont je vais me fatiguant et peut-être aussi les autres. Juge-nous, ô toi qui me connais, ainsi que lui.

Mon adversaire commence alors son aigre réplique : O Dame, écoute l'autre partie qui dira sans faillir la vérité dont se départ cet ingrat. Celui-ci, dès son premier âge, fut adonné à l'art de vendre de futiles paroles, ou plutôt des mensonges; et, après avoir été ravi de cet ennui au bonheur que je donne, il ne paraît pas avoir honte de se plaindre de moi qui l'ai conservé pur et net contre le désir entraîné sans cesse vers son propre mal : c'est là ce qui l'afflige dans cette douce existence qu'il nomme sa misère, quand il n'est arrivé à quelque renommée que par moi seul, qui élevai son intelligence où par elle-même elle ne se serait jamais élevée.

Il sait que j'ai laissé le grand Atride, et le sublime Achille, et Annibal funeste à vos contrées, et un autre encore, le plus illustre de tous par le courage et par le rang, que je les ai laissés, ainsi que leurs étoiles l'ordonnèrent pour chacun d'eux, tomber au vil amour des servantes : et pour celui-ci, entre mille dames excellentes et choisies, j'en ai choisi une, telle qu'on n'en verra jamais sous la lune, quand même Lucrèce retournerait dans Rome ; et je lui donnai un idiome si doux et un chant si mélodieux, que nul penser abject ou pesant ne put jamais subsister devant elle. Tels furent les artifices dont j'usai avec celui-ci.

Tel fut le fiel, tels furent les colères et les dédains dont il parle, plus doux de beaucoup que tout ce qu'aucun autre peut accorder. D'une bonne semence je recueille un mauvais fruit : et tel a droit d'être loué, qui travaille pour un ingrat. Je l'avais conduit sous mes ailes de façon que les dames et les cavaliers étaient charmés de ses paroles : et je le fis s'élever si haut, que son nom bout parmi les plus brûlants génies, et qu'en tout lieu on aime à faire provision de ses dits : lui qui ne serait peut-être qu'un homme du vulgaire bon à médire sourdement dans les cours, je l'exalte et l'illustre, grâces à ce qu'il apprit dans mon école, et aussi, de celle qui fut unique au monde.

Et, pour dire à la fin le grand service que je lui ai rendu, je lui ai épargné mille actes déshonnêtes ; car jamais une chose vile ne put lui plaire en aucune façon ; et, jeune, il fut toujours réservé et pudique dans ses actions comme dans ses pensées, depuis qu'il fut devenu homme lige de celle qui lui imprima au cœur sa marque sublime et le rendit semblable à elle. Tout ce qu'il y a en lui de noble et de précieux, il le tient d'elle et de moi, dont il se plaint. Jamais nocturne fantôme ne fut aussi plein d'erreurs qu'il ne l'est envers nous ; car il a été, depuis qu'il nous connut, le favori de Dieu et des hommes. Voilà ce que l'orgueilleux déplore et regrette.

En outre (et c'est ici ce qui surpasse tout), je lui avais donné des ailes pour voler jusqu'au faîte du ciel, à travers les créatures mortelles qui sont une échelle vers le Créateur, pour qui sait les apprécier ; car, en regardant bien attentivement, combien et quelles vertus se trouvaient comprises dans cette espérance qui l'entraîne, d'un effet à un autre, il pouvait s'élever jusqu'à la cause sublime et première : et il l'a dit quelquefois en ses rimes. Maintenant il m'a mis en oubli avec cette dame que je lui donnai pour colonne de sa frêle existence. — Sur ceci, je pousse une lamentable clameur, et je m'écrie : Il me l'a donnée sans doute, mais il me la reprit aussitôt. Il répond : Ce n'est pas moi, mais celui qui la voulut pour lui-même.

A la fin, nous étant tournés tous les deux vers le trône de justice, moi d'un accent tremblant, lui avec une voix haute et cruelle, chacun conclut pour soi-même : O noble Dame, j'attends ta sentence. Elle, souriant alors : Je suis bien aise d'avoir entendu vos requêtes ; mais il faut plus de temps pour décider un si grand procès.

## SONNET CCCIX.

### LA VIEILLESSE.

Souvent me dit mon fidèle miroir, voyant les fatigues de mon âme, le changement de mon corps, et l'amoindrissement de mon aptitude et de mes forces : Ne te le dissimule plus, te voilà déjà vieux.

En toutes choses le mieux est d'obéir à la nature ; car en vain on dispute avec elle : le temps triomphe de notre résistance. Aussi promptement alors que l'eau éteint le feu, je m'éveille d'un long et profond sommeil ;

Et je vois bien que notre existence s'envole, et qu'on ne peut *être* plus d'une fois ; et au milieu du cœur me résonne une parole

De celle qui est maintenant dégagée de son beau nœud mortel, mais qui pendant sa vie fut si bien unique en ce monde, qu'à toutes, si je ne me trompe, elle a ôté la renommée.

## SONNET CCCX.

### IL ESPÈRE QUITTER BIENTÔT LA TERRE POUR LE CIEL.

Tant de fois je me suis envolé vers le ciel sur les ailes de mes pensées, qu'il me semble presque être un de ceux qui ont leur trésor en ce séjour, ayant laissé ici-bas le terrestre voile déchiré.

Parfois alors mon cœur frissonne d'un froid amoureux, en entendant celle pour qui pâlit mon front me dire : Ami, je t'aime maintenant, et maintenant je t'honore parce que tu as changé d'habitudes et de cheveux.

Elle me mène vers son Seigneur ; je m'incline alors en le suppliant humblement qu'il me permette de rester à contempler et l'un et l'autre front.

Il me répond : Ton sort est bien assuré ; et si tu tardes encore vingt ou trente ans, il te semblera que ce soit trop, et ce ne sera pourtant pas beaucoup.

## SONNET CCCXI.

#### RETOUR A DIEU.

La Mort a éteint ce soleil qui toujours m'éblouit ; et les ténèbres ont envahi mes yeux, quoique entiers et sains : la terre a dévoré celle qui me fit souffrir et le froid et le chaud : mes lauriers sont devenus aujourd'hui des chênes ou des ormes,

Du haut desquels je vois le bien que je désire ; et cependant je m'afflige. Il n'est personne qui épouvante mes pensers et les enhardisse, ni qui les glace et les réchauffe, ni qui les emplisse d'espérance et me comble de douleur.

Délivré des mains de celui qui blesse et qui guérit, et qui fit jadis de moi un si long carnage, je jouis de la liberté qui m'est amère et douce à la fois.

Et, las de l'existence, non moins que rassasié, je retourne au Seigneur, que j'adore et que je remercie, et dont le regard gouverne et soutient le ciel.

## SONNET CCCXII.

#### IL SE REPREND D'AVOIR PERDU TANT D'ANNÉES.

Amour m'a tenu, pendant vingt années, heureux dans le feu où je me consumais, et plein d'espérance au milieu de mes douleurs : depuis que Madame, et mon cœur avec elle, est montée au ciel, dix années encore il a fait couler mes larmes.

A la fin je suis las, et je retire ma vie de toutes ces erreurs où s'est presque éteint le germe de la vertu, et je reviens dévotement te confier, ô Dieu puissant, les derniers jours qui me restent.

Triste et repentant aujourd'hui d'avoir ainsi dépensé les années que je devais dépenser pour un meilleur usage, à chercher la paix et à fuir les tourments des passions.

Seigneur, qui m'as enfermé dans cette prison, sauve-moi de la perte éternelle, car je connais que j'ai failli, et ne m'en excuse pas.

## SONNET CCCXIII.

#### ACTE DE REPENTIR.

Je vais pleurant mes jours passés que j'ai consacrés à aimer une créature mortelle, sans élever mon essor, bien que j'eusse des ailes pour me guider peut-être à des actions dignes d'être imitées.

Toi qui vois mes souffrances indignes et funestes, Roi du ciel invisible et immortel, viens en aide à mon âme égarée et fragile, et comble son insuffisance par ta grâce.

Afin que, si j'ai vécu au milieu des luttes et des tempêtes, je meure tranquille dans le port; et que, si le séjour fut insensé, le départ du moins soit honorable.

Qu'au peu de vie qui me reste, ainsi qu'à mon trépas, ta main daigne être propice: tu sais bien que je n'ai d'espérance qu'en toi seul.

## SONNET CCCXIV.

#### IL RECONNAIT COMBIEN LES RIGUEURS DE SA DAME LUI ONT ÉTÉ SALUTAIRES.

Douces cruautés et bienheureux refus pleins d'un chaste amour et d'une tendre bonté, charmants dédains qui calmèrent (je m'en aperçois maintenant) l'ardeur insensée de mes désirs;

Noble parler où brillait clairement la suprême courtoisie unie à l'honnêteté suprême; fleur de vertu; source de beauté qui bannit de mon cœur toute abjecte pensée;

Divin regard à rendre l'homme heureux, tantôt plein de rigueur, afin de réfréner mon âme audacieuse et passionnée, pour ce qui lui est justement dénié:

Et tantôt diligent à rassurer ma vie chancelante: cette belle diversité a été la racine de mon salut qui autrement m'abandonnait.

## SONNET CCCXV.

### LE TRÉPAS DE LAURE.

Bienheureux esprit qui, si doucement, inclinas ces yeux plus clairs que le Soleil, et qui exhalas les soupirs et les vives paroles dont l'accent résonne encore dans mon âme,

Brûlant d'un chaste feu, je te vis autrefois mouvoir parmi les herbes et les violettes, non pas comme une dame, mais comme un ange a coutume de faire, les pieds de celle qui m'est plus que jamais présente ;

Laquelle, lorsque ensuite tu retournas vers ton Créateur, tu laissas sur la terre avec la forme admirable qu'un sublime destin te donna en partage.

Quand tu partis, Amour partit du monde avec la courtoisie ; et le Soleil tomba du ciel ; et la mort commença à paraître douce.

## SONNET CCCXVI.

### IL DEMANDE QU'AMOUR LUI VIENNE EN AIDE POUR CÉLÉBRER LAURE.

De grâce, Amour, que ta main vienne en aide à mon génie affligé et à ma plume accablée et fragile, afin que je puisse parler de celle qui, désormais immortelle, habite au céleste royaume.

Donne-moi, Seigneur, que mes paroles, en la célébrant, atteignent jusqu'au faîte où elle est placée, et où, par elles-mêmes, elles ne peuvent s'élever ; car sa vertu et sa beauté furent sans égales dans ce monde indigne de la posséder.

Il me répond : Tout ce que le ciel et moi-même nous pouvons produire, avec les bons préceptes et les vertueux entretiens, fut réuni en cette dame, que la mort nous a ravie.

Jamais il n'y eut de forme pareille depuis le jour où Adam ouvrit les yeux pour la première fois, et maintenant c'est assez. Je dis ceci en pleurant, et toi en pleurant tu l'écris.

## SONNET CCCXVII.

#### A UN OISEAU.

Charmant petit oiseau qui t'en vas chantant ou bien pleurant tes jours passés, parce que tu vois la nuit et l'hiver à tes côtés, et le jour et les mois joyeux bien loin derrière tes épaules,

Si, comme tu connais les maux qui t'affligent, tu connaissais mon état semblable au tien, tu viendrais dans le sein de cet inconsolable pour partager avec lui les douleurs et les plaintes.

Je ne sais pas si le partage serait égal; car celle que tu pleures est peut-être vivante, tandis que la Mort et le Ciel se montrent si avares envers moi.

Mais la saison et l'heure moins propices, avec le souvenir des douces années et des années amères, m'invitent à te parler et à m'apitoyer sur ton sort.

## CANZONE XXIX.

#### HYMNE A LA VIERGE.

Vierge pleine de beauté qui, du Soleil vêtue, d'étoiles couronnée, as été si agréable au souverain Soleil qu'il a caché sa lumière en ton sein, Amour m'inspire de chanter tes louanges; mais je ne saurais commencer si tu ne viens à mon aide, avec celui dont l'amour s'est reposé sur toi. Celle que j'invoque a toujours favorablement répondu à qui l'appela avec une foi sincère. O Vierge, si jamais tu t'apitoyas sur les misères humaines arrivées à leur comble, que mes prières fassent incliner ton front vers moi, secours-moi dans la guerre que je soutiens, bien que je ne sois que poussière, et que tu sois la Reine du ciel.

Vierge pleine de sagesse et l'une du beau troupeau des bienheureuses vierges sages, c'est-à-dire la première et celle dont la lampe est la plus claire; ô solide bouclier qui défends les affligés contre les coups de la Mort et de la Fortune, et sous lequel non-seulement on se sauve, mais encore on triomphe; ô toi qui calmes l'aveugle ardeur dont sont consumés ici-bas les stupides mortels, Vierge, que ces beaux yeux, tristes témoins jadis des blessures cruelles infligées aux doux membres de ton Fils bien-aimé, se tournent aux dangers que je cours; car, ne sachant que résoudre, je viens à toi pour que tu me conseilles.

Vierge dont la pureté est restée sans tache, ô toi, de ton noble fruit et la fille et la mère, toi qui es la lumière de cette vie et la gloire de l'autre, tu as été comme une splendide et sublime fenêtre du ciel par où ton Fils et celui du Père suprême est venu pour nous sauver aux jours du désespoir; et seule entre tous les autres terrestres séjours, tu as été choisie, ô Vierge bénie, qui as changé en joie les larmes d'Ève: rends-moi, car tu le peux, digne de la grâce divine, ô toi bienheureuse à jamais, et qui as été couronnée dans le royaume d'en-haut.

Vierge sainte et pleine de grâce, qui, par une véritable et très-haute humilité, es montée au ciel d'où tu écoutes mes prières, tu as enfanté la source de miséricorde, et le Soleil de justice, qui rend la clarté au siècle comblé des ténèbres et des entraves de l'erreur; tu as rassemblé en toi trois doux et précieux noms, Mère, Fille et Épouse, ô Vierge glorieuse, et la dame de ce Roi qui a brisé nos liens et rendu au monde la liberté et la félicité, et dans les saintes plaies duquel je prie que la véritable bienfaitrice calme et satisfasse mon cœur.

Vierge unique au monde et sans modèle, qui as rendu le ciel épris de tes beautés, qui n'as été surpassée, égalée ni suivie par aucune, tes saints pensers, tes actes pieux et chastes ont fait au vrai Dieu un temple vivant et consacré dans ta féconde virginité. Par toi ma vie peut être remplie de joie, si à ta prière, ô MARIE, Vierge douce et compatissante, la grâce abonde où l'erreur abonda. Je mets mon âme à genoux pour te prier de me servir de guide et de redresser ma voie tortueuse vers le but véritablement bon.

# TRIOMPHES.

# TRIOMPHE D'AMOUR.

## CHAPITRE PREMIER.

Dans la saison où se renouvellent mes soupirs, au doux souvenir de ce jour qui fut l'origine de mes tourments si longs,

Le soleil brûlait déjà de ses flammes l'une et l'autre corne du Taureau, et cependant la jeune amante de Tithon courait toute gelée à son antique séjour.

Amour, les colères, et les pleurs, et la saison m'avaient ramené en ce lieu solitaire où mon cœur fatigué dépose tout fardeau.

Là, parmi les herbes, lorsque, déjà exténué de pleurer, je tombai vaincu par le sommeil, je vis une grande lumière où bien des douleurs s'enfermaient unies à une courte joie.

Je vis un chef victorieux et souverain, tout pareil à un de ceux que dans le Capitole le char triomphal conduit à une gloire immortelle.

Moi, qui n'ai pas coutume de jouir d'un spectacle semblable dans le siècle désastreux où je vis et où tout mérite est absent et tout orgueil réuni,

Je contemplai ce cortége altier, inusité et nouveau, élevant pour cela mes yeux alourdis et lassés ; car je ne connais de plaisir que celui de m'instruire.

C'étaient quatre coursiers dont la blancheur effaçait de

bien loin celle de la neige, et sur un char de feu un enfant nu avec un arc à la main, et sur ses flancs des flèches,

Auxquelles ne peut résister ni heaume ni bouclier : il avait seulement sur ses épaules deux grandes ailes de mille couleurs, et tout le reste était nu :

A l'entour se voyait une foule innombrable de mortels, pris en partie dans la bataille, ou tués ou percés de flèches aiguës.

Désirant entendre ce qu'on disait, je m'avançai si bien que je devins dans mon être un de ceux qu'Amour avant le temps a séparés de la vie.

Alors je m'arrêtai pour regarder si je ne reconnaîtrais pas quelqu'un dans la foule qui escortait le roi toujours altéré de larmes.

Je n'y reconnus personne ; et si quelqu'un était de ma connaissance, la mort ou la captivité cruelle avait changé son extérieur.

Une ombre (1) un peu moins triste que les autres vint à ma rencontre, et m'appela par mon nom en ajoutant : Voilà à quoi l'on arrive en aimant.

Alors, plein d'étonnement, je dis : Comment peux-tu me connaître, puisque je ne te reconnais pas? Et il me répondit : La cause en est dans l'horrible quantité

De chaînes dont je suis chargé; l'air brumeux qui nous environne fait aussi obstacle à tes yeux : mais je suis vraiment ton ami, et je naquis ainsi que toi sur la terre toscane.

Ses accents et son langage autrefois connu me découvrirent ce que le regard me tenait caché : et nous montâmes de la sorte dans un endroit découvert :

Et il commença à me parler ainsi : Il y a longtemps que je m'attendais à te voir ici parmi nous; car dès tes premières années, tel était le présage qu'on tirait de ta vue :

---

(1) Cino de Pistoie, à ce qu'on suppose.

Et il n'a pas été trompeur; mais les tourments amoureux m'ont tellement épouvanté, que j'ai abandonné ce que j'avais commencé; mais j'en ai encore la poitrine déchirée, ainsi que mes vêtements.

Ainsi parlai-je; et lui, quand il eut entendu ma réponse, reprit en souriant : O mon fils, quelles flammes se préparent à t'embraser!

Je ne sus pas alors ce qu'il voulait dire; mais aujourd'hui je retrouve ses paroles si bien fixées dans mon cerveau, que jamais on n'inscrivit rien de plus solide sur le marbre.

Et la jeunesse, qui enhardit et délie l'esprit et la langue, me porta à lui demander : Dis-moi, de grâce, quels sont ces gens.

D'ici à peu de temps tu l'apprendras par toi-même, répondit-il, et tu seras parmi eux; un nœud pareil se prépare pour toi sans que tu le saches :

Et tu changeras de visage et de cheveux, avant que le nœud dont je parle ne se dénoue de ton cou et de tes pieds encore rebelles.

Mais, pour satisfaire ta juvénile curiosité, je te parlerai de nous, et d'abord du plus grand de tous, qui nous enlève ainsi la vie et la liberté.

C'est là celui que le monde appelle Amour, amer comme tu le vois et le verras encore mieux lorsqu'il sera ton maître ainsi qu'il est le nôtre.

Enfant bienveillant et féroce vieillard : bien le connaît pour tel, quiconque lui est soumis, et ce sera pour toi une chose claire avant mille ans d'ici, et pour le présent je t'engage à te tenir sur tes gardes.

Il est né du loisir et de l'humaine convoitise; et, nourri de pensers doux et suaves, il a été élu seigneur et dieu par la race insensée.

L'un est mis à mort par lui; l'autre, soumis à des lois plus pesantes, mène une âpre et acerbe existence sous mille chaînes et mille clefs.

Celui qui vient d'abord, avec une mine si seigneuriale

et si superbe, est César, que Cléopâtre en Égypte lia parmi les fleurs et l'herbe.

A présent on triomphe de lui : puisqu'il a vaincu le monde et qu'il a été vaincu à son tour, il est bien juste que le vaincu se glorifie de son vainqueur.

Le second est son fils ; et celui-ci fut épris d'un amour plus louable : c'est César-Auguste qui, à la prière de Livie, son épouse bien-aimée, fit grâce à qui l'avait outragé.

Néron est le troisième, homme injuste et sans pitié : vois-le marcher plein de courroux et de dédain : une femme l'a vaincu, tout robuste qu'il paraisse.

Vois le bon Marcus qui mérita tous les éloges, et dont la bouche et le cœur furent remplis par la philosophie ; mais Faustine est cause qu'il figure ici.

De ces deux que tu vois en proie à la crainte et au soupçon, l'un est Denis, et l'autre est Alexandre ; mais celui-là porte la peine de l'effroi qu'il inspire.

Cet autre est celui qui pleura sous Antandre la mort de Créuse, et par qui se vit ravir ses amours celui qui ravit à Évandre son fils.

Tu as entendu parler de celui qui refusa de se rendre à la fureur de sa belle-mère, et qui se déroba à ses prières par la fuite ;

Mais cette chaste et vertueuse détermination fut cause de sa mort, tant l'amour se tourna en haine dans le cœur de Phèdre, terrible et criminelle amante.

Et elle-même en mourut, vengeant peut-être ainsi Hippolyte, Thésée et Ariane ; car l'amour, comme tu le vois, la mena rapidement au trépas.

Tel blâme autrui qui se condamne soi-même ; car celui qui prend plaisir à ourdir des perfidies ne doit pas se plaindre si on l'abuse à son tour.

Tu le vois, celui qu'illustrent tant de faits glorieux, emmené captif entre les deux sœurs trépassées : l'une s'éprend de lui, il est épris de l'autre.

Celui qui marche à côté est ce puissant et redoutable

Hercule, qu'Amour a dompté ; et l'autre est Achille, dont l'amour eut un sort bien funeste.

Cet autre est Démophonte, et celle-là Phyllie ; celui-là est Jason, et cette autre est Médée, qu'Amour entraîna à la suite de ce héros à travers tant de contrées,

Et qui, ayant été si criminelle envers son père et son frère, fut d'autant plus furieuse et cruelle pour son amant, qu'elle se croyait plus digne de son amour.

Isyphile vient après, et elle s'afflige encore du barbare amour qui lui a ravi le sien : ensuite vient celle qui est réputée belle par excellence.

Près d'elle est le berger qui malheureusement regarda si attentivement ce beau visage : de quoi naquirent de grandes tempêtes ; et le monde en fut bouleversé.

Entends ensuite gémir parmi les autres OEnone qui se plaint de Pâris, et Ménélas d'Hélène, et Hermione appelant Oreste,

Comme Laodamie appelle son Protésilas ; comme Polynice est appelé par Argie, bien plus fidèle que l'avare épouse d'Amphiaraüs.

Entends les pleurs et les soupirs ; entends les cris de ces infortunées qui brûlent et qui ont rendu leurs esprits à celui qui les conduit en cette façon.

Je ne pourrais te dire le nom de tous ; car non-seulement des hommes, mais des Dieux encombrent une grande partie du bois des myrtes amoureux.

Vois Vénus la belle, et avec elle Mars dont les pieds, les bras et le cou sont entourés de fer ; et Pluton et Proserpine à l'écart.

Vois Junon la jalouse, et le blond Apollon, qui avait coutume de mépriser l'arc et l'âge de celui qui depuis lui fit éprouver un tel échec en Thessalie.

Que dois-je dire ? dans un passage moins ouvert sont ici prisonniers tous les dieux de Varron, et, chargé d'innombrables liens,

Jupiter vient enchaîné en avant du char.

## CHAPITRE II.

Déjà fatigué d'exercer mes yeux, sans que ma curiosité fût encore rassasiée, je me tournais tantôt d'un côté, puis de l'autre, pour regarder des choses dont à présent je n'ai pas le temps de me souvenir.

Mon cœur s'en allait de pensée en pensée, quand il fut attiré tout entier vers deux personnages qui, la main dans la main, passaient en s'entretenant doucement.

Je me sentis soudain intéressé par leurs façons singulières, mais pleines de grâces, et leur langage étranger dont l'intelligence m'échappait ; mais mon interprète me la rendit facile.

Après avoir appris qui ils étaient, je les abordai plus tranquillement ; car l'un était un esprit ami de notre nom, si l'autre en était un ennemi impitoyable et cruel.

Je m'adressai au premier : O Massinissa, héros des temps passés, ainsi commençai-je, je te supplie, au nom du Scipion qui te fut cher et au nom de ta compagne, de ne pas t'offenser de mes paroles.

Il me regarda alors et me dit : J'apprendrai volontiers d'abord qui tu es, pour avoir su si bien invoquer les deux passions qui règnent sur mon âme.

Ce que je suis, répondis-je, n'est pas digne d'occuper un si haut esprit ; car une faible flamme n'envoie pas une grande lumière aussi loin.

Mais ta royale renommée a partout pénétré ; et tel qui ne te verra et ne te vit jamais est uni avec toi d'un beau nœud d'affection.

Maintenant dis-moi, puisque celui-là vous mène paisiblement (et je montrai leur chef), quelle est cette compagne qui me semble au nombre des rares et fidèles créatures ?

Ta langue si prompte à prononcer mon nom prouve,

dit-il, que tu le sais par toi-même : je te répondrai pourtant afin de soulager mon âme affligée.

Comme j'avais placé toute l'affection de mon cœur dans ce grand homme, si bien qu'à peine donna-t-il à Lélius l'avantage sur moi, partout où se trouvèrent ses enseignes, je fus prompt à les suivre.

Pour lui la Fortune fut toujours propice; non toutefois autant que le méritait la valeur dont son âme était douée à un degré où nul autre ne parvint jamais.

Après que les armes romaines, en se couvrant de gloire, se furent répandues jusqu'à l'extrémité de l'Occident, ce fut là qu'Amour nous atteignit et nous réunit.

Et jamais plus douce flamme en deux cœurs ne brûla, ni ne se trouvera, je crois; mais, hélas! le peu de nuits accordées à des désirs si grands furent rapides et avares.

Vainement soumis au joug conjugal, les nœuds légitimes, excuse sincère de notre fureur, furent rompus sans pitié.

Celui qui, seul, fut plus fort que le monde entier nous sépara par ses paroles sacrées, sans avoir nul souci de nos soupirs.

Et quoi qu'il en fût, et c'est ce qui m'affligea et m'afflige encore, je ne pus voir resplendir en lui que les flammes de la vertu ; car il faut être entièrement aveugle pour ne pas voir le soleil.

L'équité parfaite est envers les amants une grave cruauté : ainsi le conseil d'un ami si cher fut comme un écueil où se brisa mon amoureux espoir.

Il m'était un père pour la gloire, un fils pour l'affection, un frère pour l'âge; il fallut donc obéir, mais avec la douleur dans le cœur et le visage en pleurs.

Ainsi ma bien-aimée fut dévouée à la mort; car, se voyant tombée au pouvoir d'autrui, elle aima mieux mourir que d'être esclave.

Et je fus moi-même le ministre de ma désolation ; car celui qui me priait mit tant d'ardeur dans ses prières que, pour ne pas l'offenser, j'offensai mon amour.

Et à elle je lui envoyai le poison ; et je connais toutes les angoisses que ma pensée eut alors à souffrir ; et elle-même le croit, et toi aussi, pour peu que tu connaisses l'amour.

Le deuil fut l'héritier que je donnai à cette épouse si chère. Je voulus renoncer en elle à tout mon bonheur, à toute mon espérance, plutôt que de renoncer à ma foi.

Mais cherche maintenant si tu trouves en cette foule quelque chose qui t'émerveille ; car le temps est fugitif, et le jour est plus avancé que l'œuvre.

Plein de compassion, je restais à penser au court espace dévolu au grand feu de deux amants pareils : il me semblait que j'eusse un cœur de neige exposé au soleil,

Quand j'entendis quelqu'un qui prononçait ces paroles en passant devant moi : Certes, celui-ci par lui-même ne me déplaît pas ; mais je suis résolue à les haïr tous tant qu'ils sont.

Apaise ton cœur, lui dis-je, ô Sophonisbe ; car ta Carthage bien-aimée trois fois est tombée sous nos coups, et à la troisième elle est restée à terre.

Et elle me répondit : Je veux que tu me parles autrement ; si l'Afrique a pleuré, l'Italie n'eut pas sujet d'en rire : tu peux là-dessus consulter vos annales.

Cependant notre ami et le sien, se mettant à sourire, rentra avec elle dans la foule, et je les perdis de vue.

Comme un homme qui chevauche sur un sol dangereux, et qui, à chaque pas, va retirant les rênes, et regarde avec une inquiétude dont sa marche est bien ralentie,

Ainsi la foule des amants venait embarrasser et retarder mes pas, joint aussi à ce que je désirais savoir de quel feu et jusqu'à quel point chacun d'eux avait brûlé.

J'en vis un à main gauche en dehors de la route, semblable à quelqu'un qui désire une chose et qui la trouve, de quoi ensuite il s'en va honteux et joyeux à la fois,

Donner à un autre son épouse chérie : ô comble de l'amour, ô générosité inouïe ! telle que l'épouse elle-même, avec joie et pudeur à la fois, acceptait cet échange : et ils cheminaient en s'entretenant de leurs douces affections et regrettant le royaume de Syrie.

Je me dirigeai vers ces trois esprits qui s'étaient écartés pour suivre un autre chemin, et je dis au premier : Je te supplie de m'attendre.

Et lui, au son du langage latin, laissa paraître une émotion qu'il contint cependant ; puis, comme s'il devinait ce que je voulais,

Il dit : Je suis Séleucus, et celui-ci est Antiochus, mon fils, qui eut avec vous cette grande guerre ; mais le droit est impuissant contre la force.

Celle-ci fut d'abord ma dame, et la sienne ensuite ; car, pour le sauver d'une amoureuse mort, je la lui donnai ; et ce don entre nous était légitime.

Stratonice est son nom, et notre destinée, comme tu le vois, n'a pas été séparée, preuve flagrante de notre amour constant et véhément.

Celle-ci fut heureuse d'abandonner la couronne, et moi mon bonheur, et celui-ci sa vie, chacun de nous mettant l'autre bien au-dessus de soi.

Et si ce n'eût été l'aide adroite et discrète de notre médecin qui découvrit ce qu'il en était, mon fils aurait dans sa fleur terminé son âge.

Sans rien dire, en aimant il arriva presque au tombeau ; et son amour provenait d'une force indépendante de lui, et son silence de sa vertu : la mienne ne fut qu'une tendre pitié qui me porta à le secourir.

Ainsi parla-t-il ; et, comme un homme qui change de pensée, en finissant de parler il se détourna, de sorte qu'à peine si je pus lui rendre un salut.

Après que son ombre se fut dérobée à mes regards, je restai pensif et m'en allai en soupirant ; car mon cœur ne pouvait se détacher de ses paroles ;

Jusqu'à ce qu'il me fût dit : Tu t'arrêtes trop à méditer sur des choses étrangères, et tu sais cependant combien le temps est court.

Xercès ne mena pas autant de guerriers en Grèce qu'il y avait là d'amants dépouillés et captifs, si bien que le regard n'y suffisait pas.

Il y en avait de tous les pays, et l'on entendait parler tous les langages, si bien que je ne sus pas le nom d'un seul sur mille; et le petit nombre de ceux que j'appris appartiennent à l'histoire.

Persée en était un : et je voulus savoir comment en Éthiopie il s'éprit d'Andromède, la vierge dont les beaux yeux étaient bruns ainsi que les cheveux.

Là était cet amant insensé que fit périr le désir de sa propre beauté, et qu'une trop grande abondance de biens réduisit à une solitaire pauvreté;

Car il fut changé en une belle fleur qui n'amène jamais de fruit : et je vis aussi celle qui, en l'aimant, ne garda de vivant que la voix, et forma de son corps un dur rocher toujours sec.

Là cet autre qui fut si prompt à son propre préjudice, Iphis que l'amour d'autrui conduisit à la haine de lui-même; et bien d'autres condamnés à une semblable croix;

Race à qui l'Amour rendit la vie à charge : parmi eux, j'en reconnus quelques uns qui ont vécu de nos jours, et que je ne veux pas perdre mon temps à nommer.

Je vis ces deux amants qu'Amour a réunis pour toujours, Alcyone et Ceix, faisant leurs nids sur le rivage de la mer sous de plus doux hivers.

Ésacus se tenait loin d'eux pensif, en cherchant Hespérie, tantôt assis sur un rocher, tantôt plongeant sous les eaux ou s'élevant dans les airs.

Et je vis la fille cruelle de Nisus s'enfuir en volant, et Atalante courir, vaincue par trois pommes d'or et par un beau visage;

Et avec elle Hippomènes, qui, parmi une si grande foule d'amants et d'infortunés coureurs, seul se réjouit et se vante d'être victorieux.

Parmi ces vains et fabuleux amants, je vis Acis et Galatée reposant sur son sein, et Polyphème rugissant à ce spectacle.

Glaucus flottait au sein de cette cohorte sans y trouver celle que sa pensée invoque toujours, tandis qu'il appelle une autre amante acerbe et cruelle.

Carmente y était avec Picus, autrefois un de nos rois, maintenant un oiseau errant : et celui qui lui fit changer de condition lui laissa son nom, et le manteau et les insignes de la royauté.

Je vis Égérie pleurer, et Scylla se durcir en une pierre âpre et montagneuse qui remplace ses os, antique déshonneur de la mer de Sicile ;

Et celle qui, tenant sa plume de la main droite, écrit comme accablée de douleur et de désespoir, et tient de la main gauche le fer dégaîné.

Je vis Pygmalion avec sa maîtresse vivante, et mille autres qui allaient chantant sur les deux rives de Castalie et d'Aganippe ;

Et enfin Cydippe follement éprise d'une pomme.

## CHAPITRE III.

Mon cœur était si rempli d'étonnement, que je restais là comme un homme qui ne peut parler et qui se tait et regarde, afin qu'on le conseille ;

Quand l'ami que j'avais rencontré me dit : Que fais-tu ? que regardes-tu ? à quoi penses-tu ? ne sais-tu pas bien que je fais partie du cortége, et qu'il faut que je suive sa marche ?

Frère, répondis-je, tu connais et ma nature et l'amour de savoir qui m'a tellement embrasé, que l'œuvre est retardée par l'ardeur que j'y mets.

Et lui : Je t'avais déjà compris sans que tu parlasses : tu veux savoir encore quels sont ceux qui viennent là ; je te le dirai si on me permet de parler.

Vois ce grand personnage à qui tout le monde rend

honneur : c'est Pompée, et avec lui est Cornélie, dont l'infâme Ptolémée cause les plaintes et les larmes.

L'autre plus loin est ce Grec dont la grandeur t'est connue ; ne vois-tu pas Égysthe et l'impitoyable Clytemnestre ? Amour sait à présent s'il est vraiment aveugle.

Vois Hypermestre dont la foi et l'amour furent bien différents ; vois Pyrame et Thisbé réunis sous l'ombrage, Léandre dans la mer, et Héro à la fenêtre.

Celui-là si pensif est Ulysse, ombre affable et douce, dont sa chaste épouse attend et invoque le retour ; mais l'amoureuse Circé le lui retient et l'entrave.

L'autre est le fils d'Amilcar, que ne purent faire plier pendant tant d'années Rome et l'Italie entière ; et, dans l'Apulie, une vile créature le captive et l'enchaîne.

Celle-là qui, les cheveux coupés, va suivant son seigneur, fut reine dans le Pont ; maintenant dans cet acte servile c'est elle-même qui s'assujettit.

L'autre est Porcia, qui purifie le fer dans le feu ; cette autre est Julie ; elle pleure son époux, dont le penchant est plutôt pour sa seconde flamme.

Tourne par ici tes yeux pour voir le grand patriarche abusé qui ne se repent ni ne se fâche d'avoir servi pendant deux fois sept ans pour obtenir Rachel.

O vivace amour qui croît dans les tourments ! Vois encore le père de celui-ci, et vois son aïeul, tandis qu'il sort de sa maison seul avec Sara.

Puis regarde comment un amour cruel et illégitime triomphe de David, et le contraint à consommer une œuvre qu'il déplorera plus tard dans un obscur souterrain.

Un nuage pareil vient obscurcir et envelopper l'éclatante renommée de son fils le plus sage, et le sépare entièrement du Maître suprême.

Vois cet autre fils de David qui, en un instant, aime et cesse d'aimer : vois Thamar qui, courroucée et désolée, se plaint de son frère Absalon.

Vois un peu en avant d'elle Samson beaucoup plus fort

que sage, qui, abusé par de vaines séductions, pose sa tête sur le sein de son ennemie.

Vois ici, au milieu de combien d'épées et de lances, secondée par Amour et par le sommeil, une jeune veuve a su, à l'aide des douces paroles et de son teint éclatant,

Triompher d'Holopherne : vois-la revenir toute seule avec une servante, chargée de l'horrible tête ; en rendant grâce à Dieu, elle se hâte au milieu de la nuit.

Vois Sichem et son sang que fait couler et la circoncision et le coup de la mort : et vois son père et son peuple pris dans un même piége.

Tel est le sort que lui a fait un amour subit et violent. Vois Assuérus et la façon dont il va traitant son amour, afin de le supporter tranquillement.

Il ne se dégage d'un lien que pour se prendre à un autre : ainsi on ne remédie à cette cruelle maladie que comme on chasse un clou d'une planche avec un autre clou.

Veux-tu voir dans un cœur le plaisir et l'ennui réunis, et la douceur et l'amertume ? regarde à présent le farouche Hérode ; car l'amour et la cruauté l'assiégent à la fois.

Vois comme il brûle d'abord et ensuite se désespère, regrettant trop tard sa cruauté, et appelant Mariamne, qui ne l'entend pas.

Vois trois belles dames amoureuses : Procris, Artémis avec Deidamie ; et autant qui ont oublié la pudeur pour le crime :

Sémiramis, Biblis et la coupable Myrrha. Comme chacune d'elles semble rougir de la voie tortueuse et illégitime qu'elle a suivie !

Voici ceux qui ont rempli les livres de songes, Lancelot, Tristan et les autres chevaliers errants, qui doivent naturellement exciter un vif intérêt dans le vulgaire à l'erreur adonné.

Vois Genièvre, Isotte et les autres amoureux, et le couple des amants d'Arimino, qui s'en vont ensemble en se plaignant douloureusement.

Ainsi parlait-il ; et moi, pareil à l'homme qui redoute

un malheur à venir et tremble avant la catastrophe, ressentant déjà les maux qui ne l'accablent pas encore,

J'étais de la couleur d'un homme retiré du tombeau ; lorsqu'une jeune fille, plus pure de beaucoup qu'une blanche colombe, vint se placer à mon côté.

Elle s'empara de moi ; et, bien que j'eusse juré de me pouvoir défendre contre un guerrier cuirassé, je fus enchaîné avec des paroles et des œillades :

Et, comme il me semble vraiment me le rappeler, mon ami se rapprocha de moi davantage, et, souriant, afin d'augmenter mon deuil,

Il me dit à l'oreille : Désormais il t'est permis de parler sans interprète avec qui tu voudras ; car nous sommes tous entachés de la même poix.

J'étais donc un de ceux qui s'affligent moins de leur propre mal que du bonheur d'autrui, voyant celle qui m'avait pris jouir de la liberté et de la paix :

Et, comme je le sais bien tard après ma perte, sa beauté me donnait la mort, en me faisant brûler d'amour, de jalousie et de désir.

Je ne détournais pas les yeux de son beau visage ; pareil à l'homme qui, en maladie, a envie d'une chose douce au palais et funeste à la santé.

J'étais aveugle et sourd pour toute autre séduction, suivant celle qui m'avait charmé à travers des passages si périlleux, que je frissonne encore chaque fois que je m'en souviens.

Depuis ce temps j'eus les yeux humides et baissés et le cœur pensif, et ma demeure solitaire fut établie au milieu des sources, des fleuves, des monts, des bois et des rochers.

Depuis lors jusqu'à maintenant, autant de papier j'inonde de mes pensées, et de larmes, et d'encre, autant j'en déchire, j'en prépare et j'en reprends.

Depuis lors j'ai pu apprendre ce qui se fait dans le cloître d'Amour ; et, pour qui sait lire, je montre sur mon front ce qu'on y recueille de craintes et d'espérances.

Et je vois s'en aller cette charmante cruelle qui n'a souci

ni de moi ni de mes souffrances, fière de sa vertu et de mes dépouilles.

D'un autre côté, si j'y vois bien, ce seigneur, qui soumet le monde entier, tremble devant elle : ainsi je n'ai rien à espérer ;

Car je n'ai pour me défendre ni l'audace ni la force : et celui en qui je me confiais ne sait que flatter celle qui nous dépouille cruellement moi et les autres.

Celle-ci ne peut être en aucune façon arrêtée par personne : ainsi sauvage et rebelle, elle marche toujours seule loin des bannières d'Amour.

Et c'est véritablement un soleil parmi les étoiles, que son maintien unique et à elle particulier, son sourire, ses dédains et ses paroles,

Et ses cheveux rassemblés en tresse d'or ou dénoués au vent, et ses yeux qui, embrasés d'une céleste lumière, m'enflamment si bien que je suis heureux de brûler.

Qui pourrait jamais égaler, par des paroles, sa douce et sublime nature, ou sa vertu, pour qui tout ce que j'écris est comme un ruisseau pour la mer?

Choses jusqu'alors inconnues, et qu'on n'a jamais revues, et qui n'étaient pas pour être vues plus d'une fois; en leur présence toutes les bouches deviendraient muettes.

Ainsi je me trouve captif, et elle reste en liberté ; et je prie jour et nuit (ô funeste étoile!), et, sur mille prières, à peine en écoute-t-elle une seule.

O cruelle loi d'Amour! Mais, quoique injuste, il faut s'y soumettre ; car elle s'étend du ciel jusqu'à la terre, et domine l'univers et les temps.

Je sais à présent comment le cœur se sépare de lui-même, et comment il sait faire la paix, la guerre ou bien une trêve, et cacher sa douleur lorsqu'on le blesse.

Et je sais comment, en un instant, le sang disparaît, et puis remonte aux joues, selon que la crainte ou la honte l'émeut.

Je sais comment, parmi les fleurs, le serpent se tient caché, comment toujours, dans un état mixte, on veille et l'on dort, comment sans languir on meurt et on languit.

Je sais chercher les traces de mon ennemie, et trembler de la rencontrer ; et je sais de quelle façon l'amant se transforme en l'objet aimé.

Je sais, au sein des longs soupirs et de la joie fugitive, changer sans cesse d'état, de volonté et de couleur, et vivre quoique mon âme reste séparée de mon cœur.

Je sais mille fois le jour m'abuser moi-même ; je sais, en poursuivant mon feu partout où il s'enfuit, me consumer loin de lui, et geler quand je suis près.

Je sais comment Amour rugit sur mon esprit, et comme il en chasse toute raison, et je sais en combien de manières mon cœur se livre à la mort.

Je sais combien peu une âme bien née s'accorde de facilités, quand elle est seule et qu'elle n'a personne pour la défendre.

Je sais comment Amour lance une flèche, et comment il s'envole, et je sais comment tantôt il menace et tantôt il frappe, comment il ravit par violence et comment il dérobe ;

Et comme ses roues sont peu stables, et les espérances douteuses et la douleur certaine, et combien ses promesses sont vides de foi ;

Comment son feu est couvert dans les os, et sa plaie cachée dans le vif des veines, par quoi la mort est évidente et l'incendie patent.

En somme, je sais comme est inconstante et charmante, timide et audacieuse, l'existence des amants qui paient un peu de douceur par beaucoup d'amertume.

Et je connais toutes leurs habitudes, et leurs soupirs, et leurs chants, et leurs paroles entrecoupées, et leur silence subit, et leur rire aussitôt effacé, et leurs pleurs sans fin,

Et ce que vaut le miel mêlé avec l'absinthe.

## CHAPITRE IV.

Après que ma destinée m'eut engagé sous les lois d'autrui, et qu'elle eut brisé tous les ressorts de la liberté où j'ai vécu pendant quelque temps ;

Moi qui étais plus sauvage que les cerfs, je fus aussitôt apprivoisé avec tous mes infortunés et tristes compagnons d'esclavage.

Et je fus témoin de leurs fatigues et de leurs luttes ; je vis par quels sentiers tortueux et avec quels artifices on les conduisait à l'amoureuse bergerie.

Comme je tournais mes yeux de tout côté, pour voir s'il y avait là quelqu'un de ceux qu'illustrent des écrits soit antiques, soit modernes,

Je vis celui qui n'aime qu'Euridice et qui la suit aux enfers, et qui, mourant pour elle, l'appelle avec sa langue déjà froide.

Je reconnus Alcée si expert aux paroles d'amour ; Pindare, Anacréon qui n'abritait ses Muses que dans le port d'Amour.

Je vis aussi Virgile, et il m'apparut entouré de compagnons d'un grand génie et de cet agréable esprit à qui le monde autrefois eût volontiers donné le prix sur tous :

L'un était Ovide, auprès de lui Catulle, puis Properce, qui célébrèrent l'amour en chants brûlants ; Tibulle s'y trouvait aussi.

Une jeune Grecque marchait de pair avec ces illustres poëtes, et révélait dans ses chants un style d'une charmante et rare originalité.

En regardant ainsi tantôt d'un côté, puis de l'autre, je vis dans une plaine verte et fleurie des personnes qui marchaient en tenant d'amoureux discours.

Voilà Dante et Béatrix ; voilà Selvaggia ; voilà Cino de Pistoie, et Guitton d'Arezzo qui semble s'indigner de n'avoir pas le premier rang.

Voilà les deux Guide, qui furent jadis en estime; l'honnête Bolonais et les Siciliens, autrefois les premiers, et qui se trouvaient là à la dernière place.

Voilà Sennuccio et Franceschino qui eurent l'esprit si cultivé, comme chacun le peut voir; et après eux venait une troupe de personnages aussi remarquables par leur démarche que par leur langage.

Le premier entre tous était Arnaldo Daniello, grand maître d'amour, qui fait encore honneur à son pays par son style noble et poli.

Là se trouvaient ceux qu'Amour enchaîna si facilement, l'un et l'autre Pierre et le second Arnaldo, moins illustre que le premier, et ceux qui furent soumis après une plus longue résistance;

Je veux parler de l'un et de l'autre Rimbaldo qui célébrèrent Béatrix dans Monteferrato, et du vieux Pier d'Alvernia, ainsi que de Giraldo.

Je vis Foulques qui, enlevant à Gênes la gloire qu'il attache à son nom, en a fait présent à Marseille, et qui à la fin changea d'extérieur et de condition pour entrer dans une meilleure patrie.

Je vis Gianfrè Rudel qui employa la voile et la rame à chercher sa propre mort; et ce Guillaume qui, de son temps, fut proclamé la fleur des poëtes.

Je vis Amérigo, Bernard, Ugo et Anselme et mille autres pour qui la plume remplaça toujours la lance et l'épée, et le heaume et le bouclier.

Et il faut ensuite que ma douleur soit traitée autrement. Je me tournai alors vers les nôtres, et je vis le bon Tomasso qui fut l'ornement de Bologne, et qui à présent enrichit Messine de sa présence.

O fugitive douceur! ô misérable existence! qui t'a si promptement dérobée à mes regards, toi sans qui je ne savais pas faire un seul pas?

Où es-tu à présent, toi qui me montrais le chemin? Il est bien vrai que cette vie mortelle qui nous charme tellement n'est qu'un songe d'esprits malades, une fable des romans.

Je ne m'étais pas encore beaucoup écarté de la route commune, lorsque d'abord m'apparurent Socrate et Lélius (1); avec eux il faut que je chemine plus longuement.

Oh! quel couple d'amis! que, ni en rimes, ni en prose, ni en vers, on ne pourrait célébrer autant que l'honore sa vertu toute nue!

Avec eux je parcourus diverses montagnes, toujours réunis tous trois sous le même joug, et je leur découvris toutes les plaies de mon cœur.

Ni temps ni lieu ne put jamais me séparer de leur compagnie, et, comme je l'espère et le désire, j'y resterai jusqu'à ce que me consume le bûcher funéraire.

Avec eux je cueillis le glorieux rameau dont peut-être je ceignis mes tempes avant l'heure accoutumée, en souvenir de celle que j'aime tant.

Mais, hélas! elle, qui remplit mon cœur de souci, ne m'a jamais laissé moissonner un seul de ses rameaux, une seule de ses feuilles, tant ses racines furent acerbes et impitoyables.

Bien que parfois ce me soit un sujet de m'abandonner à l'affliction, comme un homme offensé dans ses vœux, tout ce qu'ont vu mes yeux m'est comme un frein qui m'empêche de m'affliger désormais davantage.

N'est-ce pas un sujet fait pour le cothurne et non pour le brodequin, que de voir captif celui qui est élevé au rang des dieux par des esprits lourds, stupides et niais?

Mais d'abord j'achèverai le récit de ce qui nous arriva, ensuite je parlerai des aventures d'autrui. C'est une œuvre à la portée d'Homère ou d'Orphée plutôt qu'à la mienne.

Nous fûmes conduits à travers mille ravins, au son des ailes empourprées des coursiers volants, jusqu'à ce que notre guide fût arrivé dans le royaume de sa mère.

Et loin qu'on allégeât nos chaînes ou qu'on nous en délivrât, nous fûmes traînés à travers les forêts et les

---

(1) Sous ces noms Pétrarque désigne deux de ses amis les plus chers, Louis de Bois-le-Duc, et Lello, fils de Pietro Stephani, gentilhomme romain.

montagnes, de sorte qu'aucun de nous ne savait dans quel monde il était.

Au-delà des bords où soupire et gémit l'onde d'Égéenne, est située une île plus remplie de délices et de loisir qu'aucune autre qui soit échauffée du soleil ou baignée par la mer.

Au milieu est une ombreuse et verte colline où s'exhalent des parfums si suaves, où coulent des eaux si charmantes, que toute mâle pensée y est effacée de l'âme.

C'est cette terre qui fut si agréable à Vénus, et on la lui consacra dans le temps que la vérité gisait cachée et méconnue.

Et maintenant encore elle est si dépourvue et si vide d'énergie vertueuse, elle est restée si entachée de l'infamie de sa première condition, qu'elle est douce aux méchants et âcre pour les bons.

Ce fut donc là que notre noble seigneur triompha de nous et de tous les autres captifs qu'il avait faits depuis la mer des Indes jusqu'à celle de Thulé ;

Ils avaient les soucis dans le sein et la faiblesse dans les bras, des plaisirs fugitifs et de constants ennuis, des roses en hiver et la glace au milieu de l'été ;

L'incertaine espérance et la joie passagère en avant, le repentir et la douleur derrière eux, ainsi qu'autrefois dans l'empire romain ou dans celui de Troie.

Et toute cette vallée retentissait du chant des ondes et des oiseaux, et ses flancs étaient peints de blanc, de vert, de rouge, de bleu et de jaune.

Les sources vives formaient, au milieu de la chaude saison, des ruisseaux courant à travers l'herbe fraîche, et les ombrages étaient épais, et l'on respirait la douce brise d'été.

Puis quand l'hiver vient rafraîchir les airs, c'étaient de tièdes soleils, des jeux, des festins, et les loisirs paresseux où s'abandonnent les cœurs imprudents.

Alors c'était dans la saison où l'équinoxe fait triompher le jour, alors que Progné retourne avec sa sœur à ses douces occupations.

O de notre fortune inconstance et perfidie ! En ce lieu, en cette saison et à cette heure qui réclame de nos yeux un plus ample tribut ;

C'est là, c'est alors que voulut triompher celui que le vulgaire adore, et je vis à quel esclavage, à quelle mort et à quel supplice marche celui qui s'éprend d'amour.

Les erreurs, les songes et les blêmes figures environnaient l'arc triomphal, et les faux jugements se trouvaient sur les portes ;

Et l'impure espérance encombrait les escaliers, et le gain qui est une perte, et la perte de ce qui est utile, et tous ces degrés où plus on monte et plus on descend ;

Et la fatigue dans le repos, et le tourment dans le calme, l'éclatant déshonneur, et la gloire obscurcie et éclipsée, la loyauté perfide et la fourberie fidèle ;

L'active fureur et la raison négligente, la prison où l'on arrive par des routes ouvertes, et d'où l'on ne se ret qu'à grand'peine par d'étroits passages ;

Les pentes rapides pour entrer, et pour sortir raides et escarpées ; au dedans la confusion tumultueuse, et la mêlée des douleurs infaillibles et des joies équivoques.

Jamais ni Vulcano, ni Lipari ou Ischia, Stromboli ou le mont Gibel, ne bouillonnèrent d'une rage pareille : celui-là ne se chérit guère qui se risque sous un jour semblable.

Nous fûmes donc enfermés dans cette prison ténébreuse et étroite, où, avec le temps, je modifiai mon style habituel et mes premiers discours.

Et cependant, tout en songeant à la liberté, mon âme, que le grand désir rendait hardie et impatiente, se consola par la contemplation des choses passées.

J'étais devenu comme de la neige exposée au soleil, quand je voyais tant et de si clairs esprits enfermés dans une sombre prison, de la façon qu'on voit une immense peinture en un court espace de temps.

Car les pieds vont en avant et le regard se reporte en arrière.

# TRIOMPHE DE LA CHASTETÉ.

Lorsque j'eus vu dompté et réuni sous un même joug tout l'orgueil des dieux et des hommes que le monde divinise ;

Je pris exemple du funeste état où ils se trouvaient réduits, faisant mon profit des malheurs d'autrui pour me consoler dans mes douloureuses aventures.

Car si je vois le même arc et la même flèche soumettre à leur atteinte Phébus aussi bien que le jeune homme d'Abydos, quoique le premier soit appelé dieu, et que l'autre soit simplement un homme mortel ;

Et que je voie dans les mêmes lacs et Junon et Didon que pousse au trépas le pieux amour de son époux, non pas celui d'Énée, comme on le publie généralement,

Je ne dois pas m'affliger d'avoir été vaincu, jeune, sans défiance, désarmé et seul ; et si mon ennemie a repoussé les attaques d'Amour,

Ce n'est pas encore une raison suffisante pour me plaindre ; car je le revis ensuite dans un équipage tel que les larmes m'en vinrent aux yeux ; dépouillé qu'il était de ses ailes et de l'essor qu'elles lui donnent.

Avec des rugissements tels qu'en se battant en font entendre deux lions terribles ou bien deux foudres ardents qui se disputent l'empire du ciel, de la terre et des mers ;

C'est ainsi que je vis Amour, toutes ses forces réunies, marcher contre celle dont je parle, et elle-même s'élancer plus rapide que la flamme et les vents.

Ni si grand ni si terrible n'est le bruit que fait l'Étna, alors qu'Encelade l'ébranle avec le plus de violence, ou Scylla et Charybde quand elles sont irritées,

Qu'il ne fût de bien loin effacé, dès la première charge, dans ce grave et périlleux assaut, lequel je ne crois pas que je sache ou que je puisse redire.

Chacun, pour ne pas s'exposer, se retirait sur la hauteur afin de mieux voir, et l'horreur d'une pareille entreprise avait pétrifié les cœurs et les yeux.

Ce victorieux, qui était le premier à prendre l'offensive, tenait la flèche de la main droite, son arc de l'autre; et avait déjà tendu la corde contre son oreille.

Jamais, au passage d'une biche fugitive, ne courut si légèrement un léopard libre dans la forêt ou déchargé de ses chaînes,

Qu'il n'eût été alors lent et tardif, si prompt fut Amour à s'élancer pour la frapper, le visage rempli de ces flammes dont je suis tout consumé.

Le désir combattait en mon âme avec la pitié; car il m'eût été doux d'avoir une pareille compagne; et il était cruel de la voir périr d'une telle façon.

Mais la vertu, qui ne se sépare jamais des bons, fit bien voir, en cette occasion, à quel point celui qui l'abandonne a tort de se plaindre d'autrui.

Car jamais un soldat rompu à l'escrime ne fut si adroit à esquiver un coup, ni un nocher si prompt à se détourner des écueils pour conduire son navire dans le port,

Comme soudainement un intrépide et honnête bouclier vint garantir ce beau visage du coup douloureux et funeste à celui qui l'attend.

Le cœur et les yeux fixes, j'attendais l'issue du combat, espérant que le vainqueur accoutumé l'emporterait encore; et afin de ne plus être séparé d'*elle*,

Semblable à celui qu'un désir immodéré saisit, et qui, avant de commencer à parler, montre ses paroles écrites dans ses yeux et sur son front;

Je voulais m'écrier : O mon Seigneur, puisque tu as la

victoire, enchaîne-moi avec celle-ci, si toutefois j'en suis digne, et tu n'auras plus à craindre que je m'évade d'ici.

C'est alors que je le vis rempli d'un courroux et d'une fureur si terrible, qu'à la décrire seraient impuissants tous les grands génies, non moins que mon esprit débile;

Car déjà s'étaient éteints au froid contact de l'honnêteté tous les traits dorés embrasés aux flammes d'amoureuse beauté et trempés dans le plaisir.

Jamais il n'y eut une parcelle de véritable valeur chez Camille et les autres guerrières qui marchent à la bataille, ne conservant entière que la mamelle gauche.

César à Pharsale ne fut pas si animé contre son gendre qu'elle ne le fut contre celui qui brise toutes les cuirasses.

Avec elle étaient armées toutes les splendides vertus, ô glorieuse cohorte ! et elles se tenaient par la main, en marchant deux à deux.

L'Honnêteté et la Pudeur étaient à la tête ; noble couple des vertus divines qui élèvent celle-ci au-dessus de toutes les dames :

La Sagesse et la Modestie suivaient les deux premières ; la Tranquillité avec le Contentement se tenaient au milieu du chœur, et la Persévérance et la Gloire venaient en dernier lieu.

Le bel Accueil et la Pénétration étaient en dehors ; la Courtoisie aux alentours avec la Pureté ; la Crainte de l'infamie et le Désir qui n'aspire qu'à l'honneur ;

Les Pensées du vieil âge dans la saison de la jeunesse, et la Concorde, qui est si rare ici-bas, se trouvaient là enfin avec la Chasteté, qui est la beauté suprême.

Ainsi marchait-elle à la rencontre d'Amour, et si bien secondée de la faveur du ciel et des âmes bien nées, qu'il ne put supporter ce redoutable aspect.

Je lui vis enlever mille et mille fameuses et précieuses dépouilles, et arracher des mains mille palmes éclatantes et triomphales.

Jamais il n'y eut de chute subite aussi extraordinaire

depuis toutes les victoires d'Annibal, vaincu enfin par le jeune Romain ;

Ni si stupéfait, ne tomba dans la vallée du Térébinthe, ce grand Philistin qui faisait fuir tout Israël,

Sous le premier caillou de l'enfant hébreu ; ou bien Cyrus en Scythie, quand celle qu'il avait rendue veuve accomplit la grande et mémorable vengeance.

Comme un homme qui est sain et qui en un moment devient malade, qui se désole et se tourmente d'être reçu de façon que la honte avec sa main vient lui essuyer les yeux ;

Tel il était, et dans un état pire encore ; car l'effroi et la douleur, la honte et la colère, se montraient tout à la fois sur son visage.

Ni la mer, quand elle se courrouce, ne frémit de la sorte; ni Inarimé, lorsque pleure Tiphée; ni le mont Gibel, si Encelade soupire.

Je passe ici de grandes et glorieuses choses que j'ai vues et dont je n'ose parler : et je viens à ma dame et aux autres qui sont au-dessous d'elle et qui l'accompagnent.

Elle avait revêtu ce jour-là une robe blanche, et portait à la main le bouclier dont l'aspect fut fatal à Méduse : là se voyait une colonne de beau jaspe,

A laquelle, à l'aide d'une chaîne de diamant et de topaze qui plonge au milieu du Léthé, et dont ici-bas les dames n'usent plus aujourd'hui,

Je vis lier son ennemi ; et on le soumit alors à un supplice qui pouvait suffire à mille autres vengeances : et j'en fus pour ma part content et satisfait.

Je ne pourrais pas enfermer en des rimes les noms des vierges sacrées et bénies qui se trouvèrent là : Calliope et Clio avec les sept autres ne le pourraient pas.

Mais je parlerai de quelques unes qui occupent le faîte de la vraie honnêteté, parmi lesquelles Lucrèce à main droite était la première ;

La seconde était Pénélope : celles-ci avaient brisé à cet

audacieux ses traits, son carquois et son arc, et lui avaient déplumé les ailes.

Virginie était là auprès de son père, qu'arment, avec le fer, son courroux et sa pitié, et qui fit changer de condition sa fille ainsi que Rome,

Les mettant l'une et l'autre en liberté : puis les femmes germaines qui surent, par une âpre mort, garantir leur barbare honnêteté ;

Judith l'Israélite, la sage, la chaste et la vaillante ; et cette Grecque qui s'élança dans la mer, afin de mourir et d'éviter une cruelle destinée.

Avec celles-là et avec quelques autres âmes rayonnantes je vis triompher de celui qu'auparavant j'avais vu triompher du monde.

Parmi elles se trouvait la Vestale, vierge pieuse, qui courut intrépidement vers le Tibre, et qui, pour se purger de toute accusation infamante,

Porta du fleuve au temple de l'eau avec un crible : puis je vis Hersilie avec ses Sabines, troupe qui remplit tous les livres de sa renommée.

Je vis ensuite entre les dames étrangères celle qui, pour son époux fidèle et bien-aimé, non pas pour Énée, voulut se livrer à la mort ;

Silence au vulgaire ignorant ! je parle ici de Didon, qui fut poussée au tombeau par le soin de son honneur, et non par un vain amour, ainsi qu'on le publie généralement.

A la fin j'en vis une qui s'enferma étroitement au-dessus de l'Arno, afin de se préserver ; mais cela lui fut inutile : la violence vainquit sa noble résolution.

Le triomphe était devant Baia, que viennent battre les ondes salées ; il aborda à main droite sous un tiède hiver, et sauta sur la terre ferme.

De là, à travers les monts Barbares et l'Averne, ayant dépassé l'antique séjour de la Sibylle, elles s'en allèrent droit à Linterne.

C'était dans une campagne ainsi étroite et solitaire

qu'habitait le grand homme qui ajoute à son nom celui de l'Afrique, parce que le premier il l'ouvrit au vif avec le fer.

Là plut à tout le monde l'éclatante nouvelle du redoutable honneur qui ne perdait rien à s'exposer aux regards, et la plus chaste en ce cortége était la plus belle ;

Et il ne lui déplut pas de suivre le triomphe d'autrui, lui qui, si ce qu'on croit n'est pas vain, naquit seulement pour triompher et pour commander.

Ainsi nous atteignîmes d'abord la cité supérieure que consacra Sulpicia, pour éteindre dans l'âme les flammes insensées ;

Nous passâmes ensuite au temple de la Pudeur, qui embrase le noble cœur de vertueux désirs, connus non de la race plébéienne, mais de celle des patriciens.

Ce fut là que la belle victorieuse déploya les glorieuses dépouilles qu'elle avait remportées ; là qu'elle déposa ses illustres et sacrés feuillages ;

Et le jeune homme toscan, qui ne cacha pas plus ses honorables blessures que le fer non suspect qui les avait faites, fut commis par elle à la garde de l'ennemi commun,

Avec d'autres semblables à lui ; et il me fut dit le nom de plusieurs, celle qui me guidait sachant qu'Amour avait reçu d'eux un éclatant refus ;

Entre lesquels je vis Hippolyte et Joseph.

# TRIOMPHE DE LA MORT.

## CHAPITRE PREMIER.

Cette attrayante et glorieuse Dame, qui est aujourd'hui un esprit sans corps et un peu de poussière, et qui fut naguère une sublime colonne de vertu,

Revenait avec honneur de la guerre qu'elle avait entreprise, joyeuse d'avoir vaincu ce grand ennemi qui par ses artifices envahit le monde entier,

N'ayant eu d'autres armes dans ce combat que la chasteté de son cœur, son beau visage, sa pudique pensée et son sage parler, de l'honnêteté ami.

C'était un miracle tout nouveau de voir en ces lieux les armes d'Amour rompues, l'arc ainsi que les flèches, et tous ceux qu'il avait tués et ceux qu'il avait pris vivants.

La belle Dame et ses compagnes élues, en revenant ainsi après leur noble victoire, étaient rassemblées en une belle cohorte.

Elles étaient en petit nombre, parce que la véritable gloire est rare ; mais chacune par soi-même semblait bien digne du poëme le plus éclatant ainsi que de l'histoire.

Leur enseigne triomphale montrait sur un champ vert un agneau blanc qui portait un collier d'or fin et de topazes.

Véritablement leur démarche n'était pas humaine, mais divine, ainsi que leurs saintes paroles : bienheureux est celui qui naquit pour une semblable destinée.

Elles semblaient de brillantes étoiles avec un soleil au

milieu, qui les embellissait toutes, loin de les éclipser ; et elles étaient couronnées de roses et de violettes.

Et comme un noble cœur quand il acquiert de l'honneur, ainsi venait cette cohorte joyeuse, lorsque je vis une bannière obscure et attristante ;

Et une dame enveloppée dans un noir vêtement, montrant une fureur telle que je ne sais s'il en exista de pareille à Phlegre au temps des géants,

S'avança et dit : O toi, dame qui marches superbe de jeunesse et de beauté, et qui ne sais pas l'issue réservée à ta vie,

Je suis celle que vous appelez importune et cruelle, et sourde et aveugle, ô race pour qui la nuit arrive avant le soir.

J'ai conduit à leur fin la nation des Grecs et celle des Troyens, et en dernier lieu les Romains, avec cette épée dont je suis armée, et qui sait percer et couper.

Les autres peuples barbares et étrangers ont aussi senti ma force ; et, apparaissant sans être attendue, j'ai interrompu mille vaines pensées.

Maintenant c'est sur vous, au moment où la vie vous charme davantage, que je dirige ma course, avant que la Fortune ait mélangé votre douceur d'amertume.

Tu n'as sur celles-ci aucun pouvoir, et tu en as peu sur moi, mais seulement sur cette dépouille, répondit celle qui fut unique dans le monde ;

Je sais une autre personne qui en aura plus de chagrin que moi ; car son salut dépend de mon existence : quant à moi, grâces soient rendues à qui me délivre du séjour d'ici-bas.

Tel qu'est celui qui contemple une chose nouvelle pour lui, et qui voit ce dont il ne s'est pas aperçu dès l'abord, de sorte que tantôt il s'émerveille, et tantôt résiste à son impression,

Telle se montra cette cruelle ; et après être restée en doute un instant : Je les reconnais bien, dit-elle, et je sais à quelle époque elles furent mordues de ma dent.

Ensuite, avec un œil moins farouche et moins sombre, elle dit : Quant à toi qui guides cette belle cohorte, tu n'as jamais senti mon âpre contact.

Si tu te fies le moins du monde en mon opinion que je puis contraindre à se modifier, le meilleur est toujours de fuir la vieillesse et tous ses ennuis.

Je suis disposée à te faire un honneur que je n'ai pas coutume de faire à d'autres : je veux que tu trépasses sans frayeur et sans nulle douleur.

Suivant qu'il plaît au Seigneur qui se tient dans le ciel et de là gouverne et modifie l'univers, tu feras de moi ce qui est fait des autres.

Ainsi répondit-elle : et voilà tout au travers la campagne entièrement remplie de morts que ne peuvent dénombrer la prose ni les vers.

Venue de l'Inde, du Cathai, de Maroc et d'Espagne, cette grande foule amassée pendant une longue suite de temps avait déjà encombré le milieu et les côtés de la plaine.

Là se trouvaient ceux qui furent appelés heureux : pontifes, rois et empereurs; ils sont maintenant nus, misérables, mendiants.

Où sont à présent les richesses? où sont les marques d'honneur, et les pierreries, et les sceptres, et les couronnes, et les mitres aux couleurs purpurines ?

Malheur à celui qui met son espérance dans une chose mortelle! (mais qui ne l'y met pas?) et si à la fin il trouve qu'il se soit abusé, c'est toute justice.

O pauvres aveugles, quel plaisir trouvez-vous à vous fatiguer tant ? Vous rentrez tous dans le sein de la grande mère antique, et votre nom surnage à peine.

De ces mille fatigues il y en a tout au plus une d'utile, pour qu'elles ne soient pas toutes une vanité pure : que celui qui comprend ce qui vous occupe me le dise.

A quoi sert de mettre sous le joug tant de contrées et de rendre tributaires les peuples étrangers, avec ces esprits toujours animés à leur perte?

Après ces entreprises périlleuses et vaines, et après qu'on a acquis à prix de sang de la terre et des trésors, on trouve plus doux de beaucoup le pain et l'eau,

Et le verre et le bois, que les pierres précieuses et l'or ; mais pour ne pas suivre davantage un si long thême, il est temps que je revienne à mon premier travail.

Je dis qu'était arrivée l'heure extrême de cette courte et glorieuse vie, et le périlleux passage qui fait trembler le monde.

Il y avait pour la voir une autre valeureuse troupe de dames non encore affranchies du poids du corps et qui voulaient savoir si la Mort peut se montrer compatissante.

Cette belle compagnie était rassemblée là afin de voir et de contempler la fin qu'il convient de faire et seulement une fois

Toutes étaient ses amies et toutes habitaient près d'elle : alors, avec sa main, la Mort enleva de cette blonde tête une chevelure dorée.

Ainsi elle choisit la plus belle fleur du monde ; non par haine désormais, mais pour montrer plus clairement son pouvoir sur ce qu'il y a de plus élevé.

Combien de gémissements et de pleurs furent alors répandus, tandis que restaient sereins ces beaux yeux pour qui j'ai chanté et brûlé pendant une longue saison.

Et, parmi tant de soupirs et de déchirements, seule elle siégeait recueillie et contente, récoltant déjà les fruits de sa belle vie.

Vas en paix, ô véritable divinité mortelle, disaient-elle : et elle fut vraiment telle ; mais cela ne lui servit point contre la Mort, si barbare en ses façons d'agir.

Que sera-ce des autres, si celle-ci brûla et devint froide en peu de nuits et changea plusieurs fois ! O espérances humaines, aveugles et menteuses ?

Si la terre fut baignée de bien des pleurs par l'attendrissement qu'excitait cette âme si noble, celui qui l'a vu le sait : tu peux le penser, toi qui écoutes ceci.

C'était la première heure du sixième jour d'avril où je fus pris jadis, et qui maintenant, hélas! m'a délivré; ainsi la fortune va changeant de style.

Personne ne s'est jamais désolé de la servitude, ni de la mort, autant que moi de la liberté et de la vie qu'on ne m'a pas ôtées,

On devait au monde et on devait à mon âge de me faire partir devant, puisque j'étais venu en premier, et de ne pas lui ravir encore, à elle, le rang qu'elle occupait.

Or quelle fut ma douleur, on ne peut l'apprécier ici-bas : car j'ose à peine y penser, non plus que m'enhardir à en parler en vers ou en rimes.

La vertu est morte, ainsi que la beauté et la courtoisie. Les belles dames qui entouraient le chaste lit disaient tristement : Désormais qu'arrivera-t-il de nous?

Qui verra jamais dans une dame une conduite parfaite? Qui entendra ce parler fécond en sages instructions et ce chant plein de charme angélique!

L'esprit, recueilli en lui-même avec toutes ses vertus pour quitter ce beau sein, avait de ce côté rendu le ciel serein.

Aucun des esprits ennemis ne fut si hardi que d'apparaître sous l'aspect ténébreux qui leur appartient, jusqu'à ce que la Mort eût fourni son assaut.

Après que, mettant de côté la plainte et la frayeur, chacune resta attentive au beau visage et fut devenue paisible à cause du désespoir même,

Semblable, non pas à la flamme qui est éteinte de force, mais à celle qui se consume d'elle-même, ainsi s'en alla en paix l'âme satisfaite,

A la façon d'une suave et claire lumière qui manque peu à peu d'aliment, gardant jusqu'à la fin son aspect habituel,

Non point pâlie, mais plus blanche que la neige, qui, à l'abri du vent, floconne sur une belle colline : elle semblait reposer comme une personne fatiguée.

Ce que les insensés appellent mourir se montrait dans ses beaux yeux comme un doux dormir, alors que déjà l'esprit s'était séparé d'elle.

La mort paraissait belle sur son beau visage.

## CHAPITRE II.

La nuit, après l'horrible événement qui éteignit ou plutôt replaça dans le ciel ce soleil sans lequel je reste ici-bas comme un homme aveugle,

Épandait dans les airs la douce gelée d'été qui vient, avec la blanche amie de Tithon, déchirer le voile des songes confus;

Lorsqu'une Dame, semblable d'aspect à la saison et couronnée de pierreries orientales, quitta pour venir vers moi mille autres têtes portant des couronnes,

Et en me parlant, et en soupirant me tendit cette main si désirée jadis : de quoi me naquit au cœur une douceur éternelle.

Reconnais celle qui la première détourna tes pas du chemin public, alors que ton cœur juvénile s'éprit de son aspect.

Ainsi elle s'assit pensive avec une façon modeste et sage, et me fit asseoir sur une rive qu'ombrageaient un beau laurier et un hêtre.

Comment ne reconnaîtrais-je pas ma déesse adorée ? répondis-je du ton d'un homme qui parle en pleurant : dis-moi pourtant, je t'en prie, si tu es morte ou vivante.

Je suis vraiment vivante : c'est toi qui es encore dans le sein de la mort, dit-elle, et tu y resteras jusqu'à ce que la dernière heure vienne t'enlever au-dessus de la terre.

Mais le temps est court, et notre désir nous le fait paraître long : sois donc prudent, et mets à tes paroles un frein qui les arrête, avant qu'arrive le jour qui est déjà prochain.

Et moi : Lorsque vient la fin de cette autre soirée qu'on appelle la vie, dis-moi, de grâce, puisque tu le sais par expérience, si mourir est une peine si grande.

Elle répondit : Tant que tu marches en suivant le vulgaire et ses jugements aveugles et grossiers, jamais tu ne peux être heureux.

La mort est pour les nobles âmes l'issue d'une prison ténébreuse : elle n'est fâcheuse que pour les autres qui ont mis tous leurs soins dans la fange terrestre.

Et maintenant mon trépas, qui t'afflige tant, te comblerait d'allégresse si tu pouvais sentir la millième partie de mon bonheur.

Ainsi parlait-elle ; et elle tenait dévotement ses yeux fixés au ciel : puis le silence ferma ses lèvres de rose ; et je dis à mon tour :

Sylla, Marius, Néron, Gaïus et Mézence, les flancs et les estomacs douloureux et les fièvres embrasées font paraître la mort plus amère que l'absinthe.

Je ne puis nier, dit-elle, que les souffrances dont la mort est précédée ne soient très-affligeantes, et la crainte de l'éternelle damnation l'est encore davantage.

Mais, pourvu que l'âme cherche en Dieu son appui, ainsi que le cœur, fatigué peut-être de se soutenir lui-même, la mort est-elle autre chose qu'un bref soupir ?

Je touchais déjà au suprême passage, ma chair était sans force et mon âme encore prompte, lorsque j'entendis ces paroles prononcées d'un accent triste et bas :

O malheureux celui qui compte les jours et pour qui il y en a un dont l'attente équivaut à mille années, qui vit sans utilité et qui jamais ici-bas ne se met en face de lui-même.

Et qui parcourt la mer et tous ses rivages, et conserve la même façon d'agir partout où il se trouve ; ne pensant qu'à *elle*, ne parlant ou n'écrivant que d'*elle*.

Alors, vers le côté d'où le son était venu, je tourne mes

yeux languissants et je vois celle qui nous a atteints tous les deux, moi en m'emportant, toi en te retenant.

Je la reconnus au visage et à la parole : car bien des fois déjà elle vint consoler mon cœur, maintenant sérieuse et sage, alors modeste et belle.

Alors que j'étais à la plus belle époque de ma vie, dans ma saison la plus verte et la plus chérie de toi, laquelle a donné à penser et à parler à bien du monde,

La vie ne m'a guères offert que de l'amertume, si je la compare à cette mort clémente et douce, peu connue des mortels.

Car, durant tout ce temps de mon trépas, je me suis sentie plus heureuse que quiconque revient de l'exil pour rentrer en son séjour aimé, si ce n'est que m'arrêtait encore ma pitié pour toi.

De grâce, Madame, lui répondis-je, au nom de cette foi qui, jadis, je pense, fut pour vous manifeste, et qui l'est aujourd'hui encore davantage sur le visage de celui qui voit tout,

Que je sache si jamais Amour n'a fait naître, dans votre tête, la pensée d'avoir compassion de mon long martyre, sans renoncer à votre vertueuse et sublime entreprise ?

Car vos dédains pleins de douceur, et vos douces colères, et les douces trêves qu'on lisait dans vos beaux yeux, ont tenu pendant nombre d'années mon désir dans le doute.

A peine eus-je prononcé ces paroles, que je vis rayonner ce doux rire qui fut autrefois un soleil pour mes vertus affligées :

Puis, en soupirant, elle dit : Jamais mon cœur n'a été séparé de toi et jamais il ne le sera ; mais j'ai modéré ta flamme en me montrant à toi sous cet aspect.

Car, si je voulais te sauver ainsi que moi, il n'y avait pas d'autre voie offerte à notre jeune renommée ; et une mère n'est pas moins tendre parce qu'elle use de correction.

Combien de fois ai-je dit : Celui-ci n'aime pas ; mais il

brûle : il faut donc que j'y pourvoie ! Et celui qu'agite la crainte ou le désir n'est guères propre à un pareil soin.

Ce que je t'ai laissé voir de moi et ce que j'en ai tenu caché dans mon âme, ce fut là ce qui maintes fois t'a ramené et arrêté, comme fait le frein du cheval qui s'emporte.

Plus de mille fois la colère s'est peinte sur mon visage, tandis que mon cœur brûlait d'amour : mais jamais en moi le désir n'a triomphé de la raison.

Ensuite, quand je t'ai vu vaincu par la douleur, j'ai ramené vers toi mes yeux remplis alors de suaves regards, sauvant à la fois ta vie et notre honneur.

Et, quand la passion s'est trouvée trop puissante, mon front et ma voix se sont émus pour te saluer, tantôt exprimant la frayeur et tantôt l'affliction.

Tels furent avec toi mes ressources et mes artifices, tantôt un gracieux accueil et tantôt du dédain : tu le sais, puisque tes chants l'ont appris à nombre de pays.

Lorsque j'ai vu parfois tes yeux si chargés de larmes que j'ai pu me dire : Celui-ci est dévolu à la mort si je ne viens à son aide ; j'en vois les indices certains ;

Alors j'y ai pourvu par quelque honnête secours. D'autres fois je t'ai vu de tels éperons au flanc que j'ai dû me dire : Il faut ici un mors plus rigoureux.

C'est ainsi que brûlant et vermeil, ou bien glacé et blanc, tantôt triste, puis joyeux, je t'ai amené sauf jusqu'ici ; ce dont je me réjouis, quelle que soit ta fatigue.

Et moi : Madame, ce me sera là un fruit suffisant de toute ma foi, si je puis me le persuader, dis-je en tremblant et avec un visage qui n'était rien moins que sec.

Homme de peu de foi, pourquoi maintenant parlerais-je ainsi, si je n'en étais assurée et si ce n'était entièrement vrai ? me répondit-elle ; et il me sembla la voir s'enflammer.

Si dans le monde tu fus agréable à mes yeux, je me tais là-dessus : mais j'avoue avoir aimé ce doux nœud qui t'entourait le cœur.

Et j'aime le beau nom (si ce que j'entends est vrai) que

de loin et de près m'ont acquis tes paroles : et jamais, dans ton amour, je n'ai cherché qu'à l'entendre exprimer.

Cela seul m'a fait faute : et comme dans ta tristesse tu as voulu me montrer ce que je voyais sans cesse, tu as découvert à tout le monde ce qu'enfermait ton cœur.

De là ce froid que j'ai témoigné et qui t'accable encore ; car il s'harmonisait avec les autres choses, de façon qu'Amour n'arrivait que pour être tempéré par l'honnêteté.

Les flammes amoureuses furent en nous presque égales, du moins depuis que je me suis aperçue de tes feux; mais l'un de nous les a manifestées, l'autre les a cachées.

Tu étais déjà enroué à force de crier merci ; mais cependant je me taisais : car la pudeur et la crainte faisaient paraître tous les désirs bien peu de chose.

La douleur n'est pas moindre, parce qu'on la réprime, et elle n'est pas plus grande parce qu'on va se lamentant : la fiction ne peut augmenter ni diminuer la vérité.

Mais tout voile ne fut-il pas déchiré au moins lorsque seule avec toi j'accueillis tes paroles en chantant : *Notre amour n'ose en dire davantage?*

Mon cœur était avec toi ; et je ramenai mes regards à moi : tu t'en affliges comme d'une chose injuste ; quand je t'ai donné ce qui était le meilleur et le plus important, et ne t'ai ôté que ce qui a le moins de valeur.

Et leurs paisibles lumières se seraient sans cesse reposées sur toi, si je n'eusse redouté les dangereux éclairs de tes yeux.

Je veux te dire encore plus, pour ne pas te laisser sans une conclusion qui te sera peut-être agréable à entendre au moment de cette séparation.

Assez heureuse dans toutes les autres choses, une seule m'a déplu en moi-même: c'est d'être née dans un lieu trop obscur.

J'ai encore un véritable regret de n'avoir pas du moins

reçu le jour plus près de ton noble berceau ; mais c'est un assez beau pays que celui où j'ai su te plaire :

Car, si tu ne m'avais pas connue, ce cœur en qui seul je me fie, pouvait se tourner autre part : ainsi je serais moins illustre et d'un moindre renom.

Pour ceci non, répondis-je, parce que la tierce roue du ciel, constante et immuable, m'élevait à cet amour si grand, en quelque lieu que je me trouvasse.

Quoi qu'il en soit, dit-elle, c'est moi qui en eus l'honneur, et il me suit encore ; mais le plaisir que tu prends t'empêche de t'apercevoir de la fuite des heures.

Vois l'Aurore, sortant de son lit doré, ramener aux mortels le jour et le Soleil qui déjà montre sa poitrine hors de l'Océan.

Elle vient pour nous séparer, ce dont je m'afflige ; si tu as autre chose à dire, fais en sorte d'être bref, et mesure tes paroles sur le temps qui te reste.

Tout ce que j'ai souffert jamais, lui dis-je, vos douces et compatissantes paroles me l'ont rendu suave et facile à supporter ; mais vivre sans vous m'est cruel et pénible.

C'est pourquoi je voudrais savoir, Madame, si je dois tarder ou non à vous suivre. Elle, déjà levée pour s'en aller, répondit : A ce que je crois,

Tu resteras sans moi sur la terre pendant longtemps.

# TRIOMPHE DE LA RENOMMÉE.

## CHAPITRE PREMIER.

Après que la Mort eut triomphé sur ce visage qui avait coutume de triompher de moi-même, après que notre monde se fut vu enlever son soleil,

Cette impitoyable, qui avait éteint la lumière de beauté, s'en retourna, son forfait accompli, pâle d'aspect, horrible et superbe :

Ce fut alors que, regardant à l'entour sur la prairie, je vis de l'autre côté arriver celle qui tire l'homme du sépulcre et le conserve en vie.

Telle que, sur le jour, l'amoureuse étoile apparaît à l'Orient, précédant le Soleil qui volontiers accepte sa compagnie;

Telle en sa marche elle apparaissait; et je disais : De quelles écoles viendra le maître qui saura décrire sans lacune ce que je vais raconter en paroles toutes simples.

Le ciel à l'entour brillait d'un tel éclat, que, malgré tout le désir qui brûlait en mon cœur, mes yeux ne pouvaient y rester fixés.

On voyait gravé sur les fronts la valeur qui distingue cette race honorée : je retrouvai parmi eux beaucoup de ceux que j'avais vus enchaînés par Amour.

A sa main droite, où d'abord se porta mon regard, la belle Dame avait César et Scipion; mais j'eus bien de la peine à découvrir lequel se trouvait le plus près.

L'un esclave de la Vertu, ne le fut pas d'Amour; l'autre le fut de tous deux : puis je vis paraître, à la suite de ces chefs si glorieux et si beaux,

Une troupe armée de fer et de valeur, comme au temps antique on en voyait parfois venir au Capitole par la voie sacrée ou par la voie couverte.

Ils marchaient tous dans l'ordre que je dis : et chacun laissait lire autour de ses sourcils le nom qui, dans le monde, fut le plus chéri de la gloire.

Je restais attentif aux bruits de ce noble cortége, à leurs visages et à tout ce qu'ils faisaient : et des deux premiers dont j'ai parlé, l'un était suivi de son neveu, l'autre de son fils,

Qui fut seul sans pareil en ce monde : suivaient aussi ceux qui voulurent avec leurs corps fermer le passage aux ennemis armés.

C'étaient deux pères accompagnés de trois fils : l'un allait devant et deux autres venaient après : et le dernier était le premier parmi ceux qui méritent la louange.

Après eux flamboyait, semblable à un rubis, celui dont la sagesse et le bras furent, au moment le plus pressant, l'appui de toute l'Italie.

C'est de Claudius que je parle, de celui qui, la nuit et sans bruit, vint, comme le vit le Métaurus, purger le champ romain d'une criminelle semence.

Il eut des yeux pour voir, des ailes pour voler : et près de lui, pour le seconder, était un grand vieillard qui eut l'art de tenir Annibal en échec.

Puis un autre Fabius, et deux Caton avec lui ; deux Paul, deux Brutus, et deux Marcellus ; un Régulus qui aima Rome en s'oubliant lui-même ;

Un Curius et un Fabricius, bien plus beaux dans leur pauvreté que Midas ou Crassus avec tout leur or qui les rendit rebelles à la vertu.

Cincinnatus aussi et Serranus, qui ne font jamais un pas sans ceux que j'ai nommés, et le grand Camille, plutôt las de vivre que de bien faire.

Car le ciel lui fit une destinée si haute qu'il sut, par son éclatante vertu, remonter au rang dont une rage envieuse et aveugle l'avait dépossédé.

Puis ce Torquatus qui fit mourir son fils et se résigna à vivre sans enfant, par amour pour la discipline à laquelle il ne permit pas d'infraction.

Je vis l'un et l'autre Décius qui ouvrirent avec leur poitrine les cohortes ennemies. O terrible vœu qui livra au même trépas et le père et le fils !

Avec eux venait Curtius, non moins dévoué, qui, avec son corps et ses armes, ferma le gouffre horriblement ouvert au milieu du Forum.

Mummius, Levinius, Attilius : et avec eux était Titus Flaminius qui vainquit par la force, mais bien plus encore par la douleur, le peuple des Grecs.

Là était celui qui ceignit le roi de Syrie d'un cercle magnanime, et qui sut, par l'autorité de son front et de sa parole, le réduire à ce qu'il voulait.

Et celui qui, tout seul avec ses armes, défendit la montagne d'où ensuite il fut débusqué ; et celui qui, seul, arrêta toute la Toscane devant un pont ;

Et celui qui, entouré de l'armée ennemie, leva en vain la main pour combattre, et ensuite la brûla, si irrité contre lui-même qu'il ne sentit pas la douleur ;

Et celui qui le premier apparut sur la mer, vainqueur des Carthaginois, et par qui leurs navires furent rompus et dispersés entre la Sicile et la Sardaigne.

Je reconnus Appius, à ses yeux qui furent toujours empreints de sévérité et redoutables à la populace ; ensuite je vis un grand personnage aux charmantes manières ;

Et si sa lumière à la fin ne se fût affaiblie, peut-être était-il le premier ; et, certes, il fut parmi nous ce que furent à Thèbes Bacchus, Alcide, Épaminondas ;

Mais ce qu'il y a de pis, c'est de vivre trop longtemps : et je vis ensuite celui qui prit son nom de sa nature adroite et agile, et qui fut la fleur de l'âge où il vécut.

Et autant il fut cruel et rigoureux dans les combats,

autant celui qui le suivait fut humain : je ne sais s'il était meilleur comme général ou comme cavalier.

Ensuite venait celui qu'une tumeur de sang livide et maligne arrêta dans le cours de ses nobles travaux, l'illustre Volumnius, digne de louanges sublimes.

Là étaient aussi Cossus, Philon, Rutilius, et de tous ces astres j'en voyais trois seulement marcher à l'écart, et leurs membres étaient brisés, leurs armes rompues et faussées :

C'étaient Lucius Dentatus, Marcus Sergius et Sceva, ces trois foudres et trois écueils de guerre ; mais l'un coupable successeur d'une sinistre renommée :

Puis Marius qui dompta Jugurtha, et les Cimbres, et la fureur tudesque : et Fulvius Flaccus qui, pour arrêter des ingrats, s'abuse dans un noble soin :

Et l'autre Fulvius plus illustre ; et un seul Gracchus, de toute cette grande famille dont la bruyante inquiétude fatigua plusieurs fois le peuple romain ;

Et celui qui parut toujours aux autres heureux et content ; je ne dis pas qu'il le fut, car on ne voit pas clairement un cœur enfermé dans son profond secret ;

Je parle ici de Métellus ; je vis aussi son père et son héritier qui jadis apportèrent les dépouilles de la Macédoine, et des Numides, et de la Crète, et de l'Espagne.

Je vis ensuite Vespasien et son fils, le bon et le beau, non pas le beau et le méchant ; et le bon Nerva, et Trajan, monarques fidèles ;

Élius Adrien, et son cher Antonin le pieux, belle succession de princes qui se termine à Marcus : tous du moins eurent des désirs qu'approuve la nature.

Tandis que mes regards avides plongeaient plus loin encore, j'aperçus le grand fondateur et les cinq rois : l'autre était resté sous terre chargé du poids de ses crimes,

Comme il arrive à quiconque abandonne la vertu.

## CHAPITRE II.

Plein d'une inexprimable admiration, je me pris à contempler le bon peuple de Mars, famille qui n'eut jamais sa pareille au monde.

Je joignais au témoignage de mes yeux celui des antiques écrits, où sont les noms sublimes et les éloges suprêmes, et je sentais mes paroles rester bien au-dessous.

Mais mon attention fut détournée par les héros étrangers : c'étaient d'abord Annibal et cet Achille célébré dans les vers, et que la renommée a magnifiquement gratifié :

C'étaient les deux illustres Troyens ; et les deux grands Persans ; Philippe et son fils, qui, courant de Pella jusqu'aux Indes, soumit tant de pays divers.

Je vis non loin de là le second Alexandre qui ne courait plus d'un essor pareil, ayant trouvé un obstacle différent. O Fortune, comme tu sais fermer le chemin de la véritable gloire !

Les trois Thébains dont j'ai parlé étaient réunis en un beau groupe : dans un autre se trouvaient Ajax, Diomède et Ulysse, qui voulut trop voir le monde.

Je vis Nestor qui sut tant de choses et vécut si longtemps ; Agamemnon et Ménélas qui, mal favorisés dans le choix de leurs épouses, remplirent le monde de débats ;

Léonidas qui, joyeux, proposa aux siens un redoutable dîner, un souper terrible, et qui dans un étroit espace accomplit une merveilleuse chose ;

Alcibiade qui si souvent, avec son doux langage et son front charmant, tourna et retourna le peuple d'Athènes comme il le voulut ;

Miltiades qui sut soustraire la Grèce au joug du grand roi ; et son noble fils qui, dans sa piété accomplie, s'enchaîna lui-même pour libérer le corps de son père.

Thémistocle et Thésée faisaient partie de cette troupe,

ainsi qu'Aristide, qui fut parmi les Grecs un Fabricius : à tous fut inhumainement refusée

La sépulture paternelle; et l'injustice d'autrui ajoute à leur illustration; car rien ne fait mieux ressortir deux choses opposées, que lorsqu'on les rapproche.

Phocion marche avec ces trois que je viens de nommer; car il fut banni comme eux, et mourut loin de son pays; salaire bien opposé à ses œuvres!

En me tournant alors j'aperçus le bon Pyrrhus et le bon roi Massinissa; il semblait penser qu'on lui faisait tort en le séparant des Romains.

En regardant attentivement de côté et d'autre, je reconnus auprès de lui Hiéron le Syracusain, et le cruel Amilcar, bien différent de ses compagnons.

Je vis le roi de Lydie tel qu'il sortit du feu, déjà dépouillé de ses vêtements; exemple frappant pour montrer combien peu un bouclier garantit des coups de la Fortune.

Je vis Syphax qu'un semblable supplice égale au précédent; Brennus, sous le bras duquel tomba une multitude de monde, et qui tomba lui-même au pied du fameux temple.

Toute cette troupe était aussi diverse de costume que considérable par le nombre : et comme je portais mes regards en haut, je vis une cohorte qui se tenait à part sans se mêler aux autres :

Et celui qui voulut élever à Dieu un magnifique logis pour qu'il habitât parmi les hommes était le premier; mais celui qui accomplit l'œuvre le suivait de près.

Ce fut lui qui fut choisi : ainsi il conduisit des fondements jusqu'au comble le saint édifice qu'il n'avait pas bâti ainsi en lui-même, à ce que je pense;

Et celui qui, de la même façon qu'on enchaîne un animal, arrêta le Soleil à sa parole puissante, afin de ne pas laisser échapper ses ennemis.

O noble confiance! Ainsi celui qui sert Dieu fidèlement a sous sa domination toutes les créatures de Dieu et commande au ciel avec de simples paroles!

Puis je vis notre père à qui il fut dit de sortir de sa terre natale et de se rendre au lieu qui était choisi dès lors pour le salut des hommes ;

Avec lui étaient son fils et son petit-fils, à qui fut faite la supercherie des deux épouses ; et le sage et chaste Joseph était un peu plus éloigné de son père.

Puis, étendant ma vue autant qu'il m'est possible, en regardant aussi loin que mon regard peut atteindre, je vis le juste Ézéchiel et Samson qui se laissa séduire.

De ce côté-ci de lui étaient celui qui bâtit la grande arche, et celui qui ensuite commença la grande tour où s'amassa un tel fardeau de péchés et d'erreurs ;

Puis ce bon Judas à qui personne ne put ôter ses lois paternelles, et qui resta libre et indompté, semblable à l'homme qui court au trépas par le chemin de la justice.

Ma curiosité était enfin près de se fatiguer, lorsque je fus charmé par un spectacle qui me rendit plus désireux de voir que je ne l'avais encore été.

Je vis plusieurs dames qui venaient sur le même rang : c'étaient Antiope et Orizie la belle guerrière, Hyppolite triste et languissante à cause de son fils,

Et Menalippe, et chacune d'elles si agile, que leur défaite fut une gloire pour le grand Alcide, qui eut en partage l'une des deux sœurs, et l'autre échut à Thésée.

J'y vis aussi la veuve qui contempla d'un œil si ferme le cadavre de son fils, et qui poursuivit sa vengeance de telle sorte, qu'ayant tué Cyrus, elle lui tue maintenant sa renommée ;

Car, voyant encore la funeste issue de sa vie, il lui semble qu'il meure de nouveau pour la grande faute qu'il commit, tant ce jour-là sa gloire a décliné.

Puis je vis celle que vit Troie pour son malheur ; et parmi celles que je viens de nommer était une vierge latine qui causa en Italie tant de tourments aux Troyens.

Je vis encore la reine magnanime qui, avec une tresse relevée et l'autre pendante, courut à la ruine de Babylone ;

Je vis ensuite Cléopâtre : et toutes les deux brûlèrent

d'indignes flammes : et je vis dans la même compagnie Zénobie qui se montra beaucoup plus soigneuse de son honneur;

Elle était belle cependant et dans l'âge fleuri et frais : plus l'honnêteté est entourée de beauté et de jeunesse, et plus on voit s'en accroître la louange.

Il y eut dans ce cœur féminin une si grande fermeté, qu'avec son beau visage et sa chevelure enfermée dans un casque, elle fit trembler ceux qui ont coutume de tout mépriser.

Je parle du grand empire romain qu'elle attaqua par les armes, bien qu'à la fin elle vînt, riche conquête, orner notre triomphe.

Entre les noms qu'en ces brèves paroles j'oublie et passe sous silence, je ne mettrai pas celui de Judith, la veuve intrépide qui trancha la tête à son fol amoureux.

Mais Ninus, d'où procède toute histoire humaine, où le laissé-je, ainsi que son grand successeur réduit par son orgueil à la vie bestiale?

Où est Bélus, cette source d'erreurs, non toutefois par sa faute? Où est Zoroastre, qui fut l'inventeur de l'art magique?

Et celui de nos généraux qui, passant l'Euphrate sous une fatale étoile, eut ce funeste commandement, cruel remède aux douleurs italiennes?

Où est le grand Mithridate, cet éternel ennemi des Romains, qui, si infatigable, s'enfuit devant eux l'hiver comme l'été?

Je resserre en un faisceau beaucoup de grandes choses. Où est le roi Arthur, et les trois Césars Augustes : un d'Afrique, un d'Espagne, un Lorrain?

Celui-ci était entouré de ses douze robustes compagnons; puis venait seul Godefroy, le noble chef qui guida la sainte entreprise et le pieux voyage.

Ce fut lui, pour qui je me courrouce et dont je proclame vainement le nom, qui de ses mains fit dans Jérusalem le nid qu'on a mal gardé et qu'enfin on oublie.

Allez, orgueilleux et misérables Chrétiens, dévorez-vous les uns les autres, et ne vous embarrassez pas que le sépulcre du CHRIST soit au pouvoir des chiens.

Après ce dernier (si je ne me trompe), j'en vis peu ou même aucun qui ait atteint le faîte de la gloire, soit par l'art de la paix ou par celui de la guerre.

Seulement vers l'extrémité, comme marchent au dernier rang des hommes d'élite, je vis le Sarrasin qui causa aux nôtres tant de honte et de dommage.

Celui de Lures venait à la suite de Saladin; puis le duc de Lancastre, qui dernièrement fut un cruel voisin pour le royaume de France.

Je regarde, comme un homme qui volontiers s'anime, si je ne verrais pas là, tel qu'il était, quelqu'un que mes yeux aient vu ailleurs avant ce temps;

Et j'en ai vu deux qui ont quitté hier soir et notre âge et notre pays; ils fermaient la marche de ce sacré cortége :

C'étaient le bon roi de Sicile, dont l'intelligence fut si haute et le regard si étendu, et qui fut véritablement un Argus; et de l'autre côté mon grand et cher Colonne,

Noble, magnanime, constant et généreux.

## CHAPITRE III.

Je ne pensais pas à détacher mes regards de ce que je voyais, quand j'entendis ces paroles : Dirige ton attention vers un autre côté; car on peut acquérir de la gloire autrement que par les armes.

Je me tournai vers le côté gauche, et je vis Platon qui, parmi cette troupe, s'est le plus approché du but où atteignent ceux que le ciel veut ainsi favoriser;

Puis Aristote, ce sublime génie; Pythagore, qui le premier, dans sa douce simplicité, donna à la philosophie le renom qui lui convient;

Socrate et Xénophon; et cet ardent vieillard à qui les Muses furent si propices, qu'Argos, Mycènes et Troie s'en ressentirent.

C'est lui qui a chanté les voyages et les travaux du fils de Laërte assisté par la déesse ; c'est lui qui fut le premier peintre des antiques traditions.

Tout à côté de lui marchait en chantant le poète de Mantoue qui lutte avec lui comme son égal, et un autre, au passage duquel l'herbe se couvrait de fleurs :

C'était ce Marcus Tullius, en qui apparaît avec éclat tout ce que l'éloquence a de fleurs et de fruits ; ils sont tous deux les yeux de notre langue.

Après eux venait Démosthènes qui, désormais exclus, et sans espérance, de la première place, se montre mal satisfait des honneurs de la seconde.

Il était comme un grand foudre tout embrasé : Eschine le dit, et il put le sentir alors qu'auprès de ce tonnerre sa voix demeura étouffée.

Il m'est impossible de redire dans un ordre exact où et quand je vis celui-ci ou celui-là, et quel marchait en avant, et quel à sa suite ;

Car, pensant à une multitude de choses et regardant une foule pareille et si nombreuse, je sentais mes yeux troublés par la pensée.

Je vis Solon, de qui vient la plante où la mauvaise culture engendre de mauvais fruits ; avec lui étaient les six autres dont la Grèce s'honore.

Je vis marcher, à la tête de notre nation, Varron, la troisième grande lumière des Romains qui brille d'un éclat plus grand, à mesure que je la regarde davantage,

Puis Crispus Sallustius, et tout à côté de lui quelqu'un qui lui porta envie et qui le vit de mauvais œil ; c'est notre grand Titus Livius le Padouan.

Tandis que je regardais, j'aperçus tout à coup son voisin Pline le Véronèse, bien avisé pour écrire et qui le fut peu pour mourir.

Je vis ensuite Plotinus, le grand Platonicien qui, croyant se sauver en vivant dans l'inaction, fut surpris par sa rigoureuse destinée,

Qui le suivait depuis le sein maternel, et ainsi la prévoyance fut sans force en cette occasion ; puis venaient Crassus, Antoine, Hortensius, Galba et Calvus,

Avec Pollion qui fut enflé d'un tel orgueil qu'il osa disputer d'éloquence avec celui d'Arpinum, tous deux cherchant d'indignes et trompeuses louanges ;

Je vis Thucydide qui sut si bien indiquer les temps, les lieux et tout ce qui s'y est fait et qu'on aime à savoir, et le sang dont fut engraissé chaque champ de bataille.

Je vis Hérodote, le père de l'histoire grecque, et l'illustre géomètre tout chamarré de figures triangulaires, rondes et carrées.

Et celui qui devint une pierre à notre égard, Porphyre qui remplit de syllogismes aigus le carquois de la dialectique,

Combattant la vérité avec les armes du sophisme ; et celui de Coos qui fit une œuvre bien préférable, si l'on a bien entendu ses aphorismes.

Apollon et Esculape sont enfermés au-dessus de lui, de sorte que le regard peut à peine les atteindre, si grande est la puissance du temps pour ronger et effacer tous les noms.

Après lui marche un homme de Pergame, de qui vient cet art corrompu parmi nous, et qui n'était pas méprisable alors, mais obscur et peu connu ; ce fut lui qui l'éclaircit et l'étendit.

Je vis Anaxarchus au cœur intrépide et vraiment viril, et Xénocrates plus ferme qu'un rocher ; car nulle puissance ne le put réduire à une action blâmable.

Je vis Archimède qui se tenait le front incliné, et Démocrite s'en allant tout pensif, privé par sa propre volonté de lumière et d'or.

Je vis Hippias, le chétif vieillard qui eut la hardiesse de dire : Je sais tout. Je vis ensuite Archésilaüs, celui qui n'affirma rien, mais qui resta en doute sur toutes choses.

Je vis Héraclite obscur en ses paroles ; et Diogène le Cynique, beaucoup plus libre en ses actions que la pudeur ne le permet ;

Et celui qui vit avec joie ses champs ravagés et déserts, chargé qu'il était d'une autre richesse, et croyant avoir ainsi satisfait les envieux.

Là était le curieux Dicéarque, et Quintilien, Sénèque et Plutarque qui différèrent beaucoup dans leurs enseignements.

J'y vis quelques hommes qui ont troublé les mers par leur génie vagabond et en luttant avec les vents, et qui se sont illustrés non par leur savoir, mais par leur obstination.

A quoi sert-il maintenant de charger comme des lions, de s'entortiller comme des dragons le font avec leurs queues, puisque chacun se suffit à soi-même avec son propre savoir ?

Je vis Carnéade si subtil dans ses études, que, lorsqu'il parle, on discerne à peine le vrai et le faux, tant il eut d'adresse à s'exprimer.

Il consacra sa longue vie et l'abondante veine de son génie à raisonner sur des objets que la fureur littéraire poursuit jusqu'à la mort.

Et il ne put en venir à bout ; car à mesure que s'accrurent les arts, l'envie s'accrut aussi, et répandit dans les cœurs enorgueillis ses poisons en même temps que s'y répandit la science.

Contre le bon maître qui agrandit l'espérance humaine, en établissant l'immortalité de l'âme, on vit s'armer Épicure, de quoi gémit sa renommée.

Celui-ci osa dire que notre âme n'est point telle ; ainsi il ferma les yeux à la lumière et la diffama, comme fit aussi toute sa cohorte égale à son chef.

Je parle de Métrodore et d'Aristipe ; je vis ensuite, avec une ensuble puissante et un merveilleux fuseau, Chrysippe ourdir une toile précieuse.

Je vis, pour glorifier ses paroles, élever sur le pinacle le père des Stoïciens, Zénon qui montre également la main découverte et le poing fermé ;

Et je vis Cléanthe, pour consolider son glorieux projet, tisser sa noble trame qui ramène au vrai l'opinion errante.

Ici je m'arrête et ne parlerai plus de ceux-ci dorénavant.

# TRIOMPHE DU TEMPS.

Quittant sa retraite dorée avec l'Aurore devant lui, le Soleil s'élançait si rapide sous sa couronne de rayons, qu'il s'arrêta immédiatement et s'inclina sans délai à l'horizon.

S'étant un peu redressé ainsi que font les sages, il regarda autour de soi, et dit en lui-même : A quoi pensé-je ? Il faut désormais que j'agisse efficacement.

Car si un homme peut vivre renommé sur la terre sans que la mort le dépouille de sa renommée, qu'arrivera-t-il des célestes lois ?

Et si la mort vient accroître encore la renommée mortelle, que peu de temps devait suffire à effacer; je vois là dedans la déchéance de notre supériorité, ce que je ne puis souffrir.

Qu'est-il besoin d'attendre davantage et que peut-il arriver de pis ? Qu'ai-je de plus dans le ciel que n'ait sur terre un homme à qui je demande comme une grâce d'être assimilé ?

Avec quel art je sais gouverner mes quatre chevaux, les faire paître sur l'Océan, les éperonner et leur donner l'essor ! Et je ne puis dompter la renommée d'un mortel.

Qu'une telle chose m'arrive à moi, c'est une injure qui crie vengeance et qui ne peut passer en plaisanterie; quand je suis dans le ciel, je ne dirai pas le premier, mais le second ou le troisième.

Il faut maintenant que tout mon zèle s'embrase de telle sorte que je sente la colère doubler l'essor de ma volonté;

car je porte envie aux hommes et je ne le cache pas.

Je vois plusieurs d'entre eux qui, depuis mille ans, et mille et mille encore, sont plus brillants qu'ils n'étaient pendant la vie, et moi je suis accablé de tourments perpétuels.

Je suis tel que j'étais avant que la terre fût consolidée, tournant jours et nuits par la même route circulaire qui n'a point de fin.

Après avoir dit ces paroles, tout indigné, il reprit sa course, plus rapide que n'est celle du faucon s'abattant sur sa proie.

Je dis plus, jamais la pensée ne pourrait suivre son vol non plus que la langue ou la plume ; si bien qu'en le regardant je fus rempli de frayeur.

Alors, au merveilleux spectacle de sa vélocité, je me pris à mépriser l'existence d'ici-bas, beaucoup plus que je ne l'estimais auparavant.

Et je regardai comme une vanité inconcevable d'arrêter son cœur sur des choses soumises à l'influence du temps, et qui n'existent déjà plus, alors qu'on s'y attache le plus fortement.

Donc, que celui qui a soin de son être ou qui s'alarme de l'avenir, s'applique, pendant qu'il jouit de toute sa liberté, à fonder ses espérances sur une base immuable.

Car je ne dirai pas, parce que je ne crois pas le pouvoir, avec quelle rapidité j'ai vu le temps entraîné à la suite de son guide qui jamais ne repose.

J'ai vu la glace et près d'elle la rose, et l'excès du froid presque réuni à l'excessive chaleur, ce qui, rien qu'à l'entendre, semble une chose incroyable ;

Mais celui qui observe bien et avec un jugement solide tout ce qui arrive, verra qu'il en est ainsi ; et moi je ne l'ai pas vu ; de quoi maintenant je suis courroucé contre moi-même.

Je n'ai suivi que les espérances et le vain désir : maintenant j'ai devant les yeux un clair miroir où je me vois moi-même avec tout ce que j'ai fait de mal.

Et, autant que je le puis, je me prépare au trépas en pensant à la courte durée de ma vie dans laquelle j'étais un enfant ce matin, et je suis à présent un vieillard.

Dure-t-elle plus d'un jour cette vie mortelle, nébuleuse, fugitive, et froide, et pleine d'ennuis, que l'on peut trouver belle, mais qui ne vaut réellement rien ?

Voilà l'espérance et la joie humaines ; voilà comment les misérables mortels osent dresser la tête, et pas un ne sait quand vient la vie ou la mort.

Je vois avant tous la fuite imminente de ma vie ; et dans la fuite du Soleil, le présage certain de la ruine universelle.

Maintenant assurez-vous dans vos folies, ô jeunes gens, et mesurez ce que le temps a d'étendue ; car une plaie qu'on a prévue est bien moins douloureuse.

Il se peut que je répande inutilement mes paroles ; mais je vous avertis que vous êtes en proie à une grave et mortelle léthargie.

Car les heures, les jours, les mois et les années s'envolent, et nous devons tous ensemble, dans le plus bref délai, partir pour d'autres contrées.

N'endurcissez pas votre cœur contre la vérité, comme c'est votre usage ; tournez plutôt les yeux pendant que vous pouvez racheter vos erreurs.

N'attendez pas que la Mort paraisse, comme fait la plus grande partie, car certainement la troupe des insensés est infinie.

Après que j'eus vu (et je le vois encore clairement) s'envoler et s'enfuir le grand astre, ce qui m'a causé beaucoup de dommages et de méprises ;

Je vis une troupe qui s'en allait dans une tranquillité parfaite, sans rien craindre du temps ni de sa fureur ; car elle avait pour la garder un historien ou un poète.

Ils semblent exciter plus d'envie que les autres ; car leur propre essor les élève au-dessus de la terre et les fait échapper à la cage commune.

Celui qui resplendit seul, se préparait à redoubler d'efforts pour les attaquer, et reprenait un vol plus expéditif.

Ses coursiers avaient reçu une double pâture; et la Reine (1), dont j'ai parlé ci-dessus, voulait déjà divorcer avec plusieurs des siens.

J'entendis ces paroles prononcées, je ne sais par qui, mais que j'ai mises en écrit : Sur ces humains qui ne sont, à proprement parler, que des plantes, abîmes obscurs d'aveuglement et d'oubli,

Le Soleil amassera non-seulement les années, mais les lustres et les siècles qui triomphent de tous les cerveaux, et il verra combien ces hommes illustres sont peu de chose.

Comme tous ces noms qui ont brillé entre le Pénée et l'Hèbre sont devenus ou deviendront bientôt à rien! et tous ceux qui ont brillé sur le Xanthe ou dans la vallée du Tibre!

Votre gloire n'eut qu'un printemps fugitif, une sérénité incertaine; un peu de brouillard l'efface, et le grand temps est aux grands noms un grand poison.

Passagers sont vos triomphes et vos pompes, passagères vos seigneuries, passagers vos royaumes; tout ce qui est mortel est détruit par le Temps;

Et on ne dépouille pas les moins bons pour enrichir les plus dignes; car non-seulement le Temps efface tout ce qui est extérieur, mais aussi les œuvres de votre éloquence et de votre génie.

Ainsi, en fuyant, il entraîne le monde avec lui, et jamais il ne se repose, ou s'arrête ou retourne, jusqu'à ce qu'il vous ait réduits en un peu de poussière.

Maintenant, puisque la gloire humaine dresse des cornes si orgueilleuses, il n'est pas bien étonnant que, pour les briser, il lui faille séjourner un peu plus que de coutume.

Mais quant à toutes les pensées et les paroles du vulgaire, vous les verriez, si notre vie n'était pas courte, retourner aussitôt dans le néant.

(1) La Renommée.

Ayant écouté ces paroles (car la vérité ne doit trouver en nous qu'une foi parfaite et non aucune résistance), je vis toute notre gloire fondre au soleil comme la neige.

Et je vis le Temps rapporter un tel butin de vos grands noms que je les regardai comme rien, bien que le monde ne sache pas cela et n'y croie pas.

Race aveugle qui, sans cesse, se joue au souffle du vent et qui ne se nourrit que de faux jugements, estimant meilleur de mourir vieux qu'au berceau.

Combien sont heureux ceux qui moururent dans leurs langes ! Combien malheureux ceux qui parvinrent à la dernière vieillesse ! Quelqu'un a dit : Bienheureux celui qui n'est pas né !

Mais, qu'après une longue vie, votre nom soit proclamé par une foule habituée à faire de grandes erreurs, qu'est cela, après tout, pour celui qui s'apprécie ?

Le Temps avare sait si bien vaincre et faire valoir ses droits, qu'il l'emporte sur la Renommée, et, contre cette seconde mort, il n'y a pas plus de rempart que contre la première.

Ainsi le temps triomphe des grands noms et du monde.

# TRIOMPHE DE LA DIVINITÉ.

Ayant vu que sous le ciel il n'y avait rien de stable ni d'assuré, je me tournai tout désolé, et je dis : Vois en qui tu dois te confier.

Je répondis : Dans le Seigneur qui n'a jamais manqué à ses promesses envers ceux qui mettent leur confiance en lui ; mais je vois bien que le monde s'est joué de moi ;

Et je sens ce que je suis, et ce que j'ai été ; et je vois le temps marcher où plutôt voler ; et je voudrais me plaindre, et je ne sais pas de qui.

Car toute la faute vient de moi, qui devais ouvrir les yeux de meilleure heure et ne pas attendre jusqu'à la fin : car, à dire le vrai, je suis désormais trop âgé.

Mais il n'a jamais été trop tard pour recourir à la miséricorde divine qui, j'espère, peut encore produire en moi un sublime et précieux résultat.

Ayant ainsi parlé et répondu ; maintenant, me dis-je, s'il n'y a point d'arrêt pour ces corps que le ciel roule et gouverne, comment finiront-ils, après avoir accompli toutes leurs révolutions ?

Voilà ce que je pensais ; et tandis que mon esprit s'enfonçait davantage dans ses réflexions, il me sembla voir un monde nouveau au sein d'une saison immuable et éternelle ;

Voir le Soleil disparaître, ainsi que le globe des cieux avec toutes ses étoiles et aussi la terre et la mer, et un autre univers s'en reformer plus beau et plus heureux.

De quel étonnement ne fus-je pas saisi en voyant rester

immuable celui qui jamais ne s'arrête, mais qui a coutume de tout changer en sa course !

Et je vis ses trois parties resserrées en une seule, laquelle demeure immuable, de sorte qu'il cesse de se hâter, comme c'était sa coutume.

Et il n'y avait là ni devant ni derrière lui, comme en cette terre dépouillée et déserte, cet avenir et ce passé qui rendent la vie amère, incertaine et languissante.

La pensée traverse tout comme le Soleil traverse le verre, et même bien plus facilement, car rien ne peut l'arrêter ; ô quelle grâce ce sera pour moi, si je l'obtiens jamais,

De voir ici présent le souverain bien et le mal entièrement banni, que le temps seul y mélange et qui s'en va avec lui, comme il vient avec lui !

Le Soleil n'ira plus habiter au signe du Taureau ou des Poissons, variation par laquelle notre travail tantôt naît et tantôt meurt, ou diminue ou s'accroît.

Bienheureux les esprits qui se trouveront compris dans le chœur suprême ou qui se trouvent élevés à un degré tel que leur nom soit gravé dans l'éternelle mémoire !

O bienheureux celui qui trouve le gué de ce torrent alpestre et rapide qu'on appelle la Vie, et que beaucoup de gens regardent comme si délicieux !

Malheur à la race aveugle et vulgaire qui met ici-bas ses espérances en des choses que le temps emporte aussitôt !

O misérables mortels, infirmes de tout point, véritablement sourds, nus et débiles, et privés de jugement et de résolution !

Celui qui gouverne le monde rien qu'avec son regard dont il trouble et apaise les éléments, ce n'est pas seulement moi qui ne puis approcher de sa science ;

Mais les Anges eux-mêmes sont heureux et satisfaits d'en voir une partie sur mille, et leur désir y demeure absorbé.

O esprit avide que rien ne parvient à rassasier ! à quoi

bon tant de pensers? une heure suffit à ruiner ce qu'on amasse à peine pendant de longues années.

Tout ce qui opprime et entrave notre âme, bientôt, maintenant, hier, demain et le matin et le soir, tout cela passera en un instant comme une ombre.

Il n'y aura plus de place pour *il fut, il sera* ni *il était;* mais seulement pour *il est*, dans le présent, et maintenant, et aujourd'hui, et pour la seule éternité recueillie et intacte.

Combien de hauteurs aplanies, et derrière nous et devant, qui envahissent notre vue! et il n'y aura rien où puisse s'appuyer notre espérance et notre souvenir,

Incertitude qui souvent abuse tellement les hommes, que la vie semble un jeu où l'on n'a qu'à penser, que serai-je? que fus-je?

Je ne serai plus séparé peu à peu de moi-même, mais tout mon être se trouvera réuni, et il n'y aura plus d'été ni d'hiver, mais le temps sera mort et le lieu aura changé;

Et les ans n'auront plus en main le gouvernement de la gloire mortelle; mais celui qui sera une fois illustre, sera illustre pour l'éternité.

O bienheureuses les âmes qui sont ou qui seront dans la voie par où l'on arrive au terme dont je parle, à quelque époque que ce soit!

Et entre toutes ces âmes choisies et célestes, trois fois heureuse celle que la Mort a ravie bien avant le temps marqué par la nature!

Alors seront mis en évidence les angéliques désirs, et les vertueuses paroles, et les chastes pensées que dans un jeune cœur enferma la nature.

Tous ces visages, que le Temps et la Mort ont altérés, retourneront à leur plus florissante condition; Amour, et l'on verra celui auquel tu m'enchaînas;

Et à cause de cela on me désignera du doigt: Voilà, dira-t-on, celui qui pleura sans cesse, et qui, au milieu de ses pleurs, fut plus heureux que tous les autres avec leurs rires.

Et celle pour qui maintenant encore je chante en pleurant, sera bien étonnée d'elle-même en se voyant glorifiée entre toutes.

Quand cela arrivera-t-il ? je n'en sais rien ; elle-même le sait-elle, si grande que soit la confiance que porte aux disciples plus fidèles celui qui touche à un secret si sublime ?

Je crois que le terme ne peut être éloigné, et il sera fait justice des gains véritables et faux ; car tout ne sera plus que des œuvres d'araignée.

On verra tout le temps qu'on dépense en vains soins, et tout ce qu'on prend de fatigue et de peine inutile, quand les hommes s'abusent sur ce qu'ils ont à faire.

Il n'y aura plus de secret pour ouvrir et pour fermer ; toute conscience sera, soit claire soit sombre, ouverte et sans voile à tous les regards ;

Et le droit sera jugé et reconnu ; puis nous verrons chacun prendre la route qui lui sera assignée, comme s'enfonce dans le bois un animal qu'on chasse,

Et l'on verra, dans ce jour où s'efface tout prestige, l'or et les terres qui vous font marcher dans votre orgueil, devenir un blâme et non un avantage ;

Et seront mis à part ceux qui, soumis au frein d'une obscure destinée, eurent pour habitude de se réjouir en eux-mêmes sans avoir besoin d'autre pompe.

Nous avons les cinq premiers triomphes ici-bas sur la terre, et, si Dieu le permet, nous verrons à la fin le sixième là-haut.

Et le temps effacera tout ; et si rapide qu'il soit, et si avare que soit la Mort en ses conquêtes, nous verrons périr à la fois l'une et l'autre.

Et ceux qui ont mérité une gloire éclatante que le temps éteignit, et les beaux visages charmants qu'ont fait pâlir le temps et la mort pleine d'amertume,

Renaissant alors plus beaux que jamais, rejetteront à la Mort furibonde l'oubli, les noirs et sombres aspects, et les jours ténébreux.

Au sein d'une existence plus fleurie et plus verte, ils jouiront d'une immortelle beauté et d'une gloire sans fin; mais, en avant de tous ceux qui doivent ressusciter,

Est celle qu'en pleurant le monde appelle par l'organe de ma langue et de ma plume mourante, mais que le ciel aussi désire voir tout entière.

Au bord d'un fleuve qui naît dans la Géhenne, Amour m'a fait souffrir pour elle une guerre si longue que le souvenir en fait encore tressaillir mon cœur.

O bienheureux le rocher qui recouvre son beau visage! Oh! quand elle aura de nouveau revêtu son beau voile, si l'on doit dire heureux celui qui la vit sur la terre,

Que sera-ce donc de la revoir dans les cieux?

FIN.

# TABLE.

|  | Pages. |
|---|---|
| Notice. | I |
| Sonnets et Canzones composés du vivant de Laure. | 3 à 179 |
| Sonnets et Canzones composés après la mort de Laure. | 181 à 251 |

## TRIOMPHES.

| | |
|---|---|
| Triomphe d'Amour. | 255 |
| Triomphe de la Chasteté. | 276 |
| Triomphe de la Mort. | 282 |
| Triomphe de la Renommée. | 293 |
| Triomphe du Temps. | 304 |
| Triomphe de la Divinité. | 310 |

Chez le même Editeur.

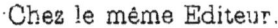

## POÉSIES DE A. BARBIER.

IAMBES ET POÈMES. Quatrième édition, 1 joli vol. grand in-18. 3 fr. 50 c
CHANTS CIVILS ET RELIGIEUX, 2me édit., revue et augmentée. 1 vol. 3 fr. 50 c.
SATIRES DRAMATIQUES (Pot-de-Vin et Érostrate), 2me édition. 1 vol. in-8º. Prix. 7 fr. 50 c.

---

## POÉSIES DE A. BRIZEUX.

LES TERNAIRES, Livre lyrique, 1 très-joli volume grand in-18. 3 fr. 50 c.
MARIE, Idylle, troisième édition revue et augmentée, 1 joli vol. grand in-18. 3 fr. 50 c.
TELEN ANN ARVOR (Harpe d'Armorique). Poésies en langue celtique. Prix 1 fr.
LES BRETONS. Poëme. *(Pour paraître)*.

LE MYOSOTIS, par Hégésippe Moreau. Nouvelle édition augmentée du Diogène et de pièces posthumes inédites et d'une Notice biographique par M. Sainte-Marie Marcotte, 1 joli vol. grand in-8. 3 fr. 50 c.
ONYX, par Charles Coran, 1 vol. in-18. 3 fr. 50 c.
LES SENTIERS PERDUS, poésies par Arsène Houssaye, 1 jol. vol. grand in-18. 3 fr. 50 c.
SOUVENIRS DE VOYAGES ET TRADITIONS POPULAIRES, par X. Marmier, 1 très-joli vol. grand in-18. 3 fr. 50 c.
NÉMÉSIS, Satire hebdomadaire, par Barthélemy. Sixième édition, 2 vol. in-32. 3 fr.
PAMPHLETS POLITIQUES ET LITTÉRAIRES DE P.-L. COURIER, suivis d'un choix de ses Lettres; précédés d'un Essai sur la vie et les écrits de l'auteur, par Armand Carrel, 2 vol. in-32. 2 fr. 50 c.
CODE DE LA NATURE, par Morelly. Réimpression complète augmentée des Fragments importants de la Basiliade, avec l'analyse raisonnée du système social de Morelly, par Villegardelle, 1 vol. grand in-18. 2 fr.
LA CITÉ DU SOLEIL, par F.-Th. Campanella, traduite du latin par Villegardelle, 1 vol. in-32. 1 fr.

Imprimerie de H. Fournier et Comp., 7, rue Saint-Benoît.

www.ingramcontent.com/pod-product-compliance
Lightning Source LLC
Chambersburg PA
CBHW060513170426
43199CB00011B/1438